A HISTÓRIA DAS COISAS

ANNIE LEONARD
com Ariane Conrad

A HISTÓRIA DAS COISAS

Da natureza ao lixo, o que acontece com tudo que consumimos

Revisão técnica:
André Piani Besserman Vianna
Ambientalista e jornalista

7ª reimpressão

Para Bobbie e Dewi

Copyright © 2010 by Annie Leonard

Tradução autorizada da primeira edição americana, publicada em 2010 por Free Press, uma divisão de Simon & Schuster, Inc., de Nova York, Estados Unidos

Grafia atualizada segundo o Acordo Ortográfico da Língua Portuguesa de 1990, que entrou em vigor no Brasil em 2009.

Título original
The Story of Stuff: How Our Obsession with Stuff is Trashing the Planet, Our Communities, and Our Health – and A Vision for Change

Capa
Flávia Castanheira

Projeto gráfico
Carolina Falcão

Ilustrações de miolo e capa
Ruben DeLuna e Louis Fox, Free Range Studios

Tradução
Heloisa Mourão

Edição de texto
Maggi Krause

Revisão
Eduardo Farias
Sandra Mager

CIP-Brasil. Catalogação na fonte
Sindicato Nacional dos Editores de Livros, RJ

L594h
Leonard, Annie
A história das coisas: da natureza ao lixo, o que acontece com tudo que consumimos / Annie Leonard com Ariane Conrad; revisão técnica André Piani Besserman Vianna; tradução Heloisa Mourão. – 1ª ed. – Rio de Janeiro: Zahar, 2011.

Tradução de: The Story of Stuff: How Our Obsession with Stuff is Trashing the Planet, Our Communities, and Our Health – and a Vision for Change.
Apêndice
ISBN 978-85-378-0728-6

1. Consumo (Economia) – Aspectos morais e éticos. 2. Consumo (Economia) – Aspectos ambientais. 3. Consumo (Economia) – Aspectos sociais. 4. Desenvolvimento sustentável. I. Conrad, Ariane. II. Vianna, André Piani Besserman. III. Título.

11-5112
CDD: 339.47
CDU: 330.567.2

Todos os direitos desta edição reservados à
EDITORA SCHWARCZ S.A.
Praça Floriano, 19, sala 3001 — Cinelândia
20031-050 — Rio de Janeiro — RJ
Telefone: (21) 3993-7510
www.companhiadasletras.com.br
www.blogdacompanhia.com.br
facebook.com/editorazahar
instagram.com/editorazahar
twitter.com/editorazahar

SUMÁRIO

Introdução 7

Uma palavra sobre palavras 25

1. EXTRAÇÃO 29

2. PRODUÇÃO 72

3. DISTRIBUIÇÃO 123

4. CONSUMO 158

5. DESCARTE 191

Epílogo: Escrevendo uma nova história 239

Anexo: Ações individuais recomendadas 252

Notas 257

Agradecimentos 289

Como fizemos este livro 294

Índice remissivo 295

INTRODUÇÃO

Cresci em Seattle, na década de 1970. Nas férias de verão, rumava com minha família para as montanhas do parque nacional North Cascades. A cada ano notava mais casas e centros comerciais ao longo da estrada, ao passo que minhas adoradas florestas diminuíam visivelmente de extensão. Por que estavam desaparecendo?

Só anos mais tarde, já morando em Nova York, pude entender por que minhas florestas estavam sumindo. Eu tinha aulas de meio ambiente no campus do Barnard College, no Upper West Side de Manhattan, a seis quadras do meu alojamento. De manhã bem cedo eu perfazia o trajeto, sonolenta, observando as infindáveis pilhas de lixo pelas calçadas. Dez horas depois, no caminho de volta, as ruas estavam limpas. No dia seguinte, novamente estavam lá os monturos, ao longo de todo o percurso. O que havia naquele lixo? Comecei a investigar e descobri que cerca de 40% do lixo doméstico dos Estados Unidos são compostos de produtos feitos de papel.[1] Papel! Era ali que minhas árvores iam parar! As deslumbrantes florestas da fronteira entre os Estados Unidos e o Canadá iam para os latões das calçadas do Upper West Side. E daí seguiam para onde?

Minha curiosidade aguçou. Então viajei até o infame aterro sanitário de Fresh Kills, em Staten Island: com cerca de doze quilômetros quadrados, era um dos maiores lixões do mundo. Jamais havia visto algo parecido. Fiquei parada na entrada do aterro, absolutamente perplexa. Em todas as direções, até onde minha vista alcançava, havia sofás destruídos, aparelhos, caixas de papelão, roupas, sacos plásticos, livros e toneladas de Coisas e mais Coisas. Quando o aterro foi fechado oficialmente, em 2001, alguns diziam que aquela montanha fedorenta era a maior estrutura feita pelo homem, com um volume maior que a Muralha da China e picos 24 metros mais altos que a Estátua da Liberdade.[2]

Fui criada por uma mãe solteira da era pós-Depressão que passou aos filhos um senso de respeito por qualidade, e não quantidade. Em parte por sua filosofia de vida, em parte por dificuldade financeira, minha juventude foi moldada segundo os preceitos da Segunda Guerra: "Use até o fim, esgote bem, vire-se com o que há, ou viva sem." Em minha casa, simplesmente não sabíamos o que era desperdício nem consumo supérfluo.

INTERLIGAÇÕES

A história das Coisas me levou a viajar pelo mundo, em missões de pesquisa e de organização comunitária financiadas por entidades ambientais como o Greenpeace, a Essential Action, a Global Alliance for Incinerator Alternatives (Gaia). Nessas andanças não passei apenas por lixões, mas também por minas, fábricas, hospitais, embaixadas, universidades, fazendas, escritórios do Banco Mundial e diversos corredores governamentais. Na Índia, hospedei-me em vilas tão isoladas que, tão logo chegava, era recebida por pais desesperados, na esperança de que eu fosse a médica internacional em sua visita *anual* e pudesse atender suas crianças doentes. Visitei centros comerciais tão grandes e reluzentes em Tóquio, Bangcoc e Las Vegas que me sentia no desenho animado dos *Jetsons* ou em *Futurama*. Por outro lado, conheci famílias inteiras que moravam em lixões nas Filipinas, na Guatemala e em Bangladesh e que sobreviviam dos restos de alimentos que arrancavam de pilhas fétidas e fumegantes.

Eu sabia que aqueles depósitos de lixo eram perigosos. E em todo lugar que ia, investigava cada vez mais a fundo: por quê? Porque contêm substâncias tóxicas, respondiam. Mas como era possível que os produtos descartados pelas famílias contivessem material tóxico? E por que é tão comum os lixões estarem localizados em comunidades de baixa renda, onde a maioria das pessoas que ali vive e trabalha não tem a pele branca? Assim, precisei estudar química, saúde ambiental e ainda... racismo ambiental.

Nesse ponto comecei a me perguntar por que fábricas inteiras eram transferidas de países desenvolvidos para países mais pobres, muitas vezes do outro lado do mundo. Como isso poderia ser vantajoso para os industriais? Por virem de tão longe, os produtos deveriam chegar para nós com preços altos; no entanto, são baratos. Passei a ler sobre a legislação americana e os extensos acordos comerciais internacionais e comecei a compreender o poder de influência das multinacionais na redação das regulamentações e dos tratados. Enquanto isso, fazia-me perguntas de outra ordem: por que os aparelhos eletrônicos apresentam defeitos tão rapidamente? Por que substituí-los sai mais barato que consertá-los? E, assim, mergulhei no ardiloso mundo da publicidade e de suas ferramentas para a promoção do consumo.

À primeira vista, cada uma dessas questões me parecia isolada e distante de minhas indagações em torno das florestas de Cascades e dos dejetos nas calçadas de Nova York. Mas, ao final, descobri que estão conectadas. Hoje acredito que tudo integra um sistema maior que deve ser compreendido em sua relação com cada parte. Não é um ponto de vista fora do comum: a biologia aceita facilmente a ideia de múltiplos sistemas (por exemplo, circulatório, digestivo, nervoso) compostos de unidades (como células ou órgãos) que interagem dentro do corpo. E há sistemas dentro de sistemas. A biosfera está dentro de outro sistema, muito maior, o sistema solar. A economia também funciona como um sistema, razão pela qual os eventos podem provocar um efeito dominó: as pessoas perdem o emprego e reduzem os gastos, desse modo as fábricas vendem menos, o que resulta em mais demissão... Isso aconteceu em 2008 e 2009, durante a crise financeira mundial. Enfim, tudo está interligado.

A trajetória profissional da maioria das pessoas começa com um interesse geral que se torna cada vez mais especializado ao longo de anos de educação, treinamento e prática. Fiz o caminho inverso: comecei com um fascínio indignado pelo lixo de Nova York e acabei me tornando o que as pessoas chamam de pensadora de sistemas. Após receber um diploma em ciência ambiental, consegui um emprego no Greenpeace, que me pagava para rastrear o destino e o impacto dos dejetos embarcados em navios nos Estados Unidos e despachados para o exterior. Minha função envolvia investigar e deter o descarte internacional. Serei eternamente grata ao Greenpeace. A organização me forneceu um laptop e um treinamento rudimentar, e depois me soltou no mundo para testemunhar esse tipo de tráfico em nível global.

Porém, como a maioria dos organismos, o Greenpeace distribuía suas operações por departamentos estanques, desligados uns dos outros: produtos tóxicos, oceanos, florestas, armamento nuclear, ecossistemas marinhos, organismos geneticamente modificados, clima etc. Havia, portanto, uma forte cultura de especialização. E todas as equipes se concentravam, obstinadamente, no tema em pauta, excluindo todo o resto.

No início dos anos 1990, viajei bastante para trabalhar com aliados em outros países. A princípio, orgulhava-me de saber mais sobre tráfico internacional de lixo do que qualquer pessoa fora do Greenpeace. Porém, quanto mais viajava, mais percebia o quanto ainda me faltava saber. De início, fiquei impressionada com a dimensão das ações que algumas pessoas promoviam na Índia, na Indonésia, nas Filipinas, no Haiti e na África do Sul, envolvendo, a um só tempo, um emaranhado de questões: água, florestas, energia, comércio internacional e até direito das mulheres. Presumi que eles precisavam cobrir temas diversos porque operavam com equipes pequenas; e eu me apiedava, porque podia me dar o luxo de dedicar toda a minha atenção a um só assunto. Até perceber que todas aquelas questões estavam inter-relacionadas e que voltar-me para apenas uma delas não só me impedia de ver o todo como retardava minha capacidade de compreender a complexidade de meu próprio tema.

Foi assim que comecei furando sacos de lixo e cheguei à análise dos sistemas globais de produção e de consumo de bens manufaturados, ou ao que os acadêmicos chamam de "economia de materiais". Eu transitava entre duas disciplinas percebidas, em geral, como opostas: o meio ambiente (ou ecologia) e a economia. No entanto, esses dois sistemas não apenas dialogam o tempo todo, como um é subsistema do outro.

Muitos ambientalistas evitam lidar com economia. Os tradicionais se concentram na busca da preservação daquele urso fofinho à beira de extinção, ou na defesa dos majestosos bosques de sequoias. Mas, por acaso, espécies ameaçadas e locais preservados têm alguma coisa a ver com estruturas de precificação, subsídios governamentais para mineração e acordos de comércio internacional? Ora, claro que sim! Já os economistas clássicos reconhecem o meio ambiente apenas como manancial ilimitado, barato ou gratuito de matéria-prima para alimentar o crescimento econômico. No entanto, a economia é um subsistema do ecossistema da Terra. Qualquer sistema econômico é uma invenção humana. E qualquer invenção nossa é um subsistema da biosfera. Quando compreendemos isso, somos conduzidos a novas percepções.

APROXIMANDO LIMITES

A mais importante dessas percepções é evidente: para que um sistema exista dentro de outro, deve respeitar os limites do primeiro. As dimensões e a capacidade da Terra não mudam. A superfície dessa massa de rocha que chamamos de casa é de 510 milhões de quilômetros quadrados (aproximadamente um terço é composto de terra).[3] O suprimento da água – em seus três estados – chega a cerca de 1.365 milhões de quilômetros cúbicos.[4] O que temos é isso. Portanto, há um limite para a quantidade de terra, água, ar, minerais e outros recursos fornecidos pelo planeta. Trata-se de um fato. Um fato que as pessoas parecem ignorar, considerando a forma como em geral se vive nos Estados Unidos e em outras nações ricas.

De meu ponto de vista, em meu aconchegante bangalô em Berkeley, o mundo parece bastante belo: o tempo é bom e as ofertas do mercado não se alteram pelo fato de o estado da Califórnia atravessar uma seca há vários anos. Se a colheita de frutas for ruim, as maçãs ainda chegarão do Chile. Mas relatórios científicos contam hoje uma história diferente: os indícios da crise ambiental são tão abundantes e alarmantes que cada vez menos pessoas ignoram os limites físicos do planeta. Existem centenas de livros e relatórios, de fontes confiáveis, que documentam nossa situação. Eis alguns destaques:

- Em julho de 2009, atingimos 387,81 partes por milhão (ppm) de dióxido de carbono (CO_2) na atmosfera. Cientistas renomados em todo o mundo

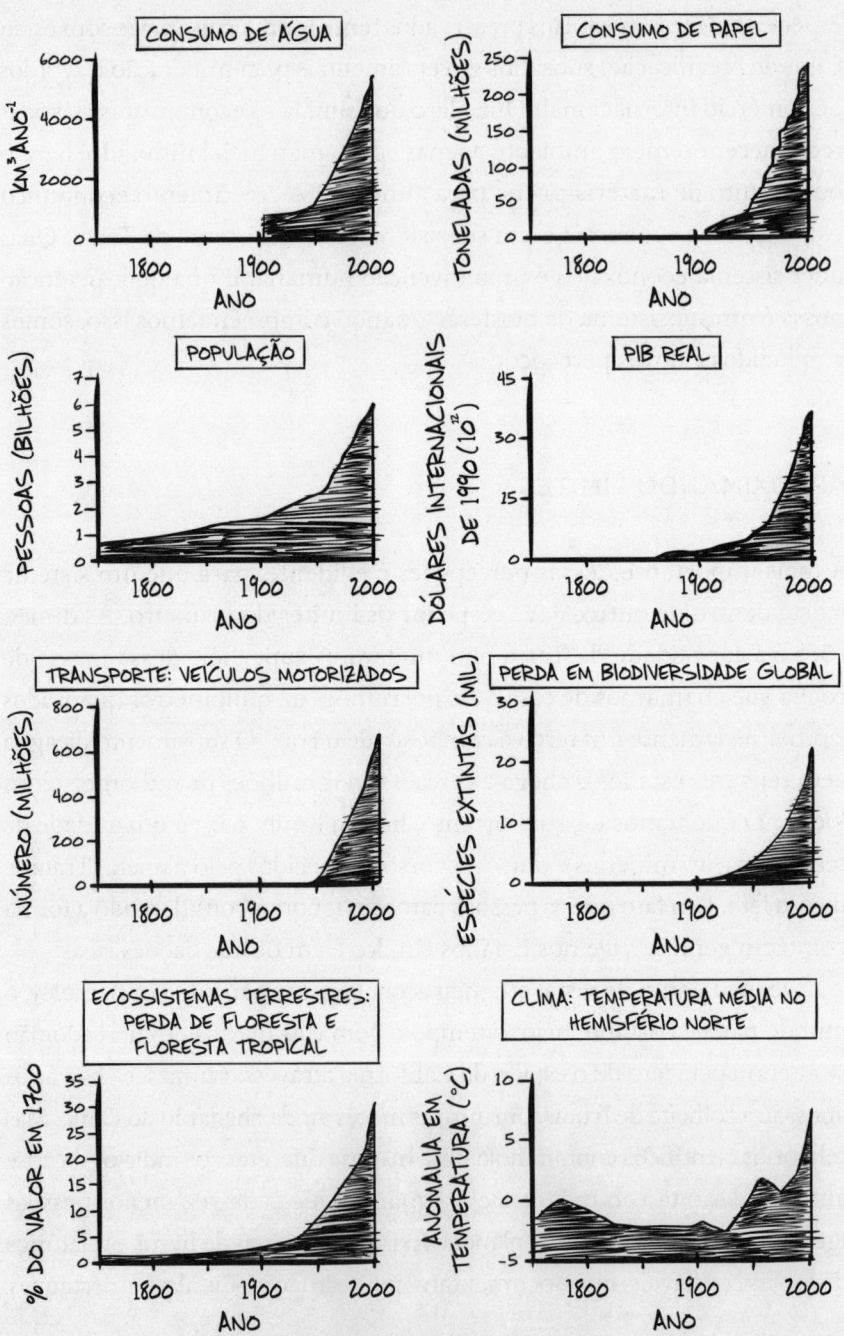

Fonte: W. Steffen et al., *Global Change and the Earth Systems: A Planet Under Pressure*, 2005.

identificam 350ppm como o nível máximo que a atmosfera pode conter para que o planeta continue conforme o conhecemos.[5]

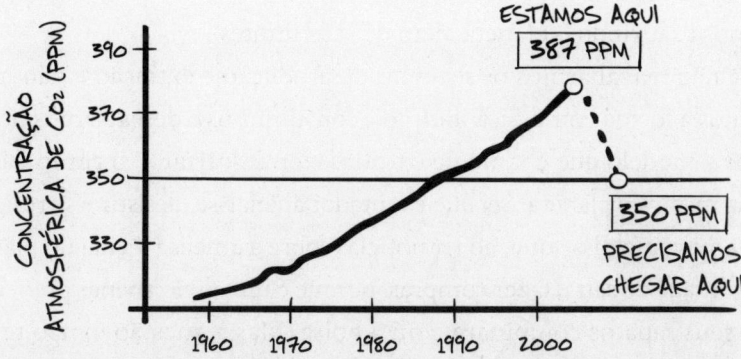

Fonte: J. Hansen et al., "Target atmospheric CO_2: Where should humanity aim?", 2008, 350.org.

- Elementos químicos tóxicos industriais e agrícolas estão sendo detectados em todos os corpos analisados, inclusive de recém-nascidos, em qualquer ponto do planeta.[6]
- A poluição do ar em ambientes fechados mata 1,6 milhão de pessoas por ano; a poluição do ar externo, outras 800 mil pessoas no mesmo período.[7]
- Cerca de um quinto da população mundial – mais de 1,2 bilhão de pessoas – sofre com escassez de água, recurso cada vez menos abundante.[8]
- A desigualdade salarial do planeta é assombrosa. Atualmente, 1% dos mais ricos do mundo possui tanta riqueza e Coisas quanto os 57% mais pobres.[9]

O que acontece quando um subsistema (no caso, o econômico) segue crescendo dentro de outro com tamanho fixo? Ele bate no teto. A economia em expansão vai de encontro aos limites da capacidade planetária de sustentar a vida. Economistas estimam que os países desenvolvidos crescerão a uma taxa de 2% a 3% ao ano; e a China e a Índia, de 5% a 10%.[10] Mas já produzimos hoje, em todo o planeta, quase seis vezes a quantidade de emissões de CO_2 que precisamos reduzir até 2050 para evitar o caos climático![11] Considere ainda a necessidade de elevar o padrão de vida dos países mais pobres do mundo, o que significa aumentar suas emissões de dióxido de carbono... Com esse elemento sobrecarregando a atmosfera e nossas demandas em extrair recursos e alterar ciclos vitais da Terra, estamos exaurindo o planeta além de seus limites.

Se não reavaliarmos os sistemas de produção e extração e não modificarmos a forma como distribuímos, consumimos e descartamos nossas Coisas – modelo que chamo de extrair-fazer-descartar –, o ritmo da economia matará o planeta. Sei que é tentador alienar-se, desistir e se resignar. Uma amiga me disse que, ao ler notícias sobre a ameaça à vida no planeta, tem vontade de sair e fazer compras, porque é um alívio apenas preocupar-se se seus sapatos combinam com a bolsa. Mas a questão é: não temos escolha. Nas palavras de Joseph Guth, advogado, bioquímico e diretor jurídico da Science and Environmental Health Network:

> *Nada* é mais importante para os seres humanos do que uma biosfera economicamente funcional e que sustente a vida na Terra. É o *único* lugar habitável que conhecemos num universo hostil. Todos dependemos dela para viver e somos compelidos a partilhá-la. ... A biosfera parece quase magicamente apropriada para os seres humanos e de fato é, pois nós evoluímos através de eras de imersão nela. *Não podemos viver bem ou por muito tempo sem uma biosfera funcional. Portanto, ela vale tudo que temos.*[12]

SOLUÇÕES FRAGMENTADAS

Os desafios são interligados e sistêmicos, ao passo que as reações geralmente são parciais, centradas em apenas uma área – como a melhoria de tecnologias, a restrição ao crescimento populacional ou a contenção do consumo de recursos.

Por exemplo, os defensores das tecnossoluções acreditam que tecnologias mais limpas, "verdes" e inovadoras tornarão a atividade industrial e econômica tão eficiente que os problemas serão resolvidos. Eles destacam que há cada vez menos destruição ambiental por unidade de atividade (por cada dólar de produto interno bruto ou por tonelada de produtos manufaturados). Eles não estão errados. Muitas tecnologias vêm se tornando mais eficientes. Mas o progresso é anulado pelo fato de que há mais crescimento absoluto: mais gente extraindo, usando e descartando Coisas. Portanto, a totalidade do impacto ambiental adverso continua a aumentar, apesar da implantação de tecnologias mais eficazes.

Tecnologias "verdes" não nos salvarão, pois representam apenas parte do quadro. Nosso impacto coletivo no planeta resulta de uma combinação de número da população, tipos de tecnologias empregadas e quantidade de consumo. Em termos técnicos, muitas vezes isso é representado pela equação I = PAT (I é impacto; P é população; A é afluência, isto é, consumo; e T é tecnologia usada). A equação foi concebida na década de 1970, ao longo de debates entre os que responsabilizavam as tecnologias e os elevados padrões de consumo pela destruição ambiental e os que a atribuíam ao crescimento populacional. A inter-relação entre os fatores explicitados na equação I = PAT indica que seria possível diminuir nosso impacto reduzindo a população e/ou aperfeiçoando as tecnologias. Seria possível, mas não necessariamente. Se o número de pessoas diminuir, mas passar a consumir muito mais Coisas, o impacto aumentará. Já mais gente consumindo menos Coisas poderia reduzi-lo.

Claro, o crescimento populacional é parte do problema: estudos apontam esse fator como uma das grandes razões para o aumento exponencial, nos últimos cinquenta anos, do esgotamento dos recursos naturais (árvores, minerais, água potável, pesca etc.). Nós levamos 200 mil anos para chegar ao número de 1 bilhão de pessoas no planeta, registrado no começo do século XIX; pouco mais de um século depois, em 1960, atingimos 3 bilhões; e, desde então, passamos do dobro disso, com os atuais 6,7 bilhões.[13]

Historicamente, as intervenções realizadas com o objetivo de controlar o crescimento populacional global foram decididas nas regiões mais consumidoras, que ignoraram os padrões desiguais de consumo entre os diversos países. Não raro, nações com elevada expansão populacional consomem pouquíssimos recursos. Em contrapartida, a pequena fatia da população (de 1% a 5%) que possui a maior parte da riqueza do mundo produz a maior parte dos gases do efeito estufa e outros danos ambientais. Assim, é importante que qualquer estratégia que vise controlar o crescimento da população seja definida democraticamente e comprometida com a justiça e os direitos humanos, sobretudo das mulheres.

Não sabemos qual a verdadeira capacidade populacional do planeta, mas sabemos que o limite não é rígido, já que depende de nossos níveis de produção e consumo. Isso levanta grandes questões sobre igualdade de distribuição de recursos e juízos de valor sobre quanto é suficiente. Deveríamos perguntar quantas pessoas o planeta pode sustentar nos padrões de consumo dos Estados Unidos ou nos padrões de Bangladesh? E quem dá a resposta?

Essas questões complicadas exigem diálogo e soluções conjuntas, porque não resta dúvida de que alcançaremos o limite da capacidade populacional da Terra. E, quando isso acontecer, será o fim do jogo: nós dependemos deste planeta para comer, beber, respirar e viver. Descobrir como manter nosso sistema de sustento vital em funcionamento deve ser nossa prioridade número um. Se o que atrapalha é a máquina de crescimento econômico baseada no extrair-fazer-descartar (hoje fora de controle), então devemos considerar seu desmantelamento e a construção de novas engrenagens a partir de tudo o que aprendemos ao longo das décadas anteriores.

A FÉ NO CRESCIMENTO ECONÔMICO

Crescimento econômico geralmente implica aumento nas atividades em todos os setores – indústria, comércio, serviços, consumo. Em outras palavras, significa *mais* extração de recursos naturais, *mais* produção e *mais* Coisas devolvidas à terra na forma de lixo. O crescimento econômico deveria ser um meio de valor neutro para atender às necessidades básicas de todos e criar comunidades *mais* saudáveis, energia *mais* limpa, infraestrutura *mais* sólida, cultura *mais* vibrante etc. Durante muito tempo, ele contribuiu para a difusão desses objetivos fundamentais em algumas partes do planeta, propiciando abertura de estradas, construção de moradias etc. Agora, talvez já tenhamos Coisas suficientes para atender às necessidades básicas de todos; só que elas não são distribuídas de forma justa.

Uma grande parte do problema é que o sistema econômico dominante valoriza o crescimento como um objetivo em si mesmo. Por isso usamos o produto interno bruto, ou PIB, como a medida padrão do sucesso de uma nação. O PIB contabiliza o valor dos bens e serviços produzidos a cada ano. Mas deixa de fora facetas importantes, ao não considerar a distribuição desigual e injusta da riqueza, nem examinar quão saudáveis e satisfeitas estão as pessoas. É por isso que o PIB de um país pode seguir subindo a ótimos 2% a 3% ao ano, e a renda dos trabalhadores ficar estagnada, caso a riqueza emperre em um determinado ponto do sistema.

Além disso, os verdadeiros custos ecológicos e sociais do crescimento não são incluídos no PIB. Em geral, permite-se às indústrias "externalizar suas contas" (tanto no sentido de receber autorizações do governo quanto de não serem responsabilizadas), o que significa que não estão pagando e nem sequer contabilizando os efeitos colaterais de suas atividades produtivas, como a contaminação dos lençóis freáticos, a exposição de comunidades a carcinógenos ou a poluição do ar.

Para muitos, o objetivo indiscutível de nossa economia é aumentar o PIB, ou seja, crescer. Mas, apesar dos avanços científicos e tecnológicos, há mais gente faminta do que nunca: metade da população mundial vive com menos de 2,50 dólares por dia.[14] A fé de nossa sociedade no crescimento econômico repousa na suposição de que sua continuidade é tão possível quanto benéfica. Mas nenhum dos dois pressupostos é verdadeiro. Primeiro porque, devido aos limites do planeta, o crescimento econômico infinito é impossível. Ultrapassado o patamar em que as necessidades humanas básicas são atendidas, ele tampouco se revelou uma estratégia para aumentar o bem-estar. Registramos hoje nas grandes metrópoles um alto nível de estresse, depressão, ansiedade e solidão.

Essa crítica ao crescimento econômico atinge muitos aspectos do capitalismo atual. Eu disse a palavra: "capitalismo." É o Sistema-Econômico-Que-Não-Pode-Ser-Mencionado. Quando escrevi o roteiro do vídeo *A história das Coisas*,* minha intenção era descrever o que vi em meus anos na trilha do lixo. Certamente não me sentei para ler sobre as falhas desse sistema econômico. Por isso fui pega de surpresa quando alguns comentaristas o consideraram uma "crítica ecológica ao capitalismo" ou "anticapitalista". Isso me inspirou a voltar atrás e tirar a poeira de meus velhos livros de economia. E percebi que os comentários tinham fundamento: uma boa olhada em como fazemos, usamos e descartamos Coisas revela as sérias distorções geradas dentro desse sistema. Não há escapatória: da forma como está sendo conduzido, o capitalismo simplesmente não é sustentável.

Contudo, nos Estados Unidos, ainda hesitamos tocar no assunto, temendo o rótulo de antipatriotas, fantasiosos ou insanos. Em outros países, há um reconhecimento generalizado de que alguns aspectos do capitalismo não estão funcionando para a maioria da população e para o planeta; as pessoas falam sobre isso abertamente. Michael Cohen, professor em estudos americanos na Universidade da Califórnia, em Berkeley, diz que isso ocorre porque em outros países o capitalismo é visto como uma das opções possíveis, ao passo que nos Estados Unidos o sistema é considerado uma inevitabilidade.[15]

UMA NOVA VISÃO DE MUNDO

Por que há poucas pessoas dispostas a discutir de forma crítica um modelo econômico que, obviamente, não está funcionando?

A adoção do conceito de "paradigma" é perfeita quando consideramos formas diferentes de organizar a economia. Dá-se o nome de paradigma

---

* O vídeo *A história das Coisas* pode ser acessado no site www.storyofstuff.com.

ao conjunto de suposições, valores e ideias dominantes de um indivíduo ou de uma dada sociedade. Em outras palavras, trata-se de sua visão de mundo. Os paradigmas ficam tão impregnados na mente das pessoas que acabam sendo tomados como verdade.

Se sua visão de mundo diz que o crescimento econômico é a chave para o fim da pobreza e a conquista da felicidade, então você o defenderá a todo custo, ainda que ele leve à pobreza boa parte da população mundial. Infelizmente, muitas organizações e lideranças políticas que trabalham para melhorar as condições ambientais e sociais operam a partir dessa visão. Contudo, parafraseando Einstein, os problemas não podem ser resolvidos sob o mesmo paradigma em que foram criados.

Um exemplo? Empresas privadas têm permissão de vender seu "direito" de poluir a outras companhias, que então podem poluir ainda mais, na crença de que a mão livre do mercado encontrará oportunidades mais eficientes para a redução dos gases. Porém, ver a poluição como um "direito" e contar com o mercado para resolver questões ambientais reforça o próprio paradigma que nos meteu nessa mixórdia. Sob um paradigma diferente, a saúde humana e a sobrevivência ecológica seriam prioridades absolutas, e atividades industriais que minassem esses objetivos seriam logo punidas e proibidas. O direito ao ar puro sobrepujaria o "direito" de poluir.

A renomada analista de sistemas Donella Meadows trabalhou anos a fio para identificar os pontos de impulsão a partir dos quais uma "pequena mudança em algo pode produzir grandes mudanças em tudo".[16] Ao longo do tempo, ela desenvolveu uma hierarquia entre esses pontos, desde os mais imediatistas, que promovem certos incrementos, até aqueles que podem mudar todo o sistema. No topo da hierarquia estão o desafio e a modificação do paradigma em si mesmo.[17] Para mim, isso é uma fonte de esperança. Mudar um paradigma pode levar gerações, mas também pode ocorrer num segundo, quando uma pessoa subitamente vê a realidade sob uma nova luz, por exemplo diante do aterro sanitário de Fresh Kills.

A HISTÓRIA DAS COISAS

Minhas viagens me fizeram perceber que o problema do lixo estava relacionado com a economia de materiais, que inclui: extração de recursos naturais, como mineração e exploração de madeira; laboratórios químicos e fábricas, onde as Coisas são projetadas e produzidas; grandes redes de lojas internacionais, para onde são transportadas; e astutos comerciais de televisão, criados com a ajuda de psicólogos para seduzir o consumidor.

Aprendi ainda que todos esses processos fazem parte de uma mesma história que envolve desde entidades como o Banco Mundial, o Fundo Monetário Internacional (FMI) e a Organização Mundial do Comércio (OMC), até empresas do porte de Chevron, Wal-Mart e Amazon. Envolve ainda as tribos indígenas que protegem florestas tropicais no Equador, as costureiras haitianas que fabricam camisolas para a Disney, as comunidades ogonis que combatem a Shell, na Nigéria, e os camponeses dos algodoais do Uzbequistão. É o que o economista ambiental Jeffrey Morris resumiu, quando perguntei a ele como poderia contabilizar os custos de produção do meu laptop: "Pegue qualquer item, rastreie suas verdadeiras origens e você descobrirá que é necessária toda a economia para fazer qualquer coisa."[18]

Quando juntei as peças desse sistema complexo, me dei conta da existência de uma variedade de grupos abordando os mesmos temas, mas sob ângulos diferentes. Há os "caxias" do ramo da ciência econômica ou política armados de estatísticas sobre fatos aterrorizantes, que, infelizmente, tendem a inspirar pânico e desespero, desestimulando as pessoas ao invés de motivá-las a agir. E também existem as vozes estridentes, dedo em riste, apontando os maus consumidores e contando com seu sentimento de culpa para incitar mudanças, em geral sem sucesso. Temos ainda os austeros, que, por vontade própria, vivem de forma alternativa, à margem da cultura comercial, e são incapazes de disseminar ideias e implementar ações além de suas comunidades. Ao lado dos que acreditam que as melhorias tecnológicas salvarão o meio ambiente, há a turma do consumo consciente, certa de que tudo ficará bem se criarmos um bom mercado para produtos e processos mais "verdes", isto é, se comprarmos *isto*, e não *aquilo*. E existem os projetistas "verdes", trabalhando para tornar nossos lares mais seguros e que ainda estão no estágio do conceito. Além, claro, dos ativistas e militantes que limitam sua área de atuação ao tema preferido, como fiz por tantos anos.

De minha parte, queria descobrir como abordar a economia de materiais e seu paradigma de crescimento econômico utilizando o melhor de cada uma dessas perspectivas e encorajando uma visão mais ampla do sistema, contudo sem ficar presa a jargões técnicos, culpa ou desespero.

Assim, meu objetivo com este livro (e com o filme em que ele se baseia) é desmontar a história das Coisas – o fluxo dos materiais através da economia – da maneira mais simples possível. Espero ter conseguido deixar claro que o problema básico aqui identificado não é o comportamento individual e as más escolhas de estilo de vida, mas o sistema falho – a máquina fatal do extrair-fazer-descartar. Espero também que esta história inspire você a partilhar informações com as pessoas próximas sobre assuntos como produtos tóxicos nos cosméticos, os problemas da incineração e da reciclagem e as falhas na política do FMI.

Diante de tantos desafios globais, há avanços interessantes e promissores que comemoro nestas páginas e que vejo como passos positivos para a formação de um sistema ecológico-econômico de fato sustentável. Acima de tudo, convido o cidadão que existe em você a falar mais alto do que o consumidor que também existe em você, e a iniciar um diálogo rico e aberto com a sua comunidade.

PONTOS A ESCLARECER

1. Não sou contra as Coisas

Ao contrário, gosto tanto de Coisas que gostaria que as valorizássemos mais. E que se levasse em conta que cada Coisa comprada envolve diversos tipos de recurso e de trabalho. Alguém extraiu da terra os metais do seu telefone celular; alguém descarregou os fardos do descaroçador de algodão para fazer sua camiseta. Alguém montou seus óculos escuros numa fábrica, e talvez tenha sido exposto a carcinógenos ou forçado a trabalhar além do horário. Por terra ou ar, alguém transportou um buquê de flores pelo país ou pelo mundo para levá-lo até você. Precisamos compreender o valor de nossas Coisas muito além do seu preço e do status da etiqueta. Como muitos americanos, eu tenho Coisas demais. Por isso, só costumo comprar aquilo de que realmente preciso, e de segunda mão, para evitar mais desperdícios de produção. Isso também me permite obter Coisas mais duráveis e de mais qualidade do que eu poderia pagar se as comprasse novas. E cuido delas com carinho.

2. Não estou romantizando a pobreza

Quando critico o modo de vida consumista dos Estados Unidos e elogio os países menos materialistas que visitei, não estou romantizando a pobreza. A pobreza é uma realidade triste e intolerável, resultado do modelo econômico fracassado que distribui recursos de forma inadequada. Não desejo isso para ninguém, jamais. Visitei um colégio interno na Índia que tinha acabado de perder seis alunos vitimados de malária. O remédio que poderia salvá-los custa menos do que eu pago por uma xícara de café em meu país. Para aquelas crianças, uma maior possibilidade de consumo teria poupado suas vidas.

Nos Estados Unidos, duas das principais atividades de lazer são ver televisão e comprar Coisas. Saímos para trabalhar, voltamos exaustos para casa e desabamos diante da TV; os comerciais dizem: "você precisa de Coisas novas para se sentir bem"; e então trabalhamos ainda mais para poder pagar mais Coisas. É o que chamo de trabalhar-assistir-gastar. O que aprecio em países que não estão aprisionados nesse círculo vicioso não tem nada a ver com pobreza, e sim com trabalhar menos horas, ter férias mais longas, ver menos televisão, passar mais tempo com familiares e amigos... e não desperdiçar tanta energia com a produção de Coisas.

3. Não estou atacando os Estados Unidos

Há aspectos excelentes nos Estados Unidos. Muitos dos avanços tecnológicos e opções de consumo que temos melhoraram nossa qualidade de vida. Mas, após viajar por quarenta países, também sei que há povos com os quais podemos aprender. Invejo meus amigos da Europa, que não precisam se endividar para quitar o tratamento de saúde ou o estudo universitário. Gostaria que tivéssemos sistemas de metrô limpos, silenciosos e pontuais como os de Seul e de Montreal. Queria que fosse prazeroso e seguro andar de bicicleta nas cidades americanas, como é na Holanda. Seria ótimo se nossos níveis de obesidade e diabetes não estivessem no topo das listas internacionais. Não acredito que seja um ataque aos Estados Unidos tentar mostrar como estamos perdendo terreno em certas questões sérias de qualidade de vida. Pelo contrário, acho patriótico expressar um desejo de chegar mais longe e consertar o que não funciona. Penso nisso como um tributo ao incrível potencial de meu país.

UMA PALAVRA SOBRE PALAVRAS

COISAS
Neste livro, a palavra "Coisas" refere-se a bens manufaturados ou produzidos em massa, como embalagens, iPods, roupas, sapatos, carros, torradeiras. Não incluo no conceito recursos naturais, como madeira e barris de petróleo. Concentro-me em Coisas que compramos, guardamos, perdemos, quebramos, substituímos, e diante das quais nos angustiamos e confundimos nosso valor pessoal. Eu poderia ter optado pela palavra "bens", mas como os bens a que me refiro em geral são tóxicos, supérfluos, prejudiciais ao planeta e embalados além do necessário, ou seja, não são propriamente "coisas boas", não gosto de usar o termo.

CONSUMIDOR / CONSUMO
Michael Maniates, professor de ciência política e ambiental do Allegheny College, diz que talvez devêssemos chamar de consumo os vários estágios da vida das Coisas – extração, produção e mesmo distribuição.[1] Isso porque, quando derrubamos árvores para fazer hashis, os famosos pauzinhos de madeira japoneses, embalando-os em papel e depois queimando combustível fóssil para transportá-los até o outro lado do mundo, esses processos não seriam propriamente produção, e sim consumo, ou seja, destruição. Contudo, ao longo deste livro, usarei "consumo" em sua acepção comum, para designar a compra e o uso de Coisas.

DESENVOLVIMENTO
De forma intuitiva, entendemos que "desenvolvimento" se refere a melhoria, progresso. Por isso usualmente emprega-se a palavra para caracterizar a implementação de uma economia dominada por combustíveis fósseis,

carregada de produtos tóxicos e orientada pelo consumo. Assim, pequenas cidades na Costa Rica, ainda que apresentem alta expectativa de vida e bons níveis de alfabetização e satisfação, costumam ser consideradas menos "desenvolvidas" do que cidades americanas com maiores níveis de degradação ambiental, desigualdade social e estresse.

Precisamos ficar de olho nos objetivos do "desenvolvimento", que devem ser: bem-estar humano e ambiental. Se mais infraestrutura, urbanização e consumo de recursos contribuem para tais objetivos, ocorre o desenvolvimento verdadeiro. Mas se começam a comprometer o bem-estar, isso é destruição.

Em nome da simplicidade, quando me refiro a países uso as expressões "desenvolvido" e "em desenvolvimento" na acepção comum. Não quero, contudo, insinuar um juízo de valor: países supostamente desenvolvidos não são melhores que os considerados em desenvolvimento. Todos os termos são imperfeitos.

CORPORAÇÕES

Certas pessoas reclamaram que o vídeo *A história das Coisas* retrata, de forma injusta, todas as empresas como más. Só para constar: uma corporação é apenas uma entidade jurídica; não é boa nem má. A maneira como é dirigida é que faz dela um bem ou um prejuízo à sociedade. Sei que muitos empresários trabalham para reduzir o impacto ambiental de seu empreendimento. No entanto, infelizmente, há alguns aspectos estruturais das corporações que as tornam vizinhas nada ideais.

Primeiro, porque algumas se tornaram tão gigantescas que acabaram sobrepujando o processo democrático do país. Mais da metade das cem maiores economias do mundo pertencem a corporações e não a países.[2] Quando elas controlam uma percentagem tão elevada de recursos globais, é difícil freá-las assim que começam a depredar o planeta. Em 2007, cerca de 60 mil multinacionais controlavam metade do petróleo, do gás e do carvão do mundo e emitiam metade dos gases responsáveis pelo aquecimento global.[3]

Algumas corporações têm tomado medidas para proteger as pessoas e o meio ambiente e, ao mesmo tempo, obter lucros. Outras fizeram progressos usando menos recursos, eliminando produtos tóxicos, gerando menos dejetos e respeitando o bem-estar de trabalhadores e comunidades vizinhas. Ainda assim, está claro que códigos voluntários de conduta e boas intenções não são suficientes. Tanto a estrutura das empresas quanto o sistema regulatório que as cerca devem ser modificados para que elas se tornem mais solução que problema.

CUSTOS EXTERNALIZADOS (PREÇO × CUSTO)

O preço nas etiquetas tem pouquíssimo a ver com os custos envolvidos na produção das Coisas. Seguramente, alguns dos custos diretos, como os relativos a mão de obra e matéria-prima, estão incluídos no preço, mas esses são inexpressivos se comparados aos custos ocultos externalizados, como a poluição da água potável, o impacto na saúde dos trabalhadores e das comunidades vizinhas às fábricas e as mudanças no clima global. Quem paga por isso? Às vezes são os cidadãos da região, que, nesse caso, têm que comprar água engarrafada, uma vez que a de sua torneira está contaminada. Ou os operários, que pagam do próprio bolso por tratamento de saúde. Ou as futuras gerações, que não contarão com florestas para, por exemplo, regular o ciclo das águas. Já que esses custos são pagos por pessoas e organismos externos às empresas responsáveis por gerá-los, são chamados de custos externalizados. Eu relato o custo externalizado de muitas Coisas neste livro e emprego várias vezes essa expressão.

Hoje um número crescente de economistas tenta depreender os custos ecológicos e sociais do preço dos bens de consumo por meio de abordagens como contabilidade total de custos ou avaliação do ciclo de vida, para que saibamos o custo real da produção de cada Coisa. Quando esses custos se tornarem visíveis, será um choque para o consumidor.

ORGÂNICOS

É comum o uso da palavra "orgânico" no contexto da agricultura para descrever fibras de algodão, vegetais ou laticínios elaborados sem produtos derivados do petróleo ou organismos geneticamente modificados, entre outros elementos nocivos. Embora às vezes me refira a esse significado em termos de agricultura, geralmente falo de "orgânicos" na acepção da química, indicando uma substância que contém carbono. Isso é importante por duas razões.

Primeiro, porque nossos corpos (e os corpos de todas as coisas vivas) são carbônicos em si e sofrem todos os tipos de interações e reações bioquímicas com Coisas carbônicas.

Segundo, o desenvolvimento massivo de produtos químicos orgânicos é relativamente novo, com o impacto na saúde e no meio ambiente ainda a ser compreendido. Ao contrário dos compostos inorgânicos (desprovidos de carbono), como metal, rocha e argila, que usamos há milênios, foi apenas no último século que os cientistas entraram num frenesi de desenvolvimento de novos compostos orgânicos. O resultado, segundo Ken Geiser, autor de *Materials Matter*, "foi uma quase revolução num século de produção e consumo de materiais".[4]

SUSTENTABILIDADE

Hoje a palavra "sustentabilidade" é usada o tempo todo e nem sempre a intenção é clara. Talvez a definição mais comum de sustentabilidade tenha evoluído da descrição de desenvolvimento sustentável feita pela Comissão Mundial sobre Meio Ambiente e Desenvolvimento das Nações Unidas: "Atender às necessidades da geração atual sem comprometer a capacidade de futuras gerações de atender às próprias necessidades."[5]

Minha definição de sustentabilidade inclui outros conceitos-chave, como igualdade e justiça. Como define o astrofísico e escritor Robert Gilman, "sustentabilidade é igualdade ao longo do tempo".[6] Ela deve se estender ao mundo inteiro, e não apenas a algumas florestas. Segundo o Center for Sustainable Communities, sustentabilidade "considera o todo em vez do específico; enfatiza relações ao invés de peças isoladas".[7]

1. EXTRAÇÃO

Para produzir todas as Coisas que utilizamos em nossas vidas, precisamos primeiro obter seus componentes. E muitos deles existem no interior da terra ou em sua superfície. Portanto, é necessário apenas colhê-los ou extraí-los. Só isso!

Ao examinar o assunto, logo descobrimos que todo componente fundamental necessita de uma série de outros para ser extraído, processado e preparado para o uso. No caso da fabricação do papel, precisamos de metais para fazer serras elétricas e empilhadeiras; caminhões, trens e até navios para transportar os troncos às indústrias de processamento; e petróleo para alimentar máquinas e usinas. Precisamos de muita água para fazer a pasta de celulose. Uma substância química, como o cloro ou o peróxido de hidrogênio, acres-

centa a desejável brancura. A produção de uma tonelada de papel exige a utilização de 98 toneladas de vários outros materiais.[1] E acreditem: esse é um exemplo bem simples. Para termos uma ideia da quantidade de componentes usados na produção de qualquer artigo encontrado nas lojas, precisamos examinar, num mapa-múndi, toda a economia de materiais do planeta.

Há várias formas de refletir sobre os recursos que vêm da terra. Em nome da simplicidade, escolhi dividi-los em três categorias: árvores, rochas e água.

ÁRVORES

Por ter crescido em Seattle, uma cidade verde, adoro árvores. Metade do território do estado de Washington é coberta por florestas,[2] e eu as visitava sempre que podia. Durante a minha infância, via, consternada, mais e mais florestas darem lugar a estradas, shoppings e casas.

Mais tarde, constatei que há outras razões, além das sentimentais, para se preocupar com o destino das árvores. Elas produzem o oxigênio de que precisamos para respirar. Como pulmões do planeta, trabalham dia e noite para remover o dióxido de carbono do ar (processo conhecido como sequestro de carbono) e nos devolver oxigênio. Atualmente, cientistas pesquisam esquemas elaborados, caros e artificiais para sequestrar carbono da atmosfera na esperança de moderar as mudanças climáticas. Parece-me um desperdício, já que as árvores fazem isso gratuitamente! E elas prestam ainda outros serviços vitais: coletam e filtram a água doce, conservando todo o ciclo hidrológico do planeta e regulando enchentes e secas, e mantêm a saúde do solo, preservando a serrapilheira, rica em nutrientes. O que temos na cabeça ao destruir essas óbvias aliadas?

Derrubar florestas é uma péssima ideia, pois um quarto de todos os remédios provêm delas – principalmente das florestas tropicais.[3] O curare, anestésico e relaxante muscular usado em cirurgia;[4] a ipeca, para tratamento de disenteria;[5] e o quinino, para malária,[6] são exemplos. Há algum tempo, químicos ocidentais se interessaram por uma planta das florestas tropicais de Madagascar, a vinca-de-madagascar, depois de saber que os curandeiros da ilha a usavam para tratar diabetes. Descobriu-se que a planta de flor rosada tem propriedades anticancerígenas e, agora, é utilizada na produção de remédios à base de vincristina e vimblastina. A vincristina trata o linfoma de Hodgkin, e a vimblastina provou ser milagrosa na cura da leucemia infantil – a probabilidade de sobrevivência entre os acometidos por essa doença passou de 10% para 95% após a descoberta da planta pelo Ocidente.[7] Entretanto, embora a comercialização das duas drogas gere centenas de milhões de dólares ao ano, somente uma pequena parcela desse montante chega às mãos da população de Madagascar, um dos países mais pobres do mundo.[8]

É loucura derrubar florestas em qualquer lugar do planeta, porém é mais insano acabar com as tropicais, por sua riqueza. Geralmente, quanto mais próximas do equador, maior sua diversidade. Dez hectares de floresta tropical em Bornéu, na Ásia, por exemplo, podem conter mais de setecentas espécies de árvores, o que equivale ao número total de espécies em toda a América do Norte.[9] Além disso, a maioria dos cientistas estima que somente 1% das espécies existentes nas florestas tropicais foram identificadas e pesquisadas quanto às suas propriedades benéficas para o homem.[10] É uma ironia que esses inestimáveis mananciais de substâncias químicas sejam eliminados em nome do "progresso" e do "desenvolvimento". Uma estratégia muito mais sensata seria protegê-los.

Quando criança, a grande razão de meu amor pelas florestas eram os animais que nelas viviam. Cerca de dois terços das espécies da Terra[11] – de coalas, macacos e leopardos a borboletas, lagartos e papagaios – dependem desses hábitats. Sua derrubada, especialmente quando se trata de florestas tropicais, acarreta a extinção de cerca de cem espécies por dia.[12] Cem espécies por dia? Pense em todos os cães que você já viu: no mundo todo, os canídeos não chegam a dez espécies (gênero *Canis*).[13] E só existe *uma* espécie humana! Perder cem espécies por dia é muito sério. E as árvores não abrigam apenas a fauna – cerca de 300 milhões de pessoas vivem em florestas ao redor do planeta, entre as quais 60 milhões de indígenas que dependem quase inteiramente delas.[14]

As florestas são absolutamente essenciais para mais de 1 bilhão de pessoas que vivem em pobreza extrema,[15] já que produzem quatro elementos básicos para sua sobrevivência: alimento (coleta e caça), forragem (para sustentação do gado), fibras (para construção de moradias) e energia (lenha para cozinhar e aquecer). Em Seattle, minha principal relação com a floresta não era baseada no fornecimento de materiais, mas num quinto elemento: diversão – caminhar, acampar, observar pássaros e esquiar. Apenas quando comecei a viajar para o exterior percebi como elas sustentavam diretamente a vida em outros países.

No outrora exuberante interior do Haiti, conheci inúmeras famílias desabrigadas. Após fortes chuvas, deslizamentos de terra haviam levado suas moradias, pois, com a derrubada das florestas, as raízes que mantinham a integridade do solo e regulavam os escoamentos hídricos haviam desaparecido. Sem florestas, não há controle de enchentes. Na Índia, vi mulheres caminhando quilômetros por dia para colher ramos com que pudessem alimentar vacas, remendar telhados ou fazer fogo para cozinhar. Sem florestas, não há forragem, fibra ou energia.

Em outubro de 2008, a União Europeia estimou o valor do que perdemos em função do desmatamento. O estudo, publicado no relatório *The Economics of Ecosystems and Biodiversity*, adverte que o custo, por ano, do desaparecimento das florestas para a economia global é muito maior, por exemplo, do que as perdas econômicas decorrentes da crise financeira de 2008. O relatório lembra que tais perdas não são um desastre isolado, mas contínuo.[16] Quer saber o resultado? O custo da perda florestal tem ficado entre 2 e 5 trilhões de dólares, ou em torno de 7% do PIB global a *cada ano*.[17]

Em nível mundial, perdemos mais de 7 milhões de hectares por ano, ou 20 mil hectares por dia.[18] Trata-se do equivalente a uma área com o dobro do tamanho de Paris todos os dias; ou cerca de 33 campos de futebol a cada minuto.[19] Segundo a Rainforest Action Network, 50 mil espécies de árvores são extintas todos os anos.[20]

Na África, na América do Sul, no Caribe e em boa parte da Ásia, os números dessa perda florestal são especialmente altos. Já na China e na

Índia, grandes investimentos em reflorestamento buscam compensar os contínuos níveis de desaparecimento das florestas naturais.[21] Entretanto, plantações de reflorestamento industrial, cujo objetivo é gerar matéria-prima para produtos de madeira, são diferentes de florestas verdadeiras. Elas consistem em monoculturas rigorosamente administradas, espaçadas em medidas iguais, formadas por espécies importadas que possuem as mais altas taxas de retorno de madeira. Nem de longe se comparam à mata original em termos de diversidade biológica, resistência a pragas ou fornecimento de vários outros bens – além da madeira. Em geral, plantações de reflorestamento só sustentam 10% das espécies que viviam nas florestas que as precederam. Uma melhor descrição para elas seria "desertos verdes".[22] Além disso, fornecem relativamente poucos empregos, motivam a utilização de pesticidas e afetam de modo negativo os ciclos hídricos locais.[23]

As florestas temperadas da costa noroeste dos Estados Unidos, e não apenas os caldeirões de biodiversidade dos trópicos, também vêm sendo derrubadas. Pude testemunhar esse fato no verão de 1980. Após o último ano de escola, me alistei no Youth Conservation, ou YCC, um programa federal criado na década anterior para tirar os jovens da cidade – em certos casos, das ruas – e levá-los às florestas em um verão de aprendizado e serviço. Nós trabalhamos bastante e aprendemos muito sobre sistemas naturais em troca de um salário modesto e um ideal. Foi minha primeira experiência com o que meu colega Van Jones chamaria mais tarde de "empregos do colarinho verde".

Meu posto ficava no parque nacional North Cascades, no estado de Washington, uma área deslumbrante com terrenos que variavam de picos alpinos e geleiras salpicadas de lagos azuis cintilando ao sol a baixadas cheias de bosques; de florestas temperadas verde-escuras, musguentas, bastante úmidas, a ecossistemas secos típicos das florestas boreais. Até para uma conhecedora de florestas como eu aquele lugar era muito especial.

Naquele verão, vi de perto o desmatamento em corte raso pela primeira vez. "Corte raso" é o termo usado para a derrubada agressiva, aquela que remove todas as árvores de uma área – todas as raízes, todas as flores silvestres, toda a vida. O campo é raspado como a cabeça de um condenado, e nada resta além de tocos espalhados e arbustos ressequidos e marrons. Já ouvi comparações entre as áreas de corte raso e as de bombardeio, devastadas, pontilhadas de crateras de bombas. É uma descrição adequada. Até aquele dia, só as tinha avistado da janela de um avião ou passando de carro, ao longe. Mas, naquele verão, nós caminhamos nessas áreas. Colhemos amostras de água nos córregos que as cruzavam para ver as mudanças de temperatura, oxigênio e vida aquática. Foi um choque descobrir que os estragos se espalhavam muito além das fronteiras estorricadas dos cortes.

O solo nas áreas de corte raso não tem integridade e não absorve água. As chuvas torrenciais escorrem pelos morros devastados, causando erosão, deslizamentos e enchentes, que destroem propriedades, ferem e matam. Em alguns casos, são gastos milhões de dólares dos cofres públicos para reparar o estrago. Em outros, os moradores arcam sozinhos com o prejuízo, às vezes após perderem tudo. E, claro, toda a delicada rede vital que depende das florestas é afetada: os fungos que crescem nas raízes das árvores e alimentam mamíferos de pequeno porte, que alimentam pássaros como corujas e falcões, e assim por diante.

Para mim, aquele verão em North Cascades deu novo sentido a algo que John Muir, pioneiro na defesa das florestas, disse certa vez: "Quando tentamos compreender algo isoladamente, descobrimos que está ligado a todo o resto do universo."[24] Eu já tinha ouvido a citação, mas achava que era metafórica. Na verdade, ele falava literalmente: todo o planeta está interligado. As florestas aos rios, os rios aos oceanos, os oceanos às cidades, aos alimentos, a nós.

E por que estamos minando a saúde do planeta? A maior parte das florestas é derrubada para dar lugar a pastos, plantações de soja e outros produtos agrícolas. Ironicamente, uma busca míope por alternativas de base vegetal para combustíveis fósseis, os chamados biocombustíveis, tornou-se agora a grande razão para o desmatamento ao redor do mundo, e florestas são derrubadas para o cultivo de palmeira e de outras fontes de óleo. "Os biocombustíveis estão rapidamente se tornando a principal causa de desmatamento em países como Indonésia, Malásia e Brasil", explica

Simone Lovera, que trabalha no Paraguai com a Global Forest Coalition, organização internacional de defesa do meio ambiente. "Nós os chamamos de 'diesel de desmatamento'",[25] diz.

À exceção das árvores usadas como combustível, o principal produto delas derivado é o papel. Isso não significa apenas jornais, revistas, cartazes e livros. Existem cerca de 5 mil outros produtos feitos de papel, como dinheiro, jogos de tabuleiro, embalagens para micro-ondas e até partes de sofisticados tênis de corrida.[26]

Nos Estados Unidos, consumimos mais de 80 milhões de toneladas de papel por ano.[27] Uma pesquisa de 2008 calculou em 1,6 milhão de toneladas a quantidade de papel utilizada no país em 2006 somente para imprimir livros, o que equivale a cerca de 30 milhões de árvores.[28] Para cada tonelada de papel ofício ou A4 produzida, duas ou três toneladas de árvores foram cortadas.[29] Em todo o mundo, o consumo de papel aumentou seis vezes nos últimos cinquenta anos, e estima-se que continuará subindo, com os Estados Unidos liderando a escalada.[30] Um típico funcionário de escritório usa mais de 10 mil folhas de papel por ano;[31] juntos, a cada ano, os americanos usam papel suficiente para construir uma muralha de três metros de altura unindo Nova York a Tóquio.[32] Embora exista um movimento crescente para que se produza papel a partir de fontes recicláveis ou sustentáveis, 71% do papel utilizado no mundo ainda vem das florestas, e não das fazendas de reflorestamento nem das lixeiras de recicláveis.[33]

O ritmo de destruição é desolador, mas há chances de virar o jogo. Na última geração, a reciclagem de papel aumentou em duas frentes: recupera-se mais papel descartado através do processo de reciclagem e mais empresas usam papel reciclado. Estamos perto de fechar o ciclo e produzir papel a partir de papel, e não de árvores. A Environmental Paper Network (EPN) é uma coalizão de vários grupos que usa estratégias de mercado para estimular a produção de papel a partir de papel reciclado pós-consumo, refugo da agricultura, fibras alternativas ou árvores sustentáveis certificadas. Seus integrantes se engajam ao redor do mundo, dialogando com empresários e organizando protestos em lojas e feiras da indústria.[34] Um grupo membro da EPN, a ForestEthics, conseguiu que empresas de renome – como Office Depot, Staples e Home Depot – adotassem madeira sustentável e papel reciclado. Também pressionou redes que publicam catálogos de propaganda robustos, como a marca de lingerie Victoria's Secret, a aumentar o uso de reciclado. Agora o grupo aposta em um movimento nacional de Não à Mala Direta, a fim de sustar o envio constante de lixo postal às nossas residências. Segundo a ForestEthics, mais de 100 bilhões de unidades de material publicitário são entregues nas residências americanas todos os anos – mais de oitocentas correspondências por casa ou apartamento – e quase metade (44%) é descartada sem ser aberta.[35] Tudo isso consome mais de 100 milhões de árvores, o equivalente à devastação de todo o parque nacional Rocky Mountain a cada quatro meses.[36]

Não só usamos muito papel; também *desperdiçamos* muito papel.[37] Quase 40% do lixo doméstico nos Estados Unidos é formado por papéis, todos recicláveis ou compostáveis se não tiverem sido tratados com substâncias tóxicas. Se, ao invés de jogar fora, reciclássemos todo o papel, reduziríamos a pressão para derrubar mais florestas para a próxima resma e também diminuiríamos nosso lixo em 40%. Claro que evitar o uso de papel, como no caso do lixo postal e dos catálogos, é ainda melhor que reciclar.

Além disso, existem maneiras de cortar árvores de florestas sem dizimar o ecossistema e as comunidades que dele dependem. Tais práticas limitam a intensidade da derrubada, reduzem o uso de químicos, preservam a saúde do solo e protegem a vida selvagem e a biodiversidade. Se comparados à devastação de toda a mata, esses cortes controlados oferecem rentabilidade bem menor em um primeiro momento, mas garantem benefícios ambientais e sociais de longo prazo.

O Conselho de Manejo Florestal (FSC), presente em 45 países, acompanha e certifica áreas de reflorestamento em que se adotam esses altos padrões ambientais. Ao longo dos últimos treze anos, mais de 90 milhões de hectares em todo o mundo foram certificados de acordo com suas normas; milhares de produtos são feitos com madeira certificada e carregam o selo FSC.[38] Embora ativistas geralmente concordem que o FSC não deveria ser visto como marca de ecopureza, já é um bom começo. "O FSC é o melhor sistema de certificação de florestas existente", diz Todd Paglia, diretor do ForestEthics, "e ele deve continuar a se fortalecer."[39]

Existe um modelo promissor de gerenciamento de florestas conhecido como "manejo florestal comunitário", uma nova escola de pensamento segundo a qual as florestas devem ser gerenciadas pelas comunidades e preservadas tendo em vista a soma de seus benefícios, e não apenas o fornecimento de madeira. Na verdade, comunidades rurais e indígenas têm longa tradição em gerenciar florestas por meio de esforços coletivos. Finalmente, outros estão começando a adotar essa conduta.

ÁGUA

No verão em que trabalhei em North Cascades passei muito tempo também perto de rios. Atravessávamos águas gélidas para catar o lixo deixado por campistas e para tirar os galhos que bloqueavam seu curso. Mergulhar em geleiras derretidas para pegar uma lata vazia de Coca-Cola é uma ótima maneira de ratificar o compromisso de jamais jogar lixo num manancial.

Lá presenciei pela primeira vez a diferença entre um rio que atravessa uma região de corte raso e um rio que cruza uma floresta saudável e intacta. Os de áreas devastadas são barrentos, cheios de lama e detritos, com menos peixes ou outro tipo de vida. Quando colhíamos amostras de água, víamos que tinham uma maior demanda biológica de oxigênio, ou DBO, parâmetro que mede o nível de poluição por quantidade de matéria orgânica na água. Uma DBO baixa indica água saudável; uma DBO muito alta significa água poluída.

Em agricultura ou mesmo nos corredores dos supermercados, o rótulo "orgânico" é um luxo. Mas, no mundo da biologia e da química, "orgânico" não significa ausência de pesticidas tóxicos. Em biologia, considera-se substância orgânica a que tem origem em organismos vivos. Em química, é algo que inclui carbono em seus elementos constitutivos fundamentais.

Matéria orgânica faz parte da natureza, e, portanto, dos rios, e sua presença não é boa ou má em si mesma. Como em outras situações, o que faz o veneno é a dose. Material orgânico (como folhas ou insetos mortos) só é um problema na água quando sua quantidade aumenta tão rapidamente que não pode ser decomposto. As minúsculas bactérias que decompõem as coisas orgânicas precisam de oxigênio; quando seu volume de trabalho cresce, a demanda ultrapassa o suprimento, o que acarreta rios sem oxigênio à beira de se tornarem mortos.

Os rios em North Cascades alimentam várias bacias hidrográficas, das quais a população do estado de Washington retira água para beber, lavar e irrigar. Depois, a água corre para Puget Sound, onde eu catava conchas e me atirava nas ondas quando era pequena. A saúde daqueles rios tem impacto na de lagos e do mar – e na de peixes, pássaros e pessoas – a centenas de quilômetros de distância.

Isso é estar ligado a todo o universo. A água é o recurso natural em que mais nitidamente podemos ver a inter-relação entre os sistemas – quando crianças, aprendemos que a chuva cai, enche lençóis freáticos, rios e bueiros, evapora dos lagos e dos oceanos e se acumula em nuvens, para reaparecer em forma de chuva ou neve. E que a água não existe apenas no "meio ambiente", externo a nós: nosso corpo é composto de 50% a 65% de água; de 70%, no caso dos bebês.[40]

Mas, de alguma maneira, quando chegamos à idade adulta, passamos a ver a água de uma maneira bastante desconectada. Pat Costner, cientista aposentado do Greenpeace, especialista em questões de desperdício e autor do livro *We All Live Downstream: A Guide to Waste Treatment that Stops Water Pollution*, acredita que nosso sistema de esgoto baseado em água é responsável por um grande desserviço psicológico. Desde a idade em que começamos a usar o vaso sanitário, passamos a pensar na água como um receptor de dejetos, associando-a a resíduos. Costner e outros ativistas destacam o absoluto contrassenso de usar nosso recurso mais precioso – a água – para transportar excrementos até caríssimas instalações de alta tecnologia para que seja "tratado". Costner vai além e, brincando, mas não muito, sugere que os pais das próximas gerações treinem os filhos a evacuar numa caixa de areia, para impedir a associação entre água e dejetos.[41]

Existe uma solução melhor, mais limpa e sensata: o chamado sanitário compostável. Essa tecnologia simples e que prescinde do uso de água está pronta para ser implementada em todos os lugares do planeta, protegendo nossa água de contaminação e transformando um possível poluente em valioso adubo para o solo. Sanitário compostável é bom para a água, bom para o solo e bom para as plantas.

Quando se mora nos Estados Unidos, onde os sanitários engolem litros de água e as torneiras despejam água quente e fria dia e noite em mais de 95% das residências,[42] é fácil esquecer que tal recurso é valioso e finito. Ao passar um tempo num lugar com água limitada, como passei, é impossível voltar a abrir uma torneira sem ser tomado por um sentimento de gratidão.

Em 1993, mudei-me para Bangladesh para trabalhar por seis meses com uma organização ambiental bengalesa na capital do país, Daca. Bangladesh alterna períodos de excesso e de escassez de água. É um país de baixa altitude, uma grande planície sujeita a inundações onde os três maiores rios – o Brahmaputra, o Meghna e o Ganges – desembocam na baía de Bengala. Todos os anos, durante a estação das monções, cerca de um terço do país é alagado e milhares de pessoas perdem as casas e, muitas vezes, a vida.

As enchentes de Bangladesh se tornam cada vez piores pelas mesmas razões que outros problemas ambientais estão aumentando. O desmatamento das florestas no alto dos rios da bacia hidrográfica causa, naturalmente, maior escoamento após as tempestades, com mais sedimentos e terra, que se acomodam nos rios e os tornam mais rasos e mais suscetíveis a enchentes. A mudança climática global está aumentando o nível dos mares, algo que, em um país baixo como Bangladesh, significa que os níveis de água no solo também estão aumentando, tornando a terra menos absorvente quando há chuvas fortes. Se o nível dos mares subir entre trinta e 45 centímetros, como muitos cientistas preveem, cerca de 35 milhões de pessoas serão forçadas a migrar das áreas costeiras para o interior.[43]

Paradoxalmente, nesse país cada vez mais submerso pode ser bastante difícil conseguir água para beber. Milhões de pessoas em Bangladesh consomem água de superfície, vindas de lagos e canais muitas vezes contaminados por dejetos humanos e poluentes agrícolas e industriais. Todos os anos, mais de 100 mil crianças morrem de diarreia, doença de fácil prevenção relacionada à água suja. Como se não bastasse, recentemente descobriu-se que muitos dos poços estavam contaminados com arsênio, o que, na região, costuma acontecer naturalmente. Assim, em 2008, cerca de 70 milhões de bengaleses beberam água que não se enquadrava nos padrões da Organização Mundial de Saúde (OMS).[44]

Enquanto morei em Daca, dividi uma casa com oito bengaleses. Eles bebiam água da torneira, mas como meu organismo não estava acostumado, eu bebia água fervida. Depois de viajar pelo país, ver comunidades sem acesso à água, passar sede de verdade pela primeira vez na vida, eu saboreava cada golinho. Dia sim, dia não, eu tinha direito a um balde de água fria pela manhã para o banho. Só isso. Às vezes era tão fria que eu só aguentava passar uma esponja rápida em partes do corpo. Mas eu tinha uma opção de emergência: podia tomar o riquixá até a parte rica da cidade e visitar um dos dois hotéis de luxo – o Sheraton ou o Sonargaon. No banheiro feminino, eu levava uns bons vinte minutos lavando as mãos e o rosto antes de me permitir a única coisa – além de banhos quentes – de que sentia falta em Bangladesh: uma deliciosa xícara de café.

Com certeza, as únicas razões para permitirem uma pessoa tão encardida como eu passar tanto tempo nos banheiros elegantes dos hotéis era a cor da minha pele e o cartão American Express no meu bolso. Eu imaginava quão diferente seria a vida para as centenas de milhares de crianças que morreriam por falta de água limpa nos doze meses seguintes se cada uma delas tivesse um cartão como o meu ou mesmo uma torneira no quintal.

Após experimentar a escassez, que é a norma para a maioria das pessoas no mundo, observo como as sociedades supostamente mais avançadas não valorizam a substância que, depois do ar, é a de que mais necessitamos para sobreviver. Vocês sabiam que nos Estados Unidos gastam-se anualmente mais de 20 bilhões de dólares com gramados?[45] Em média, passamos 25 horas por ano cortando grama, muitas vezes com cortadores poderosos que consomem 3 bilhões de litros de gasolina.[46] Cerca de 750 litros de água por pessoa são utilizados para molhar a grama todos os dias na época de plantio e germinação. Em algumas comunidades, o número

Extração

136 LITROS DE ÁGUA

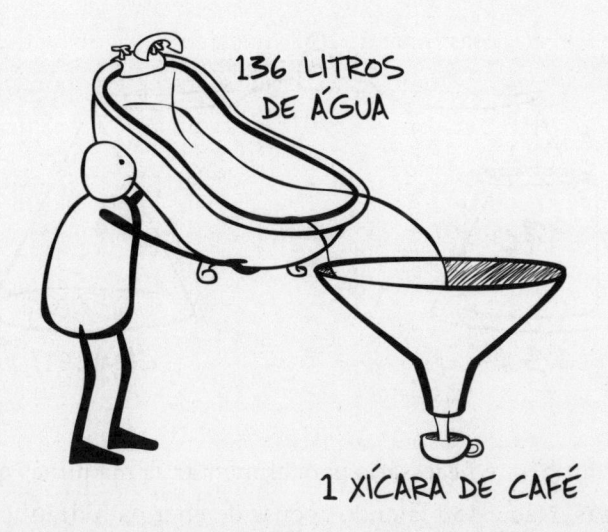

1 XÍCARA DE CAFÉ

corresponde a mais da metade da água usada na residência![47] Nos Estados Unidos, os gramados representam o maior cultivo irrigado – uma área três vezes maior do que a reservada às plantações de milho.[48] Se os americanos substituíssem a grama por plantas nativas que precisam de menos regas e permitem que mais chuva penetre no solo, ao invés de correr para os sistemas de esgotos, reduziriam drasticamente o uso de água em suas casas.

Também gastamos muito desse recurso vital e precioso para fazer nossas Coisas. Na verdade, de minha pequena lista de componentes-chave, a água é o mais fundamental, porque é necessária em quase todo o processo industrial. Usinas de fabricação de papel usam de trezentas a quatrocentas toneladas de água para produzir uma tonelada de papel, e nenhuma parte dessa água é reutilizada ou recirculada.[49] Cultivar algodão para uma camiseta requer 970 litros de água.[50] Para ter sua xícara de café da manhã, 136 litros são usados para a criação, a produção, o envase e o transporte dos grãos.[51] Produzir um carro exige mais de cinquenta vezes o seu peso em água, ou quase 150 mil litros.[52] Grande parte da água usada na produção desses bens acaba contaminada por substâncias químicas, como água sanitária (papel ou camisetas brancas), chumbo, arsênio e cianeto (extração de metais). E sempre há o perigo de que essas toxinas penetrem nos lençóis freáticos ou vazem de porões de navios para rios e mares.

970 LITROS ÁGUA = CAMISETA

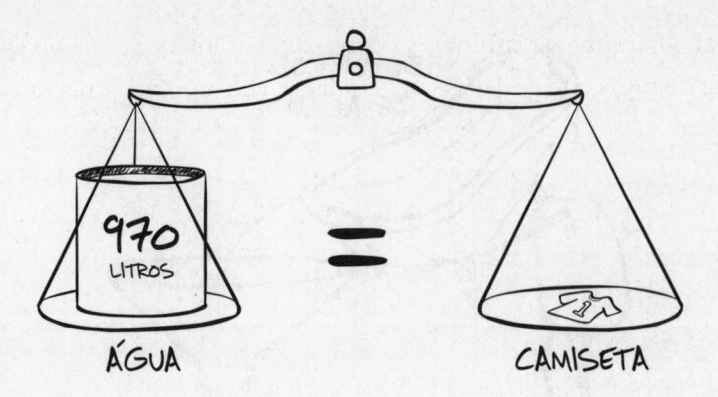

A água também é necessária para alimentar as máquinas que fazem nossas Coisas. Não estou falando apenas de energia hidráulica (eletricidade derivada da força da água em movimento). Toda a potência gerada por combustíveis fósseis, como carvão, óleo combustível e gás natural, é convertida nas usinas termelétricas, que precisam de água para sua refrigeração. Juntas, elas formam a grande maioria das fontes de energia do mundo, e todas usam água.

No entanto, ela está se esgotando. Talvez você esteja se perguntando como isso é possível num planeta onde a água representa mais da metade de sua área. De toda a água da Terra, 97,5% é salgada; e a maior parte dos 2,5% de água doce está congelada nas calotas polares ou em aquíferos tão profundos que não conseguimos alcançar.[53] Somente 1% da água mundial está acessível para uso humano direto.[54] Isso inclui a água de lagos, rios e reservatórios e também as fontes no subsolo suficientemente superficiais para que possam ser canalizadas. Apenas esse 1% regularmente renovado pela chuva e pela neve é acessível de maneira sustentável. Ou seja, estamos encrencados se desperdiçarmos esse precioso líquido. Mas a demanda por água só faz crescer. No último século, seu consumo aumentou seis vezes em todo o planeta, o dobro da taxa de crescimento populacional.[55] Existem mais de nós usando mais água – essa não é, com certeza, uma trajetória sustentável.

Cerca de um terço da população mundial vive em países que enfrentam crises de água.[56] Uma em cada seis pessoas não tem acesso à água potável. Diariamente, milhares de pessoas – a maioria, crianças – morrem de doenças que poderiam ser evitadas, contraídas em razão da falta de acesso à água limpa.[57] Na Ásia, onde a água sempre foi considerada recurso abundante, a quantidade disponível para cada pessoa diminuiu entre 40% e 60% entre 1955 e 1990.[58] Seu uso excessivo, aliado a secas, contaminação, problemas climáticos, desvio para uso industrial ou agrícola e desigualdade no acesso, contribui para a escassez do líquido. Especialistas preveem que, em 2025, três quartos da população do planeta irão sofrer com falta de água.[59] E à medida que a água se torna cada vez mais escassa, surgem conflitos em torno do seu uso e da forma que o regulariza. Muitas pessoas – eu, inclusive – temem que o crescente interesse da iniciativa privada que administra sistemas de abastecimento à base de lucro seja incompatível com o direito coletivo à água e com a administração hídrica sustentável.

Por ser essencial à vida, a água deveria ser partilhada e distribuída de maneira justa. Programas de gerenciamento devem ser desenvolvidos, priorizando sustentabilidade de longo prazo, integridade ecológica, participação da comunidade na tomada de decisões e acesso justo, ao invés de lucro. Um movimento global pede que a água seja administrada publicamente e não gerida por empresas privadas, enquanto uma rede de ativistas por "justiça hídrica" reivindica uma convenção obrigatória na ONU que assegure o direito à água para todos. O Comentário Geral n.15, adotado em 2002 pelo Comitê das Nações Unidas para Direitos Econômicos, Sociais e Culturais, reconhece que o direito à água é pré-requisito para a compreensão de todos os outros direitos humanos e para viver com dignidade.[60]

Ainda assim, várias multinacionais trabalham para privatizar os sistemas públicos de abastecimento no mundo, tomando decisões baseadas em oportunidades de mercado e lucro potencial. Essas empresas querem expandir o mercado de água engarrafada e a venda de "volumes" que serão transportados por quilômetros até o destino. Quando as comunidades ficarem sem a própria água, serão forçadas a pagar pelo recurso oriundo de outras regiões. Por esse motivo, a revista *Economist* previu que "a água é o petróleo do século XXI".[61]

Como não existe solução para a crescente crise global de água, precisamos agir em múltiplas frentes. Alguns especialistas aconselham a criação de uma infraestrutura de bilhões de dólares e megarrepresas, mas prefiro o que o Pacific Institute chama de soluções *soft path* [caminho suave] para a crise global da água. Em suas palavras:

> Soluções *soft path* procuram melhorar a produtividade da água, ao invés de procurar constantemente novas fontes de fornecimento ... [e] complementam a infraestrutura de planejamento centralizado com projetos de escala comunitária; e soluções *soft path* envolvem grupos interessados em decisões-chave para que os acordos e projetos hídricos protejam o interesse público e ambiental.[62]

Tais soluções incluem tecnologia aprimorada, conservação mais desenvolvida e verdadeiramente democrática, além de processos justos de tomada de decisões estabelecidos em comum acordo.

Um passo na direção certa revela e identifica onde a água vem sendo usada e desperdiçada, o que geralmente inclui práticas invisíveis para nós no dia a dia. Quase ninguém olha para uma camiseta de algodão, um carro ou um interruptor e pensa em água. Para trazer essa água "invisível" à tona, usada na indústria e no comércio globais, um professor britânico chamado John Allan criou o conceito de "água virtual".[63] Água virtual é a quantidade do líquido embutida nos alimentos ou em outros produtos, baseada em quanta água foi necessária para extraí-la ou produzi-la. Países que cultivam e exportam produtos agrícolas que demandam uso intensivo de água, como algodão e café, podem ser considerados exportadores de água virtual.

Outro conceito útil é o da "pegada hídrica", que calcula o volume de água potável usado por uma empresa para produzir bens e serviços, ou por um indivíduo, ou ainda por uma comunidade. O professor Arjen Hoekstra, da Universidade Twente, na Holanda, explica que a criação da "pegada hídrica" está

> enraizada no reconhecimento de que, em última instância, o impacto humano nos sistemas de água potável pode ser associado ao consumo, e que

problemas como escassez e poluição da água podem ser compreendidos e abordados de modo mais efetivo quando consideramos as cadeias de produção e suprimentos como um todo.[64]

Em outras palavras, quanto mais Coisas são produzidas, usadas e substituídas, mais água é consumida.

Quando calculei minha própria pegada hídrica (acessando o site www.waterfootprint.org), descobri que ela chega a cerca de 500 metros cúbicos por ano. Brinquei um pouco com os números e vi que poderia reduzi-la bebendo menos café, comendo menos produtos de origem animal e comprando menos Coisas.

Eu gostaria de pensar que meu sistema de reúso de água – que irriga meu jardim com a água utilizada pela máquina de lavar, filtrada em canteiros de plantas filtradoras – faz diferença. Variações desse sistema são usadas em todo o mundo para filtrar e reutilizar água de casas, universidades, hotéis, indústrias de processamento de alimentos e outros. Sei que a água desviada para o meu jardim é apenas uma gota no oceano se comparada à que foi usada para fazer as Coisas que uso todos os dias. O maior potencial para a redução do uso de água reside mesmo em atividades como agricultura, produção de energia e processos industriais.

O verdadeiro custo da água é mais um dos enormes custos externalizados. O preço das Coisas não reflete o seu real valor, nem o custo da degradação de recursos hídricos por contaminação e poluição, nem o ecossistema afetado. Para depreender o valor real, adotou-se a estrutura de valor econômico total, que inclui usos diretos (como beber água) e indiretos (o nível e o fluxo de um rio), o chamado valor de legado (uso pelas gerações futuras) e o valor de existência (o simples direito de estar presente na Terra).[65] Nessas bases, representantes de governos e de ONGs de todo o mundo estabeleceram os Princípios de Dublin na Conferência Internacional sobre Água e Meio Ambiente de 1992, a fim de reconhecer o valor da água e estipular padrões para sua administração.[66]

Se, por exemplo, os custos externalizados "virtuais" do uso da água poluída começassem a aparecer na coluna de "custos" dos balancetes, as empresas ficariam motivadas a reduzir a quantidade que utilizam ou poluem. Ao mesmo tempo, calcular o valor econômico desse recurso natural não deve atrapalhar o entendimento do fato de que o acesso a ele continua um direito humano básico. Adotar cifras é apenas uma estratégia para entender melhor seu valor, e não um passo para privatizá-la e vendê-la.

Se pudermos responsabilizar as indústrias pelos custos totais do uso da água, talvez elas comecem a empregar soluções tecnológicas para usá-la e desperdiçá-la menos. A complicação no que se refere a estratégias econômicas ou mercadológicas é: obrigar as empresas a considerar custos externalizados fatalmente aumentará o preço final dos bens, pois as indústrias repassam os custos mais altos aos consumidores. Ainda que, em muitas instâncias, isso talvez não seja tão mau (será que realmente precisamos de mais uma camiseta que necessita de 970 litros de água para ser produzida, à qual não resistimos só porque ela custa apenas 4,99 dólares no supermercado?), preços mais altos para *commodities* básicas podem ser devastadores para as populações mais pobres do mundo.

Já existem pessoas trabalhando para garantir que todos tenham água suficiente para suas necessidades básicas. Uma coalizão internacional de ativistas de direitos humanos, líderes municipais progressistas, sindicatos e organizações ambientais, conhecida como Water Warriors, defende o reconhecimento da água como direito humano. O grupo luta para que as populações pobres tenham mais acesso à água e para que esta não seja elevada ao status de *commodity*. Também reivindica que seu uso excessivo seja tributado e que sua distribuição seja implementada pelos governos municipais, e não por empresas privadas.

Na frente tecnológica, muitas empresas já estão melhorando seus processos, usando e desperdiçando menos água através de inovações como fábricas de ciclo fechado, que reciclam continuamente toda a água utilizada. Quando elas abrem mão do uso de insumos tóxicos no processo de produção, a água despejada pela fábrica não fica contaminada e assim pode ser usada novamente de forma segura. Isso é um avanço enorme. A companhia de tapetes e carpetes Interface experimenta tais práticas. Desde

1996, sob a liderança visionária do presidente Ray Anderson, reduziu o consumo de água em 75% por unidade produzida em suas instalações.[67] E a meta é reduzir mais!

Enquanto isso, profissionais em planejamento regional, ecologia industrial, urbanismo e arquitetura estão redesenhando nossos ambientes construídos – de residências a complexos industriais e até cidades – para mimetizar os sistemas de águas naturais ou bacias hidrográficas, ao invés de interrompê-los. Existem várias maneiras de proteger o abastecimento de água: podemos substituir gramados por plantas nativas que exigem menos água; trocar superfícies sólidas por permeáveis; remover tubulações que permitam às fábricas descartar dejetos perigosos nos esgotos municipais; e instalar sanitários compostáveis.

Além das soluções tecnológicas e mercadológicas, precisamos mudar nosso enfoque cultural em relação à água, priorizando o uso sustentável e o acesso de todos. A água é absolutamente essencial e não há substituto esperando nos bastidores para entrar em cena.

ROCHAS

Entre os componentes necessários para produzir nossas Coisas, os mais procurados estão no subsolo: metais, pedras preciosas e minerais, além de seus primos orgânicos, o petróleo e o carvão. Não são renováveis, ao contrário das árvores (renováveis se a taxa de replantio for mais veloz que a de uso) e da água (que pode ser reposta ao longo do tempo num ecossistema saudável). E são mais difíceis de serem alcançados, por isso sua extração depende da mineração.

Dificilmente veremos alguém morrer de amores pelas rochas. Elas não são grandiosas e imponentes como as árvores, nem serenas, purificadoras e com poder de cura, como a água. Ninguém ouve apelos de ONGs para tentar impedir que a prata ou o urânio sejam removidos do seu hábitat natural. Contudo, podemos, de fato, topar com pessoas emocionalmente apegadas às Coisas feitas desses elementos. Ameace a aliança de casamento, o celular ou o carro de alguém, e provavelmente quem vai acabar no subsolo é você.

Qual o grande problema de retirar esses recursos inanimados e nada carismáticos da terra? Para começar, há a questão da disponibilidade desses materiais para as futuras gerações. O que consumirmos hoje não crescerá novamente. O fato de nosso modelo econômico primário ser baseado no esgotamento dos recursos não renováveis, como os minerais, é um dos principais pontos cegos do PIB como medida viável de progresso.

Conseguimos esses materiais minerando. Sob qualquer ponto de vista, a mineração é um grande atraso: para as pessoas e para o planeta. A céu aberto, em galerias, abaixo da superfície, não importa: são processos poluidores, dependentes de energia e água e quase sempre venenosos e sujos. Comunidades são despejadas de suas terras, os direitos dos trabalhadores são violados e os subprodutos tóxicos colocam a saúde de todos em perigo. E o impacto não acaba quando uma mina é fechada – continua durante anos.

Seja de escavação profunda ou de subsuperfície, a mineração implica abrir túneis para o interior da terra. Embora essa provavelmente seja a imagem que venha à cabeça das pessoas quando pensam em mineração, a maior parte da atividade mineradora hoje transcorre em gigantescas minas abertas. A mineração a céu aberto fornece a maior parte dos minerais nos Estados Unidos, e dois terços dos metais em todo o mundo.[68] Isso inclui diamantes, ferro, cobre, ouro e carvão, provenientes de minas imensas. A mina de cobre de Bingham Canyon, no estado de Utah, por exemplo, ocupa oito quilômetros quadrados, e a mina de cobre de Chuquicamata, no norte do Chile, chega a doze quilômetros quadrados.[69] Há também o processo de remoção do topo da montanha, usado para alcançar os depósitos de carvão em seu interior. Existem ainda operações "artesanais" de pequena escala, sobretudo em países em desenvolvimento, que empregam trabalhadores para explorar jazidas de superfície com ferramentas rudimentares e as próprias mãos.

Criar uma lavra a céu aberto significa derrubar árvores e desalojar os habitantes da região, humanos ou animais. Um estudo sobre a indústria de mineração na Índia comparou mapas florestais e minerais e descobriu que as maiores concentrações de carvão, bauxita (usada para fazer alumínio) e minério de ferro estão em áreas florestais, que abrigam a maior parte dos povos nativos e da biodiversidade do país.[70]

Nesse tipo de mineração, além dos seres vivos, todas as pedras e o solo que cobrem os valiosos minérios – o que a indústria chama de "entulho" – são removidos com instrumentos invasivos como escavadeiras, sondas, explosivos, caminhões. Os dejetos são empilhados, às vezes à altura de um arranha-céu – as minas a céu aberto produzem de oito a dez vezes mais dejetos que as subterrâneas.[71]

Chegar até o minério é só o início. Como mesmo o minério de alto nível contém apenas um pouco do metal puro ou do mineral desejado, ele precisa ser processado, o que envolve mais maquinaria, grande quantidade de água e substâncias químicas. Grande parte do minério termina como rejeito – em uma quantidade cada vez maior, à medida que as fontes de alta qualidade desaparecem. Segundo o relatório *Dirty Metals*, elaborado pelo Earthworks (grupo de defesa do meio ambiente especializado em questões de mineração) e pela Oxfam America, nos Estados Unidos o cobre extraído no início do século XX era composto de 2,5% de metal utilizável; hoje, a proporção caiu para 0,51%. Na extração do ouro, estima-se que apenas 0,00001% do minério seja realmente refinado em ouro.[72] Substâncias químicas usadas no processamento contaminam ao menos 90 bilhões de toneladas de rejeitos de minério por ano no mundo, o equivalente a quase nove vezes a quantidade de lixo produzida no mesmo período por todas as cidades americanas.[73]

Claro que os trabalhadores da mineração sofrem com as toxinas, assim como com as lesões causadas por equipamentos pesados, explosões, incêndios, deslizamentos etc. A Organização Internacional do Trabalho afirma que, embora a mineração empregue apenas 0,4% da força de trabalho global, ela é responsável por mais de 3% dos acidentes fatais ocorridos em trabalho (algo em torno de 11 mil por ano; trinta por dia).[74] Por exemplo, no estado do Rajastão, na Índia, mineiros trabalham duro – mulheres e crianças entre eles – para extrair o mármore e o arenito que enfeitam banheiros e cozinhas sofisticadas ao redor do mundo. Gravis, uma ONG que trabalha com mineiros inspirada nos ensinamentos de Gandhi, relata que cerca da metade dos mineiros do estado desenvolveu doenças pulmonares, como a silicose.

> Os mineradores trabalham em buracos profundos onde o ar é carregado de poeira da perfuração seca, e não existem equipamentos de segurança. Também não há água potável, sombra para descansar, banheiros, equipamento de primeiros socorros ou indenização para acidentes. Estes ocorrem com frequência, e muitas vezes os mineiros não têm dinheiro para pagar o tratamento médico.[75]

Poderíamos pensar que, dados todos os custos – da contaminação da água, do ar e do solo à assistência médica aos trabalhadores –, as mineradoras acabem não obtendo grandes lucros. No entanto, apenas uma quantidade ínfima dos custos reais é assumida pelas empresas; seus balanços quase nunca consideram a água ou a qualidade do ar. Aliás, minerar nas terras federais dos Estados Unidos é praticamente uma atividade gratuita. Sob a Lei Geral de Mineração, aprovada em 1872, qualquer cidadão com mais de dezoito anos tem o direito de explorar e garimpar minérios como ouro, prata, platina, cobre, chumbo e zinco nas terras do Estado. De graça. O argumento da época era de que mineradores e exploradores prestavam serviços valiosos, estimulando o comércio e colonizando novos territórios, sobretudo a oeste.[76]

Desde a aprovação da lei – que, felizmente, está em vias de ser atualizada – estima-se que o governo americano tenha aberto mão do equivalente a mais de 245 bilhões de dólares em minerais.[77] Isso não apenas priva o governo de receita como encoraja o uso de materiais virgens e não reciclados.

Se eu me detivesse em cada metal e mineral extraído para produzir nossas Coisas, escreveria vários livros. Por isso, escolhi comentar apenas um punhado seleto de rochas escavadas ou arrancadas do solo a explosões. Elas são representativas da forma de extração de todos os metais e minerais necessários para produzir os objetos do nosso dia a dia.

Ouro e diamante

O ouro é empregado em muitas Coisas – de material odontológico a vidro soprado. Também está presente nos eletroeletrônicos: quase todos os celulares, laptops, televisores, sistemas de GPS, tocadores de mp3 têm um pouco de ouro. Porém, o maior uso é no ramo de joias, responsável hoje por mais de 75% do consumo desse metal no mundo.[78]

Talvez você tenha uma peça de ouro que lhe seja muito querida. Você não está sozinho. Possuo um pequeno anel, presente de um namorado. Quando ele quis me dar um anel, insisti que fosse antigo e pequeno. Eu tinha visto minas de ouro na África do Sul e sabia que o garimpo é terrivelmente poluidor, muitas vezes ligado a violações dos direitos humanos, e que mais de três quartos do minério extraído no planeta é transformado em joias. Assim, ele me comprou esse anel em um antiquário em Washington. Nele se veem a inscrição "16 mai 1896" e uma pequenina safira rodeada de minúsculas pérolas, não maiores que pontinhos feitos a lápis.

Adoro o fato de meu anel ter um longo passado. Pelo tamanho diminuto, parece improvável que tenha sido uma aliança de noivado – talvez um presente de quinze anos? De onde foi extraído o ouro do meu lindo anelzinho? África do Sul, talvez? Durante anos, a África do Sul forneceu boa parte do ouro do mundo, e ainda atende a mais de um quarto da demanda atual. Ao visitar o país, em meados dos anos 1990, olhei pela janela do carro e me perguntei em voz alta que processo geológico poderia ter criado os vários montes espaçados aleatoriamente que cobrem o interior do país. "Não são montes", meu anfitrião sul-africano explicou. "São os rejeitos da mineração."

Extrair ouro para uma aliança de casamento de tamanho médio produz cerca de vinte toneladas de resíduos,[79] às vezes jogados em rios ou mares, ou abandonados nos locais de mineração, como vi na África do Sul. O processo é tóxico, já que para a extração as empresas usam a técnica de lixiviação em pilha: o minério com ouro é disposto em pilhas e regado com cianeto, que se infiltra lentamente e separa o material valioso ali presente. Ao mesmo tempo, extrai metais tóxicos, como o cádmio, o chumbo e o mercúrio. Do processo resta uma grande poça contaminada por metais pesados e cianeto, ao lado de um monte de rejeitos de minério, também contaminado. O cianeto é um veneno fatal: uma quantidade do tamanho de um grão de arroz é suficiente para matar um ser humano, e muitos rejeitos de minério acabam em rios e lagos, matando os peixes.[80]

Mas meu anel era tão pequenino! Eu me tranquilizei ao pensar que ele provavelmente só deve ter gerado metade da quantidade média de rejeitos. Então me dei conta de que, ainda assim, eram dez toneladas. Espero que meu anel não seja o resultado do derramamento de cianeto sobre montes de terra. O cianeto só passou a ser aplicado em larga escala ao minério de ouro a partir de 1887.[81] E talvez o ouro de meu anel seja norte-americano, talvez até californiano, como eu. Como os primeiros garimpeiros da Califórnia não usavam cianeto, isso o livraria do legado tóxico, mas, infelizmente, traria outro, igualmente problemático.

O ouro foi descoberto no norte da Califórnia 48 anos antes que meu anel fosse gravado. Em 1848, um homem chamado James Marshall, trabalhando em uma serraria no norte do estado, encontrou um metal brilhante no rio Americano, em Coloma. A descoberta de Marshall levou à corrida do ouro em 1849: milhares chegaram à região com esperança de se tornarem ricos.[82] Como consequência, a população branca na Califórnia deu um salto de 13 mil para 300 mil até 1854, enquanto os povos nativos eram dizimados, encolhendo de 150 mil, antes da corrida do ouro, para cerca de 30 mil por volta de 1870. Sessenta por cento das mortes tiveram ligação com as doenças introduzidas pelos mineiros invasores; os outros trinta por cento foram resultado de massacres diretos ou em reservas, onde os nativos foram realocados à força.[83]

Naquela época, o minério arrancado das margens de rios e montanhas era embebido em mercúrio para a extração do ouro. O mercúrio é uma neurotoxina potente que pode afetar o cérebro, a medula, os rins e o fígado. Durante a corrida do ouro, estima-se que 7.600 toneladas de mercúrio tenham sido depositadas em rios da região central de Sierra Nevada.[84] O mercúrio permanece até hoje no meio ambiente da Califórnia, em rios e sedimentos, e grande parte é continuamente transportada para a baía de São Francisco, onde as pessoas nadam e pescam.

A triste verdade é que não sei dizer de onde veio o ouro do meu pequeno anel, ou quem foi prejudicado por sua fabricação. Sei que, quando ele chegou a mim, já era de segunda mão, e isso é um diferencial. Dois terços do ouro usado em joalherias são de extração recente, por isso o mais antigo é uma boa opção para quem associa simbolicamente o metal a amor ou compromisso.

Comprar ouro reciclado, ou que pertenceu a outras pessoas, ou mesmo abandoná-lo por completo, é a melhor maneira de assegurar que não estamos contribuindo para a devastação causada por sua extração.

Minerais de guerra

A história do ouro tem muito em comum com a de quase todos os minerais ou metais necessários para produzirmos nossas Coisas. Infelizmente, há casos ainda piores.

"Minerais de guerra" é o termo usado para se referir a pedras valiosas cuja venda, tributação ou proteção abastece conflitos violentos e financia armas, grupos criminosos e regimes desumanos. Esses minerais e metais são geralmente extraídos sob condições opressivas, pagando-se quase nada aos trabalhadores. De acordo com a Global Witness, ONG que lidera a campanha contra "diamantes de guerra", tais pedras "geraram fundos para guerras brutais na África que resultaram na morte e no êxodo de milhões de pessoas. Os diamantes também são usados por grupos terroristas, como a al-Qaeda, para financiar suas atividades e para a lavagem de dinheiro".[85]

O papel dos "diamantes de guerra" ou "diamantes de sangue" na guerra civil de Serra Leoa passou a receber atenção mundial em grande parte graças à campanha de combate aos diamantes de sangue da Global Witness, lançada em 1998. A dramática situação ganhou destaque também depois do lançamento do filme *Diamante de sangue* (2006), que mostra a brutalidade das forças rebeldes que controlam as minas – sequestrando aldeões para transformá-los em mineiros, e meninos para servirem como soldados –, assim como das forças governamentais, que, junto com os rebeldes, matam civis indiscriminadamente.

Durante os onze anos de guerra civil, de 1991 a 2002, o exército rebelde Frente Revolucionária Unida (FRU) difundiu o terror, praticando massacres e estupros e amputando sistematicamente os membros das vítimas. Milhares de serra-leoneses foram mortos.[86] No início de 2009, três comandantes da FRU foram presos por crimes de guerra e contra a humanidade. Eles forçavam cidadãos sequestrados a extrair diamantes para depois trocá-los por dinheiro e apoio militar.[87] "O comércio de diamante e de outros recursos naturais esteve na retaguarda de alguns dos piores crimes de guerra das últimas duas décadas", diz Mike Davis, ativista da Global Witness, acrescentando:

> Contudo, apesar de casos como Serra Leoa, ainda não existe uma medida internacional abrangente quanto a esse problema. Os recursos naturais continuam a alimentar conflitos, com destaque para a República Democrática do Congo, onde grupos armados financiados pelo comércio de minerais cometem atrocidades contra a população civil.[88]

Em 2000, o governo da África do Sul sediou um encontro entre os principais países produtores e comerciantes de diamante, com representantes da indústria e de ONGs. Aí teve origem um sistema de rastreamento e certificação internacional conhecido como Processo de Kimberley. Lançado em janeiro de 2003, busca garantir uma fonte "limpa" de diamantes, livre de guerras e violência. Os países participantes devem assegurar que nenhum de seus diamantes financiou grupos rebeldes ou criminosos que tentem derrubar um governo reconhecido pela ONU. Cada diamante deve ter certificação oficial e não pode ser importado ou exportado para um país não membro.[89] Como testemunhou o serra-leonês Martin Chungong Ayafor para a ONU, "muitas vezes é dito que 'os diamantes são eternos'. Mas as vidas não são".[90]

Infelizmente, o Processo de Kimberley não fez jus a todo o seu potencial, e a indústria de diamantes continua dominada por abusos aos direitos humanos e ligada a conflitos. A Global Witness relatou que, após os primeiros cinco anos do acordo, "o tráfico de pedras ilícitas está virando uma perigosa regra, mais que uma exceção".[91] Sendo assim, uma das maneiras de se evitar que os diamantes venham a financiar conflitos e guerras civis é deixando de comprá-los. A indústria do diamante faz um fabuloso trabalho em divulgar as pedras como símbolo de amor, compromisso, riqueza e status. Mas não temos que acreditar nisso. Há inúmeras outras maneiras de demonstrar essas coisas.

Coltan

Outro "mineral de guerra", este presente em nossos celulares, controles remotos e PlayStations, é o tântalo, derivado de um minério conhecido como coltan. Ele resiste ao calor e à corrosão por ácidos mesmo quando submerso neles.[92]

Embora o coltan seja encontrado em países como Austrália, Brasil e Canadá, 80% do fornecimento mundial vem do leste da República Democrática do Congo, país politicamente instável e conturbado pela violência.[93] A mineração do coltan congolês financiou grupos guerrilheiros truculentos aliados a países vizinhos, entre eles Ruanda, Burundi e Uganda. O coltan pode ser extraído pela simples garimpagem e peneiração, como faziam os garimpeiros na corrida do ouro da Califórnia, em 1849. Assim, quando em 2000 o quilo do mineral refinado disparou no mercado internacional para seiscentos dólares (em parte graças ao lançamento do PlayStation 2), milhares de congoleses partiram para as ricas florestas do país para consegui-lo, destruindo parques nacionais e outras terras virgens e arruinando o hábitat dos animais.[94] Vários grupos armados (oficiais e rebeldes) correram para assumir o comando do negócio, muitas vezes empregando crianças e prisioneiros de guerra e estuprando as mulheres locais (a ONU estima em 45 mil o número de estupros apenas em 2005).[95] Oona King, membro do Parlamento britânico à época, sintetizou da seguinte forma a situação: "As crianças do Congo eram enviadas às minas para morrer para que as crianças da Europa e dos Estados Unidos pudessem matar inimigos imaginários em seus quartos."[96]

A mineração do coltan tem sido um negócio extremamente lucrativo para militares e paramilitares do Congo e dos países vizinhos. Segundo estimativas, o Exército de Ruanda, que ocupou e desocupou regiões do Congo ao longo da última década, levantou 500 milhões de dólares vindos da extração do coltan apenas entre abril de 2007 e outubro de 2008.[97] As empresas que vendem os produtos contendo coltan também obtêm lucros estrondosos. E é claro que sua maior preocupação é investir esse montante em propaganda do mais novo aparelho eletrônico, e não em uma forma de acabar com o rastro de violência que não raro segue o metal.

Bertrand Bisimwa, ativista congolês de direitos humanos, analisa assim a maneira como muitas pessoas veem seu país:

> Desde o século XIX, quando o mundo olha para o Congo, vê uma pilha de riquezas com uma gente negra inconvenientemente plantada em cima. Eles erradicam o povo congolês para tomar posse de minas e recursos. Eles nos destroem porque somos uma inconveniência.[98]

Alguns fabricantes de eletrônicos declararam publicamente que baniram por completo o tântalo extraído da África, embora, conforme mostrado no filme *Diamante de sangue*, rastrear as fontes através de tantos atravessadores e distribuidores seja algo fácil de falar e difícil de fazer. Uma solução mais promissora para resolver o problema reside no banco de dados de "impressões digitais de coltan" que cientistas estão montando e que é exequível, porque cada local de mineração tem uma história geológica distinta e produz metal com uma composição específica.[99] O banco de dados permitirá criar um sistema de certificação internacional para o coltan nos moldes do Processo de Kimberley, de modo a que os fabricantes de eletrônicos possam ter certeza de que estão comprando o material em minas legalizadas, com condições de trabalho e padrões ambientais decentes.

No entanto, a melhor solução de todas – não só no caso do coltan, mas também no do ouro e de outros metais presentes nos eletrônicos – é aumentar a durabilidade dos aparelhos atuais, para que não tenhamos de descartá-los e substituí-los tão rapidamente. Também precisamos exigir dos produtores que os recolham quando não os quisermos mais. Programas de devolução, como os que agora são obrigatórios em toda a União Europeia, permitem aos fabricantes recuperar o tântalo (e outros componentes) para reutilizá-lo. Dessa maneira, conservamos o lixo eletrônico longe dos aterros sanitários e diminuímos a pressão sobre as minas.

O Earthworks calcula que se 130 milhões de celulares fossem reciclados, renderiam 5,5 toneladas de ouro e de outros metais preciosos. A cada ano, 150 milhões de celulares são jogados no lixo nos Estados Unidos, bem como 300 milhões de outros aparelhos eletrônicos. Estima-se que existam outros 500 milhões de celulares completamente sem uso nas gavetas.[100] É uma quantidade enorme de material em perfeito estado para a (re)utilização.

PETRÓLEO

Nenhuma discussão sobre guerras inflamadas por recursos naturais estaria completa se não mencionássemos o petróleo. Ele é usado para mover muitos dos processos de produção das nossas Coisas. Fornecer energia para máquinas e veículos e aquecer nossas residências consome 84% do petróleo usado anualmente.[101] Os 16% restantes vão para a produção de plástico, farmacológicos e fertilizantes, além de Coisas como lápis de cor, chiclete, tinta, detergente, desodorante, pneus e amônia.[102]

Perfurar poços, processar e queimar petróleo são procedimentos sujos e prejudiciais à saúde das pessoas e do planeta. Outro grande problema é que o petróleo está se tornando escasso. Quando for atingido o chamado "pico do petróleo" (ponto em que já se usa mais petróleo do que a quantidade ainda disponível), a produção diminuirá. A Agência Internacional de Energia (AIE), que rastreia suprimentos energéticos ao redor do mundo, acredita que atingiremos esse ponto por volta de 2020, mas provavelmente antes passaremos por uma "crise do petróleo", quando a demanda ultrapassar o fornecimento e a extração se tornar cada vez mais cara.[103]

Após avaliar oitocentos grandes campos petrolíferos no mundo (três quartos da reserva global), a AIE concluiu que os atuais padrões de uso de energia são "evidentemente insustentáveis". De acordo com o economista chefe da agência, Fatih Birol, caso a demanda de petróleo permaneça constante, o mundo terá que encontrar o equivalente a quatro Arábias Sauditas para manter a produção, e mais seis, se quiser acompanhar o aumento esperado na demanda entre o presente e 2030.[104] "'Temos que abandonar o petróleo antes que ele nos abandone, e precisamos nos preparar para esse dia", disse Birol. "Quanto mais cedo começarmos, melhor, porque todo o nosso sistema econômico e social está baseado no petróleo. E para mudar será necessário muito tempo e dinheiro."[105]

Apesar dos fatos, muitos governos têm demorado a investir em alternativas, e alguns – como o dos Estados Unidos –, ao invés disso, têm financiado dispendiosas guerras para proteger o acesso a esse combustível fóssil. Todos nós ouvimos falar sobre a ligação entre as reservas de petróleo no Oriente Médio e o engajamento militar dos Estados Unidos na região. Entretanto, a exploração em países como Equador e Nigéria tem sido igualmente devastadora, apesar de receber menos atenção. No Equador, a Texaco (atual Chevron) passou quase três décadas, entre 1964 e 1992, extraindo petróleo de uma área da floresta amazônica três vezes maior que Manhattan. Destruiu grande parte da fauna e da flora locais. Violando padrões ambientais, despejava nas águas os resíduos tóxicos e a lama de subprodutos da perfuração saturados de carcinógenos, como o benzeno, o cádmio e o mercúrio. A Texaco deixou mais de seiscentos poços de dejetos descobertos e sem revestimento, que vazam substâncias químicas, como o cromo hexavalente, em rios e córregos que abastecem mais de 30 mil pessoas. A população local está sofrendo com níveis alarmantes de câncer, problemas no aparelho reprodutivo e doenças congênitas.[106] Em uma demorada batalha judicial de Davi contra Golias, a população exige que a empresa limpe a bagunça e pague pela devastação.

O futuro parece um pouco mais promissor: em 2007, o governo do presidente equatoriano Rafael Correa anunciou que pretendia proteger os campos petrolíferos localizados na floresta de Yasuní. A Yasuní engloba 1 milhão de hectares de floresta tropical intocada, tribos indígenas e magníficas espécies da flora e da fauna, muitas ameaçadas de extinção. Também abriga uma das maiores reservas de petróleo não exploradas do mundo, com capacidade de cerca de 1 bilhão de barris. Deixar de extrair esse petróleo pode evitar a liberação de aproximadamente 400 milhões de toneladas de carbono na atmosfera.[107]

Defender o campo petrolífero de Yasuní é um gesto ousado, considerando que cerca de 70% da riqueza do Equador vem do petróleo.[108] Então como planejam conseguir isso? O governo equatoriano pediu à comunidade internacional que lhe pague metade da receita que resultaria da exploração de quase toda a vida útil dos campos de petróleo, o que significa 350 milhões de dólares ao ano por uma década.[109] É um grande negócio: uma ideia realmente inovadora que outros países em desenvolvimento poderiam empregar para proteger os próprios recursos e evitar a mudança climática. Infelizmente, embora os governos da Espanha, da Noruega e da Itália tenham declarado apoio ao plano de Correa, nenhum deles ofereceu dinheiro. Só a Alemanha o fez, em junho de 2009, com a promessa de doar 50 milhões de dólares todos os anos.[110]

Na Nigéria o vilão tem um nome diferente, mas a história é parecida. Em 1958, a Shell se estabeleceu na Ogonilândia, uma das regiões mais férteis do país. Os 500 mil ogonis constituem uma minoria étnica e não são reconhecidos pela Constituição nigeriana. Eles não têm direito ao uso dos minerais de sua terra e, assim como no Equador, seu solo foi devastado por vazamentos, lama industrial e outros subprodutos da perfuração.

Após décadas sendo castigados pela pobreza, por crises de saúde pública e devastação ambiental, enquanto a Shell extraía o equivalente a milhões de dólares em petróleo de sua terra, os ogonis começaram a se organizar para lutar por seus direitos. Em 1990, formaram o Movimento pela Sobrevivência do Povo Ogoni (Mosop), grupo de resistência pacífica sob a liderança do carismático escritor, empresário, produtor de televisão e ativista ambiental Ken Saro-Wiwa.[111] Orador brilhante, Ken rodou o mundo divulgando a pouco conhecida catástrofe em sua terra. O trabalho do líder ogoni criou uma sólida rede internacional comprometida em pressionar a

Shell a sustar o dano ambiental, respeitar os direitos humanos e dividir os lucros do petróleo de maneira mais justa com as comunidades locais. Por todo o mundo, estudantes começaram a protestar em postos de gasolina da Shell. Cineastas entrevistaram Ken e visitaram a Ogonilândia. Ativistas em prol da responsabilidade e da transparência empresarial chegaram a apresentar resoluções nas reuniões anuais da Shell. Greenpeace, Project Underground, Essential Action e outros grupos lançaram campanhas em apoio aos ogonis.[112]

Naquele momento, a Nigéria vivia sob uma ditadura militar liderada pelo infame Sani Abacha. A Shell, que mantinha uma relação quase simbiótica com o governo, era a maior petrolífera em uma economia que obtém mais de 85% de sua receita dessa atividade. Nem o governo nem a Shell estavam satisfeitos com a atuação de Ken. Em 1993, a multinacional saiu da Ogonilândia, até certo ponto em decorrência dos protestos do Mosop. No entanto, uma troca de correspondências entre seus dirigentes e os líderes nigerianos revelou que a multinacional ainda queria silenciar o movimento que lhes causava problemas.[113] Mesmo diante das crescentes ameaças, Ken não desistiu de sua luta até o último dia do seu prematuro fim. Eis um trecho de seu discurso ao tribunal especial, designado pelos militares, que julgou o caso depois que ele e mais quinze ogonis foram presos sob falsas acusações.

> Alarmado com a aviltante pobreza do meu povo, que vive em uma terra dotada de riquezas, aflito por sua marginalização política e seu estrangulamento econômico, furioso pela devastação de seu solo, sua herança última, ansioso por preservar seu direito a vida e a condições decentes, e determinado a inaugurar neste país um sistema democrático completo e justo, que proteja todo e qualquer grupo étnico e que nos dê a todos o espaço válido de direito entre a civilização humana, dediquei meus recursos materiais e intelectuais, minha própria vida, a uma causa em que tenho crença absoluta.[114]

Ken foi condenado por um assassinato ocorrido em uma área isolada pelos militares, embora sequer estivesse perto do local do crime. No fim das contas, ele, de fato, dedicou a vida à causa: foi enforcado no dia 10 de novembro de 1995.

Houve um clamor internacional. Lembro exatamente onde estava quando soube da notícia: em Nova York, na igreja de Riverside, num encontro internacional de ativistas de meio ambiente e direitos humanos, discutindo a globalização econômica. Muitos dos presentes acompanhavam a causa dos ogonis. Eu sabia que Ken fora julgado num tribunal secreto, parcial e sem credibilidade. Ainda assim, não acreditava que seria enforcado. A Anistia Internacional havia liderado uma campanha em seu favor. Governos, organizações de direitos humanos e escritores ilustres de todo o mundo pediram ao governo da Nigéria que poupasse Ken e seus companheiros. Ele era o autor de uma das novelas televisivas mais assistidas na África. Era encantador e internacionalmente reconhecido. Muitos naquele dia na igreja o conheciam e o consideravam um amigo. Assim, não era o tipo de ativista cuja morte pudesse ser varrida para debaixo do tapete.

Contudo, aconteceu. Quando ouvimos a notícia, corremos para as ruas e marchamos até o escritório da Shell, no centro de Manhattan. Alguns choravam. Outros estavam tão enfurecidos que se deitaram na entrada do prédio, bloqueando a porta até a chegada da polícia. Eu estava em choque; havia superestimado a vulnerabilidade do governo nigeriano à pressão internacional, subestimando a força de seu desejo de silenciar Ken. Mas eles não o calaram de fato: sua memória continua a inspirar o combate a projetos petrolíferos nocivos. Segundo relatos, foram estas suas últimas palavras: "Senhor, leve minha alma, mas a luta continuará."[115]

E de fato continua, no tribunal e nas ruas. O processo *Wiwa contra Shell* acusou a empresa de fornecer armas, transporte e orientação para os militares nigerianos eliminarem a oposição ogoni. Entre os que processaram a Shell estavam os familiares de Ken, de seus companheiros executados – agora conhecidos como os Nove Ogonis – e de outros ogonis torturados e, em alguns casos, mortos por resistirem à empresa e apoiarem o Mosop.[116]

Alguns dias antes do julgamento no tribunal federal de Nova York, em junho de 2009, a Shell concordou em pagar uma indenização extrajudicial de 15,5 milhões de dólares aos parentes de Ken e das outras vítimas. No entanto, a empresa negou qualquer responsabilidade pelas mortes, chamando a indenização de "gesto humanitário". Uma parte do dinheiro foi designada para um fundo em benefício do povo ogoni.[117] Embora a indenização tenha sido ínfima se comparada à extensão dos delitos, é um passo adiante na luta para responsabilizar grandes empresas por seus crimes.

Apesar de a Shell não ter voltado para Ogonilândia, ela continua a extrair mais de 250 mil barris de petróleo na Nigéria diariamente.[118] Ainda que tenha sido forçada a melhorar suas práticas, o desrespeito ao povo e ao meio ambiente em áreas de perfuração permanece uma regra da empresa. Em maio de 1998, menos de três anos após a execução de Ken, membros de outra comunidade da Nigéria – os ilajes – foram baleados e dois acabaram mortos enquanto participavam de um protesto pacífico numa plataforma de petróleo da Chevron, na costa do país.[119] Segundo a EarthRights International, que atua como consultora no *Wiwa contra Shell* e no caso da morte dos manifestantes na plataforma, a Chevron chamou a polícia e o exército nigerianos, transportou-os até a plataforma em helicópteros da empresa e supervisionou o ataque contra os manifestantes.[120]

Em outras palavras: prosseguimos com violência e destruição para atender às nossas demandas. Entretanto, temos ótimas alternativas ao petróleo. Como muitos cientistas e empresários agora concordam, o sol e os ventos podem dar conta de boa parte de nossa necessidade de energia. Ao combinar energia renovável com uma vital redução na demanda, por meio de maior eficiência energética e melhorias abrangentes (do planejamento do uso da terra a sistemas de transportes e padrões de consumo), poderíamos ter energia suficiente para deixar todo o petróleo debaixo do solo.

O petróleo utilizado na fabricação de plástico pode ser substituído por outros materiais, inclusive orgânicos. Por mais de uma década, David Morris, do Institute for Local Self-Reliance, documentou o potencial técnico e os benefícios ambientais da mudança de uma economia de materiais à base de petróleo para outra baseada em carboidratos.[121] Químicos que pesquisam soluções alternativas, ativistas da agricultura sustentável e defensores da saúde ambiental formaram a Sustainable Biomaterials Collaborative, que vem estabelecendo critérios para assegurar que a transição para materiais de base vegetal ocorra tendo em vista um planeta seguro, saudável e justo.[122]

REPENSANDO A EXTRAÇÃO

Talvez seja possível extrair metais, carvão ou petróleo sem abusos ao meio ambiente e aos direitos humanos, mas eu ainda não presenciei isso. E, no caso dos metais pesados tóxicos – como chumbo e mercúrio – ou do petróleo, tirá-los do solo é só o primeiro problema. O uso desses recursos contribui para uma segunda geração de questões, já que muitos metais pesados são neurotoxinas, carcinógenos e toxinas reprodutivas (que diminuem a capacidade de gerar crianças saudáveis).

Representará, sem dúvida, um grande investimento não apenas mudar a mentalidade no interior das empresas e das indústrias, mas redesenhar tudo, de bens de consumo a sistemas de energia sustentáveis, além de padrões culturais, como os que relacionam anéis de ouro cravejados de diamantes a uma declaração de amor. O planeta e a vida na Terra dependem dessas mudanças.

Carvão

O carvão não entra na minha lista de rochas porque é pouco usado como componente direto de bens de consumo. No entanto, a exemplo da água e do petróleo, alimenta máquinas que fazem nossas Coisas, por isso merece atenção.

O carvão gera muita energia (40% da energia do mundo e 49% da energia nos Estados Unidos),[1] mas é uma fonte extremamente suja. No passado, quando era abundante, as pessoas resistiam à ideia de que fosse prejudicial. Canarinhos eram soltos nas minas para assegurar que o ar não estivesse envenenado, os tetos dos túneis desabavam, ocorriam incêndios e explosões e a silicose diminuía a expectativa de vida dos mineradores. Diante de tudo isso, seria fácil compreender a periculosidade da extração. Mas não!

Agora não podemos mais fechar os olhos. A abertura e o funcionamento de uma mina de carvão degradam a vegetação, o solo e os lençóis freáticos; destroem a fauna e a flora; arruínam a qualidade do ar com poeira e cinzas; ferem a paisagem para sempre, em especial quando o topo das montanhas é removido. As minas produzem toneladas de rejeitos, como cinzas e sedimentos que contêm mercúrio, urânio e arsênio, entre outros metais pesados.

A *queima* desse produto constitui a maior contribuição do homem à presença do dióxido de carbono na atmosfera, além de ser fonte de metano – ambos os gases são comprovadamente responsáveis pela mudança climática e o aquecimento global. Em seu livro *Big Coal*, Jeff Goodell assinala que "entre 1975 e 2001, as emissões anuais de metais tóxicos das usinas termelétricas a carvão praticamente dobraram de 350 para setecentas toneladas. Essas emissões respondem por 40% das toxinas do ar relatadas à Agência de Proteção Ambiental (EPA)".[2]

De todos os impactos da mineração do carvão, a explosão do topo das montanhas é o mais abominável. É o método preferido em Appalachia, adotado quando já não restavam veios próximos à superfície e cavar túneis e poços tornou-se proibitivamente custoso. A loucura é que nem no interior dessas montanhas existe muito carvão. Há carvão acessível em outros estados americanos, como Montana e Wyoming.[3] Então por que ainda o procuram em Appalachia?

As empresas de mineração do local – e os moradores que acreditaram na história – alegam que a região entrará em colapso sem os empregos das minas. Mas a verdade é justamente o contrário. Apesar dos 13 bilhões de toneladas de carvão extraídos da Virgínia nos últimos 150 anos, os moradores têm a renda familiar mais baixa do país, com uma taxa de alfabetização na região ao sul das minas equivalente à de Cabul, no Afeganistão.[4]

A verdade é que há lucro suficiente para que as mineradoras sigam com a prática em Appalachia. E ainda há a facilidade de não terem de pagar coisa alguma pelo dano ecológico e a destruição que estão causando.

O pavor da remoção do topo das montanhas e da imensa desordem climática me inspirou a instalar painéis solares em casa. Infelizmente, não teremos tempo para instalá-los em todas as casas e, mesmo que tivéssemos, isso não impediria o uso intensivo de carvão para fins industriais. Sua extração e queima são tão devastadoras que só há uma solução: deixar o carvão no buraco. Existe um consenso global cada vez maior de que o clima simplesmente não pode sustentar termelétricas a carvão.

1. "Electricity Overview", baseado em dados da Agência Internacional de Energia (AIE), *Key World Energy Statistics 2008*, Pew Center on Global Climate Change (pewclimate.org/technology/overview/electricity).
2. Jeff Goodell, *Big Coal: The Dirty Secret Behind America's Energy Future*, Nova York, Houghton Mifflin Harcourt, 2006, p.146.
3. Ibid., p.10.
4. Ibid., p.xx.

BENEFÍCIOS DESIGUAIS

Você deve ter notado uma linha comum entre as histórias da vinca-de-madagascar, dos diamantes de Serra Leoa, do coltan do Congo, do petróleo da Nigéria e do carvão de Appalachia. Em todos esses lugares existe abundância de recursos naturais valiosos, mas, por alguma razão, a população local fica com o menor pedaço do bolo em termos econômicos e ambientais. Na verdade, diversas regiões com recursos não renováveis, como florestas, metais e minerais, acabam empobrecidas diante da economia global, com seus cidadãos frequentemente abandonados à fome e à doença. Esse paradoxo é conhecido como a maldição dos recursos naturais.

Alguns economistas e cientistas sociais afirmam que a maldição surge quando um país ou região se apoia demais em seus recursos, com seu pessoal mais qualificado sendo atraído para empregos relacionados à extração, de modo que outros setores econômicos simplesmente não conseguem competir. Entretanto, os preços desses recursos naturais podem flutuar conforme os caprichos da economia globalizada, criando grave instabilidade. Outros observadores apontam que os minerais de guerra sustentam o caos político e, em consequência, o econômico. Deborah Bräutigam, professora da Universidade Americana, em Washington D.C., lembra que os governos cujas economias são baseadas em recursos naturais não dependem da arrecadação de impostos, o que significa que o pacto entre governo e cidadãos é fraco – se as populações tentam reclamar seus direitos, os líderes sempre podem usar o valor obtido com os recursos para financiar um aparato militar que as silencie.[123] A prática de externalizar custos – que permite às multinacionais destruírem o meio ambiente onde elas perfuram, mineram e extraem, sem consequências financeiras – aumenta a devastação local.

A maldição dos recursos naturais em um país revela apenas uma faceta de uma situação global complexa dominada por injustiça. Como veremos nos próximos capítulos, a extração internacional envolve uma rede de jogadores ambiciosos e corruptos, entre eles as multinacionais, os governos e os bancos de desenvolvimento internacional. Já os milhões de pessoas que vivem e trabalham nas terras onde se pratica a extração são praticamente deixados de fora da equação.

Por todo o mundo, muitas comunidades indígenas vivem em áreas ricas em matérias-primas, alvo da exploração da madeira, da mineração e da perfuração para petróleo e gás, entre outros tipos de extração. Os meios de vida e a cultura desses povos em geral dependem da terra, que eles respeitam e protegem a partir de relações sustentáveis estabelecidas ao longo de centenas, quando não milhares de anos. Mas tais comunidades costumam ser excluídas da tomada de decisões sobre projetos que afetam seus recursos e sua gente.

Fico feliz em poder dizer que os indígenas estão ganhando terreno ao assegurar seus direitos de participação nos processos de planejamento ambiental – mesmo que ainda tenham que lutar por isso. Em 13 de setembro de 2007, após mais de vinte anos de campanha e negociação, a ONU aprovou a Declaração dos Direitos dos Povos Indígenas, um grande passo para a proteção dos direitos ambientais e econômicos, entre outros, dessas comunidades. A declaração foi aprovada por uma esmagadora maioria de 143 votos a favor e apenas quatro contra – Canadá, Austrália, Nova Zelândia e Estados Unidos.[124]

Mas, como explica o Grupo Internacional de Trabalho sobre Assuntos Indígenas, "traduzir esse reconhecimento político em avanços concretos em âmbito local, nacional, regional e internacional continua um grande desafio para os povos indígenas".[125] Diversas organizações ao redor do mundo trabalham para influenciar investidores de projetos extrativistas a seguir padrões mais elevados de direitos humanos, ambientais e sociais. E alguns grupos ativistas já conseguiram convencer investidores públicos e privados.

Por exemplo, o Banco Mundial, um dos maiores investidores do mundo em projetos de infraestrutura, política e extração, empresta em média 25 bilhões de dólares por ano a países em desenvolvimento – incluindo mais de 1 bilhão de dólares especificamente para indústrias extrativistas.[126] Até 1987, o banco sequer contava com procedimentos de supervisão ambiental.[127] A instituição acabou adotando um processo inadequado após longas e inflamadas campanhas realizadas por grupos de direitos humanos e ambientais. Em junho de 2003, endossou a Iniciativa de Transparência das Indústrias Extrativas (Eiti), programa que estimula maior participação da sociedade civil nas atividades das indústrias extrativistas dos países ricos em recursos naturais.[128] Mas, mesmo com a implementação de políticas, continua a financiar projetos devastadores e se omite quanto a empregar sua influência para incentivar, em países em desenvolvimento, a transparência nas indústrias e o envolvimento das comunidades.

Após testemunhar projetos do Banco Mundial na Ásia e na África, e de receber respostas inadequadas todas as vezes que me dirigia a seus escritórios, em Washington, com questões e informações novas, tenho de concordar que o melhor a fazer é limitar o poder dessas instituições. Através da campanha internacional Boicote aos Títulos do Banco Mundial (WBBB), muitos estão conseguindo que seus fundos de pensão, sindicatos, igrejas, municípios e universidades não comprem títulos do banco. Ao reduzir o financiamento dos títulos, a campanha pressiona para que o Banco Mundial interrompa projetos nocivos.[129]

Como os riscos e os impactos negativos, também os benefícios – os lucros e os recursos – dos projetos extrativistas não são partilhados de maneira equitativa. Jared Diamond, autor de *Colapso*, nota que "o consumo médio de recursos como petróleo e metais e a produção de dejetos, como plásticos e gases do efeito estufa, são aproximadamente 32 vezes mais altos na América do Norte, Europa ocidental, Japão e Austrália do que no mundo em desenvolvimento".[130] Os Estados Unidos consomem o percentual mais alto – com apenas 5% da população do planeta, o país é responsável por cerca de 30% de todos os recursos consumidos. Ao todo, 25% da população mundial que vive em países desenvolvidos consome aproximadamente 75% dos recursos globais.[131]

Na verdade, consumimos o equivalente a mais do que os recursos produzidos pela Terra a cada ano. Ou seja, são necessários recursos de 1,4 planeta anualmente para dar conta de nossas demandas.[132] Isso só é possível porque ele teve tempo de acumular recursos extras, mas agora eles estão se esgotando. É como se uma família guardasse dinheiro anos a fio e depois aumentasse muito seus gastos. Durante algum tempo, ela pode gastar mais do que ganhou, devorando suas economias, mas no fim das contas não sobrará nada.

Caso todos os países usassem os recursos no ritmo dos Estados Unidos, precisaríamos de cinco planetas para nosso sustento.[133] A BioRegional e a World Wildlife Fund, organizações com sede na Europa, criaram o programa One Planet Living para reduzir o uso dos recursos naturais, fortalecer a saúde ecológica e comunitária e assegurar a partilha igualitária do que é usado. Para alcançar seus objetivos, o projeto estimula uma economia de materiais reduzida e novas normas culturais compatíveis com os recursos disponíveis.[134]

Igualdade não quer dizer que todos deveriam reduzir o uso dos recursos – isso seria terrivelmente injusto. Europa e Estados Unidos, por exemplo, precisam consumir menos, ao passo que outros países precisam aumentar o consumo, de modo a atender às suas necessidades mais básicas. Temos que encontrar um ponto de equilíbrio. E a extração deve respeitar os limites ecológicos do planeta.

TRANSFORMANDO A EXTRAÇÃO

Para mudar as perspectivas de vida no planeta, devemos reduzir radicalmente a demanda dos materiais extraídos, aumentar a eficiência e a produtividade dos recursos usados e estimular programas de reutilização e reciclagem. E precisamos de uma distribuição mais justa tanto dos danos quanto dos benefícios da extração. Ainda que os padrões de sustentabilidade (como o estipulado pelo Conselho de Manejo Florestal) e a integração das vozes de trabalhadores e comunidades no planejamento de projetos extrativos (como nas iniciativas de administração florestal comunitária) ajudem, é necessário mudanças mais profundas para acabar com a crise de esgotamento global de recursos naturais e evitar suas consequências. Detectei dois estágios nesse processo e uma mudança de postura que contribuem para isso.

1. Estágio inicial

Na hora do projeto é preciso redesenhar nossos sistemas de produção para que utilizem menos recursos, reduzindo, assim, a necessidade de extração.

Do ponto de vista de materiais e energia, nosso atual modelo econômico e industrial é bastante ineficiente. Poderíamos usar e desperdiçar menos. Todos os dias, as indústrias americanas utilizam material equivalente a vinte vezes o peso de cada habitante do país. Em um ano, essa conta soma mais de 500 mil quilos por americano.[135]

Um número cada vez maior de cientistas, ativistas, economistas, funcionários públicos e empresários reivindica um aumento expressivo na produtividade dos recursos – em outras palavras, que se extraia muito mais de cada material ou energia consumidos.

O centro de pesquisas Instituto Wuppertal pelo Clima, Meio Ambiente e Energia reuniu um grupo de designers, economistas e especialistas em desenvolvimento e materiais e lançou o Factor 10 Club. Em 1994, eles apresentaram uma declaração que exigia o aumento de dez vezes na produtividade dos recursos no período de cinquenta anos, o que acreditavam tecnicamente plausível, caso passemos a empregar "nosso know-how na geração de novos produtos e serviços e em novos métodos de produção".[136]

Há muitos exemplos de que o design contribui para melhorar a eficiência dos recursos – reduzir o tamanho das embalagens e reformular os produtos são alguns. Com menos materiais na composição, eles se tornam mais leves. Outras estratégias incluem tornar as Coisas mais:

- Duráveis: os produtos não precisam ser descartados e substituídos tão rapidamente.
- Reparáveis: aqui se inclui o benefício da geração de empregos.
- Recicláveis: os materiais devem ser escolhidos segundo sua capacidade de manter a integridade quando reciclados. Alguns materiais se degradam rapidamente, ao passo que outros podem ser reciclados várias vezes.
- Adaptáveis: em vez de descartar celulares e laptops assim que ficam obsoletos, os aparelhos podem ter componentes reaproveitados e atualizados, como as lentes de uma câmera.

Nossas mentes mais brilhantes podem e devem alçar voo em busca de um desenho industrial de ponta cujo objetivo seja a melhoria na rapidez, no estilo e, sobretudo, na "desmaterialização" – o uso de menos recursos. Por exemplo, a música digital substituiu uma grande quantidade de vinil, fitas cassete e embalagens de CD. Os elegantes monitores e TVs de tela plana estão substituindo os antigos aparelhos. As embalagens são mais finas e leves. Em diversos setores, o uso de matéria-prima na fabricação dos produtos está diminuindo. Infelizmente, o progresso pode ir por água abaixo se os níveis de consumo não baixarem.

2. Estágio final

Uma grande quantidade de metal, papel, madeira e água gasta pode ser reciclada ou reutilizada. Como os materiais já foram extraídos e processados, é melhor mantê-los em uso do que descartá-los e começar a explodir mais montanhas ou derrubar mais florestas. (Isso não vale para compostos tóxicos, como o plástico PVC, ou metais pesados, como o chumbo e o mercúrio, que não deveriam ser reciclados, e sim retirados de uso e substituídos por materiais atóxicos e ecologicamente compatíveis.)

3. Antes de consumir

Devemos sempre nos perguntar: são mesmo necessários tantos materiais para satisfazer nossas necessidades? Como mostrar afeto, dedicarmo-nos aos filhos e ter direito ao lazer sem usar cada vez mais recursos? Nosso status poderia ser medido por bondade, experiência e sabedoria, e não pelas roupas que vestimos, os carros que temos na garagem e o tamanho das nossas casas. Sejamos criativos!

E podemos voltar a compartilhar – atividade social básica. Programas de uso comum de carros, como o Zipcar, bibliotecas com sistema de empréstimo de ferramentas, como a da cidade de Berkeley, além da boa e velha camaradagem entre vizinhos são ótimas estratégias para atender às nossas necessidades com menos recursos naturais. Essa abordagem tem o benefício de fortalecer a comunidade e desenvolver as relações interpessoais, que os psicólogos e cientistas sociais provaram ser um fator importante para a felicidade e a saúde mental.

2. PRODUÇÃO

As indústrias extrativas causam impactos impressionantes, entre eles guerras civis. Mas o estágio seguinte, necessário para produzirmos nossas Coisas, não é menos devastador.

No capítulo anterior, descrevi como adquirimos a maior parte das matérias-primas que compõem nossas Coisas e de onde vem a energia necessária para a sua extração do subsolo ou da superfície da terra. Mas há uma outra categoria sem a qual a maioria dos objetos não poderia ser fabricada nem apresentar certas propriedades: os materiais sintéticos, elaborados em laboratórios.

Os químicos combinam moléculas para criar polímeros que tornam as Coisas mais duras, elásticas, macias, colantes, brilhosas, mais absorventes, duradouras, ou ainda resistentes a fogo, parasitas e água. Criam também ligas metálicas, ou combinações de metais para obter propriedades específicas – por exemplo, o aço inoxidável reúne a força do ferro e as características antioxidantes do cromo.

Atualmente, existem cerca de 100 mil compostos sintéticos em uso na produção industrial.[1] Eles não são bons nem maus em si mesmos. Exemplos de sintéticos comuns são os plásticos, o poliéster. Alguns sintéticos são elaborados a partir de componentes naturais, outros são desenvolvidos inteiramente em laboratório. Mas nenhum deles existia antes na natureza.

O impacto da maioria desses compostos na nossa saúde e no bem-estar do planeta é um grande mistério, pois poucos tiveram seus efeitos analisados ao longo do meio século de sua existência.[2] Antigamente, dizia-se que a baixa exposição a componentes químicos não apresentava riscos à saúde. Mas, como ficou provado com a revolucionária pesquisa dos cientistas ambientais Theo Colborn e John Peterson Myers, coautores (com Dianne Dumanoski) do livro *O futuro roubado*, a exposição a baixas concentrações também pode levar a resultados trágicos a longo prazo. Os efeitos mais nefastos aparecem na geração seguinte, causando baixa imunidade, diminuição da capacidade cognitiva, distúrbio do déficit de atenção, infertilidade e câncer, fora os malefícios dos quais ainda não estamos cientes.[3]

Mais adiante falarei sobre os impactos negativos já detectados em alguns sintéticos. Agora vamos examinar alguns processos produtivos e ver como nossas Coisas são fabricadas. E dentro da enorme variedade de processos, decidi começar a investigação por algumas das minhas Coisas favoritas.

MINHA CAMISETA DE ALGODÃO

Considero a camiseta de algodão uma grande invenção: é confortável, versátil, absorvente e lavável. E, além de barata, posso usá-la em praticamente qualquer ocasião. Como não amar uma camiseta? Bem, vejamos...

A história de minha camiseta abre uma janela para observar toda a indústria têxtil, começando pelas plantações. O slogan do algodão poderia ser: macio, tóxico e sedento por água! Arbusto nativo dos trópicos, ele hoje é cultivado nos Estados Unidos, no Uzbequistão, na Austrália, na China, na Índia e em países africanos como Benin e Burkina Faso. Sua produção global soma mais de 25 milhões de toneladas por ano, o bastante para confeccionar quinze camisetas para cada pessoa no planeta.[4]

Algodoeiros adoram água.[5] E a irrigação desperdiça uma grande quantidade do líquido através da evaporação e de vazamentos.[6] O problema nos remete aos conceitos de água virtual e pegada hídrica apresentados no capítulo anterior; países compradores de algodão consomem enormes quantidades de água fora de suas fronteiras. Por exemplo, metade dos 135 metros cúbicos usados anualmente para o consumo de algodão por pessoa nos Estados Unidos é "importada".[7] Na Europa, 84% da pegada hídrica relativa ao algodão tem origem em outras partes do mundo, o que significa que os consumidores americanos e europeus estão absorvendo a água disponível em outros países.[8] Lembre que as pegadas hídricas se referem à utilização da água não apenas durante o cultivo, mas também no processamento do algodão, bem como à poluição causada por ambos os processos.

Um dos exemplos mais trágicos de esgotamento de água ocorreu na antiga república soviética do Uzbequistão, onde fazendas de algodão do governo drenaram os rios que desembocavam no mar de Aral, o quarto maior mar interno do mundo. Seu volume de água foi reduzido em 80% entre 1960 e 2000, transformando uma grande área verde e fértil em semi-deserto.[9] A diminuição do mar de Aral mudou o clima da região: os verões tornaram-se mais quentes e curtos, e os invernos mais frios, com menos chuvas e violentas tempestades de areia. Estas, por sua vez, espalham sal e pesticidas (inclusive o DDT) pela atmosfera. O cultivo do algodão não apenas esgota a quantidade de água como prejudica a qualidade da que resta; a que sobrou, nesse caso, está cada vez mais poluída por uma grande quantidade de agrotóxicos.[10]

Para cada quilo de algodão colhido nos Estados Unidos, os agricultores aplicam trezentos gramas de fertilizantes químicos e pesticidas.[11] Muitos dos pesticidas usados nas lavouras (inseticidas, herbicidas e fungicidas) estão entre os produtos químicos mais carcinogênicos, pois foram desenvolvidos para uso simultâneo em guerras.[12] No cultivo convencional do algodão, os produtos químicos são aplicados nos campos antes do plantio, para a esterilização do solo. Muitas vezes, as sementes são mergulhadas em fungicida. Depois, as plantas são pulverizadas com pesticidas durante o cultivo.[13]

Os agrotóxicos agem de forma indiscriminada: exterminam os insetos que se alimentam dos algodoais da mesma maneira que matam os insetos benéficos e os micro-organismos do solo. Acabar com os insetos benéficos significa eliminar os predadores naturais dos insetos nocivos, o que exige mais pesticidas. Entretanto, ao longo do tempo, mais de quinhentas espécies de insetos, 180 ervas daninhas e 150 fungos desenvolveram resistência a veneno.[14] Tudo isso contribui para manter as empresas químicas ocupadas em desenvolver mais produtos, enquanto os agricultores ficam condenados ao "círculo vicioso dos pesticidas". Para agravar o problema, a agricultura industrial reduziu as centenas de espécies de algodão a poucas variedades. A monocultura, ou o cultivo de apenas uma espécie, torna as fazendas ainda mais vulneráveis a pragas.

Mesmo quando instruções de uso são respeitadas, os pesticidas se espalham para as comunidades vizinhas, contaminando os lençóis freáticos e a água de superfície, além de animais e seres humanos. É comum os agricultores sofrerem de desordens neurológicas e visuais. Na Califórnia, um estudo apontou o cultivo de algodão como o terceiro a causar o maior número de doenças provenientes da contaminação por pesticida.[15] Para piorar, na época da colheita, as plantas são pulverizadas com desfolhantes químicos tóxicos que eliminam as folhas, a fim de evitar que manchem os bulbos brancos e macios e de torná-los mais acessíveis às colhedeiras mecânicas.[16]

Depois de colhido o bulbo, uma série de processos industriais é necessária para extrair o algodão cru e transformá-lo em tecido. As máquinas envolvidas – grandes consumidoras de energia – incluem: a que descaroça o algodão, separando a fibra das sementes, dos caules e das folhas; as que comprimem as fibras em fardos, transportados para outros locais; e as que desfazem os fardos, soltam o algodão e o prensam novamente. Depois, entram em cena as máquinas de cardar, pentear, esticar e fiar, que produzem os fios. Finalmente, máquinas de tecelagem ou tramadeiras transformam o fio em tecido. Mas, para que o material se torne macio e alvo, ele precisa de "acabamento". Isso pode envolver a "purga", que significa ferver o tecido num álcali como hidróxido de sódio para remover suas impurezas.[17]

Próximo passo: a cor. Já que minha camiseta é branca, ela receberá uma dose particularmente forte de alvejante – mas até as camisetas coloridas são alvejadas antes do tingimento. Os processos de tingimento muitas vezes utilizam benzeno, metais pesados, agentes fixadores de formaldeído e outros produtos químicos. Como o algodão resiste naturalmente a tintas, um terço delas acaba desperdiçado no esgoto. De volta à minha camiseta: na fase de branqueamento, torço para que tenha sido usado o peróxido de hidrogênio, mas muitas empresas ainda usam o cloro.[18] O cloro, que já é tóxico, caso seja misturado com material orgânico, como costuma acontecer quando é despejado em água reutilizada, torna-se um composto com propriedades neurotóxicas e carcinogênicas.

Antes que o tecido passe pelas máquinas de costura, não raro é tratado para se tornar macio, antiestático e resistente a amassados, a manchas e odores, a fogo, a parasitas. Isso tudo com ajuda de formaldeído.[19] O contato com esse perigoso produto químico pode causar dermatite alérgica, queimação nos olhos, problemas respiratórios e câncer.[20] Outros componentes utilizados nesse estágio são a soda cáustica, o ácido sulfúrico, os bromados, as resinas de ureia, as sulfonamidas e os halógenos.[21] Todos podem gerar complicações de sono, de concentração e de memória... e, mais uma vez, câncer.

Não é preciso dizer que os consumidores de algodão não são os únicos a arriscar a saúde: os operários das fábricas que processam o tecido são especialmente afetados, e, por fim, a água contaminada pelas fábricas desequilibra toda a cadeia alimentar. Cerca de 20% da pegada ecológica do consumo do algodão relaciona-se à poluição de água utilizada em plantações e fábricas.[22]

Por fim, minha camiseta está pronta para nascer, e o tecido de algodão finalizado é enviado à fábrica. É o estágio de que mais ouvimos falar, devido à má reputação das *sweatshops*,* onde as condições de trabalho costumam ser desumanas. As grandes marcas preferem confeccionar suas camisetas em fábricas que pagam baixos salários justamente para que o custo com o produto seja igualmente baixo.

Hoje essas fábricas estão, por exemplo, em Bangladesh e nas "zonas econômicas especiais", ou "zonas de processamento de exportações" da China, onde os operários, espremidos em locais mal-iluminados, sem ventilação e barulhentos, realizam um trabalho repetitivo em jornadas de até onze horas por dia, recebendo de dez a treze centavos de dólar por hora.[23] Nessas fábricas, a liberdade de expressão e o direito à sindicalização

---

* *Sweatshops*: termo usado para designar oficinas que realizam este tipo de confecção. (N.T.)

costumam ser reprimidos, e o trabalho infantil, oficialmente banido em quase todos os lugares do mundo, ainda pode ser visto em áreas obscuras, em geral quando os prazos de produção estão apertados.

Quando visitei Porto Príncipe, no Haiti, em 1990, conheci mulheres que trabalhavam em *sweatshops* fazendo roupas para a Disney. Isso aconteceu seis anos antes de a ONG National Labor Committee, com sede em Nova York, lançar o filme *Mickey Mouse Goes to Haiti*, denunciando as provações a que as trabalhadoras haitianas estavam submetidas. Mas como o drama das costureiras já vinha recebendo atenção internacional, algumas delas tinham medo de abordar abertamente o assunto e perder o emprego. Outras não tinham pudores, na esperança de que suas histórias fossem ouvidas por gente como eu, pessoas que talvez pudessem interferir nas práticas da Disney. A mais ousada e exaltada era Yannick Etienne, líder da organização Batay Ouvriye, que propiciou nosso encontro e traduziu as histórias das mulheres.

No calor haitiano, nos aglomeramos numa pequena sala de uma casa feita de blocos de concreto. As janelas permaneciam fechadas, para que ninguém nos visse reunidas. As mulheres trabalhavam dia após dia, costurando roupas que jamais conseguiriam comprar. As que tinham a sorte de receber salário mínimo ganhavam cerca de quinze dólares por semana, numa jornada de oito horas diárias ao longo de seis dias. Alguns supervisores não pagavam o salário caso uma determinada quantidade de roupas não ficasse pronta a cada turno. As mulheres descreviam a pressão desumana, o assédio sexual constante, entre outras humilhações, e as baixas condições de segurança. Aliados internacionais de movimentos em prol dos direitos trabalhistas contaram a elas que o presidente da Disney, Michael Eisner, ganhava milhões. Em 1996, ano do lançamento do filme, ele havia recebido 8,7 milhões de dólares em salário, além de 181 milhões em ações, o equivalente a 101 mil dólares por hora.[24]

As costureiras pediram que usássemos nossas vozes de cidadãos e consumidores para pressionar a Disney. As mães sonhavam voltar para casa cedo o bastante para ver os filhos antes de dormir, além de ter comida suficiente para alimentá-los. Desde então, jamais pude ver os produtos da

Disney sem pensar nas mulheres de Porto Príncipe. Em agosto de 2009, Etienne me mandou um e-mail: "As condições dos trabalhadores não mudaram muito no parque industrial de Porto Príncipe. Ainda lutamos pelas mesmas mudanças e agora estamos travando uma batalha feroz pelo aumento do salário mínimo."[25] Havia dezenove anos que eu conhecia aquela organizadora determinada, e ela ainda estava lutando pelos direitos mais básicos dos operários no Haiti. Naquele mesmo mês, o governo haitiano aumentou o valor do salário mínimo, mas num patamar abaixo dos cinco dólares diários reivindicados.

De volta à minha camiseta: seu impacto final é a pegada ecológica do dióxido de carbono (CO_2), ou sua contribuição na quantidade do gás que está provocando mudança climática no planeta. Para cultivar o algodão necessário ao fabrico de apenas uma camiseta, é gerado cerca de um quilo de CO_2, decorrente da produção de fertilizantes e pesticidas baseados em petroquímicos e do uso de eletricidade na irrigação. Os processos de lavagem, fiação, costura e acabamento demandam mais um quilo e meio. Assim, a camiseta gera cerca de dois quilos e meio de CO_2. Isso sem considerar o posterior transporte para as lojas, nem as lavagens e secagens ao longo de sua vida útil, o que no mínimo duplica sua pegada de carbono.[26]

Quando visitei o site da empresa de roupas Patagonia, pude calcular a pegada ecológica de diversos produtos, inclusive a de uma de suas camisetas de algodão orgânico. O site informa a origem de "quase a metade" de seu algodão: a longínqua Turquia. A parada seguinte é Los Angeles, onde a trama, o corte e a costura são feitos em determinada fábrica, enquanto o tingimento é executado em outra, com tintas à base de óleo, algumas com PVC. Depois, a camiseta é transportada para o centro de distribuição em Reno, Nevada. Segundo os cálculos da empresa, a camiseta viaja 12.620 quilômetros e gera um quilo e meio de CO_2 antes mesmo de ser encaminhada à loja.[27]

Não pretendo insinuar que camisetas ou outras roupas de algodão orgânico não valham os dólares a mais que se gastam para comprá-las. O algodão orgânico dispensa o uso de pesticidas e fertilizantes químicos, o que elimina o carbono envolvido na produção dessas substâncias, e conserva os lençóis freáticos e o solo mais limpos. Os fazendeiros orgânicos alegam que o solo mais saudável, com a aeração feita pelas minhocas que não são mortas por agrotóxicos, faz com que se perca menos água em escoamento, embora os defensores da biotecnologia digam que suas plantações geneticamente modificadas necessitam de menos água.

Fábricas como as utilizadas pela Patagonia para fiar, fazer a trama e costurar estão na vanguarda da conservação de energia, pois também reduzem o nível de dejetos tóxicos. Se na etiqueta da roupa houver um logotipo do *fair trade* [comércio justo], é sinal de que os produtores de algodão conseguiram preços mais justos e os operários obtiveram melhores condições de trabalho. Por todas essas razões, produtos de algodão orgânico e de comércio justo são a melhor escolha.

Mas essas são, de fato, as melhores escolhas possíveis? Trate com carinho a camiseta de algodão que você já tem. Eu uso minhas camisetas até que elas estejam gastas, e depois as transformo em panos de limpeza. Pois, embora tenham custado apenas 4,99 dólares, ou 12,99, se compradas na Patagonia, seu valor não chega nem perto de refletir todos os custos que, ao olharmos para elas, não vemos.

UM LIVRO

Tenho prateleiras e mais prateleiras de livros. Eles ocupam um lugar ímpar entre as minhas Coisas. Embora me sinta desconfortável ao comprar roupas novas ou equipamentos eletrônicos, não penso duas vezes antes de adquirir um livro. Perguntei a meus amigos e descobri que eles também, de certa forma, isentam os livros das conotações negativas do excesso de Coisas. Será que o valor do conhecimento embutido em um livro justifica sua pegada ecológica?

A palavra "papel" tem origem no grego *papyros* – material sobre o qual os gregos escreviam e que era obtido através da trituração da planta de mesmo nome. O pedaço de papel mais antigo de que se tem notícia foi confeccionado há cerca de 2 mil anos com fibra de arbusto de amora, velhas redes de pesca, cânhamo e grama, por Ts'ai Lun, um funcionário da corte chinesa. No século XV, alguns livros foram impressos em pergaminho, feito de pele de ovelha ou cabra, ou em velino, feito de pele de bezerro. Naquela época, era necessária a pele de trezentas ovelhas para imprimir uma Bíblia. Mais tarde, no século XVI, trapos de pano e linho passaram a entrar na produção do papel.[28] Apenas em meados do século XIX desenvolveu-se o processamento da polpa da madeira em larga escala, e as árvores se tornaram a fonte primária das fibras do papel. Ele também pode ser feito de aparas ou de material previamente usado: é o papel reciclado.

Durante centenas de anos, os passos básicos da produção de papel permaneceram os mesmos. A fibra é triturada, aplainada e secada. Tal processo exige apenas fibra, energia, produtos químicos e água. Mas a simplicidade dessa lista de componentes é um tanto enganosa. Em primeiro lugar, há o problema do desmatamento, incluindo sua forma menos visível, aquela em que as florestas naturais são substituídas por plantações. Hoje, quase metade das árvores derrubadas na América do Norte se destina à produção do papel.[29] A cada ano, só nos Estados Unidos, 30 milhões são sacrificadas para atender à demanda de livros.[30]

Entre todas as indústrias manufatureiras, a do papel está entre as cinco maiores emissoras de gases do efeito estufa,[31] já que, além de demandar grandes quantidades de energia e água, despeja produtos tóxicos no meio ambiente. Árvores virgens, florestas manejadas, culturas agrícolas ou papéis recuperados, não importa a origem: em todos somente a fibra é útil. A lignina, os açúcares e outros compostos encontrados na madeira e em plantas não servem para a produção de papel. Se a fonte é papel reaproveitado, então a maior parte da lignina já foi removida, mas ainda é preciso eliminar as tintas, os grampos, as adições de perfume e outros contaminantes.[32] Infelizmente, esse processo de depuramento desgasta e torna as fibras mais curtas, impossibilitando novas reciclagens.

Há duas tecnologias para separar as fibras úteis, de celulose, e fazer a polpa: mecânica e química. A polpação mecânica é muito mais eficiente, mas as fibras resultantes são curtas e rígidas, e assim temos um papel de baixa qualidade, geralmente destinado a jornal e embalagens.³³ A polpação química, mais empregada, utiliza calor e pressão, além de produtos químicos. Posteriormente, outros agentes químicos são usados, como corantes, tintas, alvejantes, gomas e revestimentos.

O produto mais comum e polêmico usado na produção de papel é o cloro, adicionado para ajudar na polpação e no branqueamento. Sozinho, é uma toxina de grande eficácia que chegou a ser usada como arma na Primeira Guerra Mundial. Mas, quando é misturado a compostos orgânicos – como uma massa feita de plantas trituradas –, combina-se e gera quase mil organoclorados diferentes, inclusive o maior poluente tóxico que existe, a dioxina.³⁴ A Agência de Proteção Ambiental (EPA) americana e a Agência Internacional de Pesquisa sobre o Câncer (Iarc) confirmaram que a dioxina é um carcinógeno³⁵ e está relacionada a danos nos sistemas endócrino, reprodutivo, nervoso e imunológico.³⁶ Será que a brancura do papel compensa?

Na Europa, boa parte do papel – do higiênico ao dos livros – tem o tom amarelado. Para o branqueamento, inúmeras fábricas optaram por processos totalmente isentos de cloro que empregam oxigênio ou ozônio e peróxido de hidrogênio.³⁷ Nos Estados Unidos e no Canadá, muitas optaram por substituir o gás cloro por derivados, como o dióxido de cloro. A troca reduz a formação de dioxina à metade, mas qualquer quantidade dessa substância é demasiada, até uma partícula.

Há uma última variação, livre de cloro processado, que se refere ao papel feito de fontes recicladas. Isso significa que a fábrica promete que o cloro não foi usado no processo de reciclagem, entretanto, não pode garantir que ele não tenha sido empregado em sua produção original. Livrar-se do cloro exige certo investimento, mas é um preço baixo a pagar, se comparado a todos os custos que sua adoção implica para o meio ambiente, entre eles a dioxina lançada nos rios, ameaçando as áreas de pesca.

O mercúrio, uma potente neurotoxina que causa danos ao sistema nervoso, especialmente em fetos e crianças, é uma substância que entra indiretamente na produção de papel, já que diversas fábricas ainda o incluem na composição do cloro e da soda cáustica. E as indústrias da polpa e do papel são as maiores consumidoras de soda cáustica do mundo.[38] Uma vez liberado no meio ambiente, o mercúrio não desaparece – contudo, já houve tanto alarde quanto aos malefícios dessa substância que o processo está sendo gradualmente substituído.

De volta à fábrica de papel. Concluído o processo de polpação, acrescenta-se água à polpa e essa massa é depositada sobre uma tela. As telas são aspiradas, aquecidas e comprimidas para a secagem, e todas essas etapas consomem energia. O resultado é um papel consistente, pronto para ser impresso.

A impressão exige uma grande quantidade de produtos tóxicos à base de petróleo, seja para fazer as tintas, limpar as prensas ou lavar os cilindros (que transferem a tinta para o papel). No topo da lista está o tolueno, responsável por 75% do conjunto de toxinas envolvidas na impressão.[39] Todas são liberadas no meio ambiente em níveis alarmantes. Muitas escapam na forma de vapores conhecidos como compostos orgânicos voláteis (COVs), que não só poluem o ar – causando problemas respiratórios, imunológicos e alérgicos – como penetram no solo e nos lençóis freáticos.

Porém, há alternativas viáveis para substituir os petroquímicos contidos nas tintas e detergentes: os "bioquímicos" de base vegetal. Mesmo que a maioria ainda seja feita com algum percentual de petróleo, representam um grande avanço, pois evitam boa parte da poluição nos processos de extração do petróleo bruto e de seu refino em produtos químicos. São menos nocivos, menos inflamáveis e liberam menor quantidade de resíduos sólidos e emissões tóxicas, entre outras vantagens. Enquanto as tintas à base de petróleo contêm de 30% a 35% de COVs, as produzidas à base de óleo de soja variam entre 2% e 5%,[40] e por isso se tornaram as mais populares nas gráficas dos Estados Unidos.[41] Embora tenham preço ligeiramente mais alto, apresentam melhor desempenho. As tintas de soja também otimizam a reciclagem do papel, pois podem ser removidas mais facilmente.

Hoje, graças ao trabalho de organizações e ao esforço de líderes da indústria sustentável, a manufatura do papel e a indústria editorial estão se tornando mais ecológicas. Há um número cada vez maior de livros sendo impressos em papel reciclado e com menos tintas à base de petróleo.

MEU COMPUTADOR

Somados, os americanos possuem cerca de 200 milhões de computadores, 200 milhões de televisores e 200 milhões de celulares.[42] Eu tenho um laptop e um celular, mas a verdade é que não sinto atração por aparelhos eletrônicos. Os incessantes bipes me irritam, e a ideia de perder todos os meus contatos ou documentos num piscar de olhos me causa calafrios. Há quinze anos confio, com convicção, em minha agenda-fichário de papel, que já me acompanhou a mais de trinta países, embora a cada ano se torne mais difícil encontrar folhas para reposição – uma espécie em extinção.

Mas aprecio as contribuições positivas que a tecnologia nos traz. Sei que aparelhos eletrônicos auxiliam a encontrar crianças desaparecidas e montanhistas perdidos. Nas mãos de ativistas ao redor do mundo, permitem documentar violações dos direitos humanos e disseminar alertas e advertências. Mensagens de texto e *tweets* formaram redes de apoio quando pessoas foram detidas ou prejudicadas injustamente. E eu seria muito infeliz sem meu celular e meu computador, que me ajudam a achar e organizar informações, comunicar-me com os amigos e escrever este livro.

Porém, a história dos nossos aparelhos eletrônicos é extremamente complicada. As propagandas da Apple fazem os produtos parecerem limpos, simples e elegantes. A alta tecnologia é muitas vezes apresentada como um avanço, em comparação às nuvens de fumaça cuspidas pelas velhas fábricas. Mas, na verdade, sua expansão apenas substitui a poluição do passado por uma outra versão, menos visível.

Instalações de produção eletrônica são ecologicamente execráveis. O vale do Silício, por exemplo, na Califórnia, famoso por concentrar, desde os anos 1950, um conjunto de indústrias voltadas para o desenvolvimento da alta tecnologia, é hoje considerado prioritário nos programas governamentais de limpeza de locais contaminados por substâncias tóxicas. Grande parte da produção de alta tecnologia já abandonou a região em direção à Ásia e à América, em busca de padrões mais baixos de salários e de regulamentações de segurança trabalhista e ambiental mais frouxas. Restou um legado tóxico.

O vale é também lugar de extremos sociais: mansões de magnatas da internet sobrevivem em meio a bairros destruídos e habitados por pessoas que constroem componentes eletrônicos – ou construíam, antes que a maioria das fábricas se mudasse para o exterior. Na tentativa de oferecer preços mais baixos aos consumidores sem perda dos lucros robustos, as empresas de computadores concentram seus esforços de corte de custos nos estágios ao longo da cadeia de fornecimento. Grandes marcas pressionam montadoras e fornecedores a cortar despesas aumentando as horas de trabalho dos funcionários a fim de crescer numericamente a produção. Certa vez, Michael Dell, da Dell Computers, disse: "Nosso trabalho é ser líder absoluto em baixar os custos no mundo."[43]

Por fim, existe o lixo eletrônico, ou e-lixo, um pesadelo global. A cada ano, entre 5 e 7 milhões de toneladas de eletrônicos tornam-se obsoletos. Seus componentes tóxicos contaminam a terra, o ar, a água e todos os habitantes do planeta.[44]

Ao tentar reunir informações sobre os materiais presentes em meu computador e os processos para montá-lo, deparei-me com barreiras intransponíveis. Ted Smith, da Electronics TakeBack Coalition, meneou a cabeça quando soube que eu queria conhecer a história de meu laptop da mesma maneira que acompanhei a produção de minha camiseta e deste livro. "Um computador é muito mais complexo que esses itens em várias ordens de magnitude", disse ele, usando como comparação a estrutura biológica de, digamos, uma minhoca e a do planeta inteiro.

Smith explicou que mais de 2 mil materiais são usados na confecção de um microchip, que é apenas um dos componentes da minha máquina! E como as indústrias avançam velozmente, sempre introduzindo novos materiais e processos, reguladores e grupos de fiscalização como o de Smith não conseguem acompanhar tantas mudanças. Sem que se complete a análise do impacto na saúde e no meio ambiente dos componentes eletrônicos de anos atrás, uma nova safra é lançada.[45] Para piorar, o que torna impossível contar em detalhes toda essa história é a existência do sigilo industrial. Essa mentalidade se reflete no título do livro do ex-presidente da Intel, Andy Grove: *Só os paranoicos sobrevivem*.[46]

É impossível saber o local exato onde as peças de um laptop foram fabricadas. E muito menos de onde foram extraídas as substâncias que as compõem. A ONU aponta a indústria eletrônica como a mais globalizada do mundo.[47] Mas sabemos que todos os tipos de mineração – do ouro e do tântalo, assim como de cobre, alumínio, chumbo, zinco, níquel, estanho, prata, ferro, mercúrio, cobalto, arsênio, cádmio e cromo –, com todas as suas problemáticas, estão envolvidos. E multinacionais como Dell, HP, IBM e Apple talvez tenham, de fato, pouco conhecimento ou controle sobre a origem dos materiais ou a forma como são manipulados, pois terceirizam o trabalho para centenas de firmas ao redor do mundo. Todavia, isso não as isenta da responsabilidade por contaminação ambiental, problemas de saúde e violação aos direitos humanos.

Existe uma boa quantidade de informação disponível sobre a produção dos microchips, de modo que podemos ter uma ideia de como são feitos. Por ser o cérebro do computador, o chip é complexo. Em uma fina placa, geralmente de silício, são gravados minúsculos e intrincados trilhos de metal que permitem a transmissão e a transformação de uma corrente elétrica em informação digital. O chip pode ser menor que a unha do dedo mínimo, e a cada dia diminui.[48]

O silício pode ser extraído de praticamente qualquer lugar do planeta; é um tipo de areia, comum e atóxica. Felizmente, a produção das placas não exige grandes quantidades de silício, porque a exposição a esse elemento químico em maiores níveis, como acontece em minas e fábricas, pode causar problemas respiratórios e uma doença pulmonar incurável chamada silicose, que, segundo a Organização Mundial de Saúde (OMS), mata milhares de pessoas a cada ano.[49] No processo de produção do chip, elementos tóxicos como antimônio, arsênio, boro e fósforo são acrescidos ao silício, para que ele conduza eletricidade.[50]

Para a criação da placa, o silício é triturado e depois dissolvido num líquido altamente tóxico, inflamável e corrosivo. Em estágios que exigem muita energia, o líquido é aquecido até a evaporação e a cristalização, e o produto é novamente aquecido para a formação de cilindros, que serão limpos e polidos em soluções ácidas e cáusticas. Por fim, são fatiados em placas. Os circuitos são gravados sobre elas, processo que envolve mais metais, gases, solventes e "gravadores" tóxicos. "No total, uma única fábrica de semicondutores chega a usar entre quinhentos e mil produtos químicos diferentes", escreve Elizabeth Grossman em seu abrangente livro *High Tech Trash*.[51]

Tudo acontece nas chamadas "salas limpas", que usam enormes quantidades de solventes tóxicos para impedir que partículas microscópicas de poeira caiam nos chips. O termo "limpas" se refere à proteção do produto, e não dos trabalhadores. Na prática, os funcionários dessas salas são os mais contaminados entre todos os que lidam com alta tecnologia. Os materiais a que são expostos diariamente foram confirmados como causadores de doenças respiratórias, danos aos rins e ao fígado, câncer, abortos e doenças congênitas, como espinha bífida, cegueira e deformação de membros.[52] Também as comunidades próximas às instalações são afetadas, já que a água, o solo e o ar ficam contaminados.

Os produtos tóxicos nos ameaçam até quando trabalhamos em nossos computadores. Em 2004, a Clean Production Action e a Computer TakeBack Campaign, organizações sem fins lucrativos que estimulam o uso de materiais mais seguros no setor eletrônico, recolheram poeira de computadores para verificar a presença de fogo-retardantes tóxicos. Fogo-retardantes, como os PBDEs (éteres difenil-polibromados), são produtos químicos adicionados a materiais na tentativa de prolongar o tempo necessário para que atinjam a combustão. Os cientistas descobriram as potentes neurotoxinas em todas as amostras analisadas.[53] Mas não está sequer provado que esses elementos detêm o fogo: ou seja, talvez eles nem sejam úteis.

Quando os equipamentos eletrônicos encerrados em plástico tratado com PBDEs funcionam por algumas horas e aquecem, os produtos químicos se soltam em forma de poeira ou gás.[54] Os resíduos dos PBDEs permanecem em nossos organismos por anos. Além de sua neurotoxicidade, estudos os relacionaram ao câncer e a problemas nos sistemas imunológico e reprodutivo. Por isso são proibidos na Europa, aparecem na lista de itens condenados pela Convenção de Estocolmo sobre Poluentes Orgânicos Persistentes (POPs) e seus fabricantes estão sob pressão para, gradativamente, eliminá-los dos computadores.[55]

Temos também o monitor. O vidro, sobretudo em modelos mais antigos, muitas vezes contém chumbo; as luzes por trás da tela plana costumam conter mercúrio; e a armação é composta de vários plásticos derivados do petróleo e tratados com fogo-retardantes e produtos químicos, para conferir cor e textura. O nocivo PVC isola os fios. As baterias de lítio usadas para alimentar laptops têm substâncias tóxicas. Em um computador, as centenas de materiais estão todas misturadas e entrelaçadas, razão pela qual reciclar os componentes do meu laptop, após o descarte, representa um enorme problema.

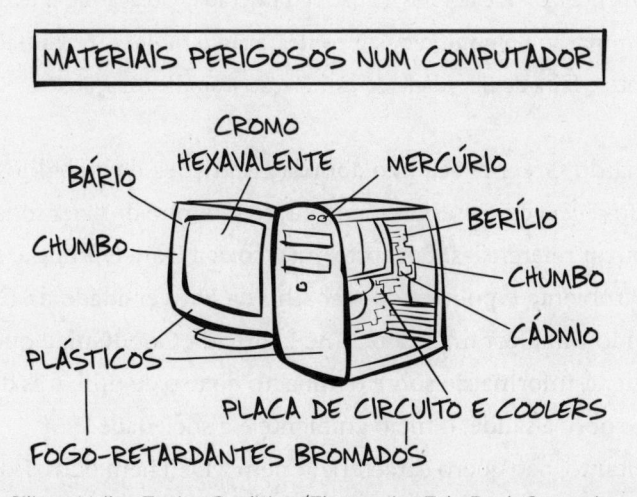

MATERIAIS PERIGOSOS NUM COMPUTADOR

- BÁRIO
- CROMO HEXAVALENTE
- MERCÚRIO
- BERÍLIO
- CHUMBO
- CHUMBO
- CÁDMIO
- PLÁSTICOS
- PLACA DE CIRCUITO E COOLERS
- FOGO-RETARDANTES BROMADOS

Fonte: Silicon Valley Toxics Coalition/Electronics TakeBack Campaign, 2008.

O laptop que uso foi fabricado pela Dell. Em 2006, quando pesquisava para adquirir um novo computador, escolhi o modelo devido à alta posição da empresa no *Guia dos eletrônicos verdes*. A publicação, atualizada regularmente pelo Greenpeace, avalia os fabricantes de eletrônicos em três áreas: produtos químicos tóxicos utilizados, reciclagem e consumo de energia/mudança climática. Desde 2006, a Dell caiu para uma posição inferior no ranking, por ter voltado atrás no compromisso de eliminar, até 2010, o uso do PVC e dos fogo-retardantes bromados em seus produtos.

Há ainda notícias perturbadoras em termos de segurança trabalhista na Dell. As políticas da companhia abordam o compromisso de garantir condições seguras de trabalho, tanto para os funcionários quanto para os fornecedores. Contudo, sindicatos e grupos de direitos humanos descobriram sérias irregularidades nas fábricas que produziam para a empresa. O Centro de Pesquisa em Empresas Multinacionais (Somo), uma agência holandesa sem fins lucrativos, investigou oito fornecedores da Dell na China, no México, nas Filipinas e na Tailândia e constatou em suas dependências:

> Violações que incluem perigosas condições de trabalho, degradantes e abusivas, horas excessivas de trabalho e obrigatoriedade de hora extra, salários ilegalmente baixos e hora extra não remunerada, violação ao direito de greve, discriminação no emprego, subcontratação e *trainees*, trabalhadores sem contrato e falta de liberdade de associação e sindicalização.[56]

O guia do Greenpeace não aborda condições de trabalho. E quem, além de uma *nerd* de materiais como eu, tem tempo de fazer toda essa pesquisa e cruzar referências? Por sorte, meu colega Dara O'Rourke, professor de meio ambiente e política do trabalho na Universidade da Califórnia, está criando uma ferramenta on-line chamada GoodGuide que oferece, num só lugar, informação sobre o impacto do uso de milhares de bens de consumo sobre a saúde, o meio ambiente e a sociedade.[57]

No entanto, não quero caracterizar nem a Dell nem outros fabricantes de eletrônicos como resistentes a mudanças. Alguns tentam reduzir a própria pegada ambiental eliminando materiais ecologicamente agressivos, como o mercúrio, o PVC e alguns fogo-retardantes tóxicos; ou elevando o percentual de energia renovável gasto em suas instalações; ou reduzindo as embalagens; ou aumentando o conteúdo reciclado em sua produção.[58] Eu aprovo as iniciativas, mas temo que não tenham o resultado esperado.

Parece ridículo que os eletrônicos não possam ser produzidos de maneira diferente. Os projetistas são pessoas inteligentes – é inacreditável a rapidez com que inventam melhorias em termos de velocidade, tamanho e capacidade. Muitas vezes citada, a lei de Moore afirma que as capacidades dos computadores podem ser dobradas aproximadamente a cada dois anos. Ou seja, esse pessoal pode inventar formas de inserir milhares de músicas num aparelho do tamanho de uma caixa de fósforos, mas não pode eliminar o plástico mais tóxico – o PVC – de suas maravilhas de alta tecnologia, ou reduzir mais de 10% do descarte de embalagens? Esses "crânios" também deveriam ser capazes de descobrir como eliminar os produtos tóxicos gradativamente, reduzir dejetos a um mínimo e aumentar a durabilidade dos produtos.

Ativistas pela saúde ambiental que monitoram a indústria desafiaram os fabricantes a alcançar os mesmos níveis de melhoria nos impactos em saúde e meio ambiente como os que Moore previu para a capacidade técnica. Em maio de 1999, a Trans-Atlantic Network for Clean Production adotou os Princípios de Soesterberg, que acrescentaram padrões sociais, ambientais e de saúde à busca pela inovação técnica. O Compromisso de Sustentabilidade Eletrônica reza: "Cada nova geração de melhorias técnicas em produtos eletrônicos deve incluir melhorias paralelas e proporcionais em atributos de meio ambiente, saúde, segurança e justiça social."[59]

Porém, mais de uma década após a adoção desses princípios, as melhorias técnicas continuam a receber mais atenção do que os avanços em nome da saúde e do meio ambiente. Enquanto isso, resisto ao impulso de descartar meus velhos aparelhos eletrônicos e substituí-los por versões mais recentes e vistosas. Minha agenda e meu laptop de 2006 funcionam muito bem.

COISAS ESTÚPIDAS

Alguns produtos de consumo são tão tóxicos e esbanjadores de energia que simplesmente melhorar sua produção não é uma alternativa viável: o melhor é parar de produzi-los. É o caso das latas de alumínio e do PVC. Quem está procurando modos fáceis de contribuir com o bem-estar do planeta, pode começar eliminando imediatamente esses dois itens domésticos do cotidiano.

Latas de platina, isto é, alumínio!

Alguns dias atrás, quando caminhava pelo Centro de São Francisco, vi dois empolgados divulgadores distribuindo brindes de uma nova bebida cafeinada. "Experimente! É comércio justo! Feito de ingredientes orgânicos! Bom para você e para o planeta!" Declinei da oferta e decidi não interromper aquele desfile de otimismo para tentar mostrar como é contraditório embalar uma bebida orgânica de comércio justo num dos produtos mais consumidores de energia, produtores de CO_2 e geradores de resíduos no planeta: uma lata de alumínio descartável.

Nos Estados Unidos, consumimos cerca de 100 bilhões de latas anualmente. Ou 340 por pessoa, a cada ano: quase uma por dia. Esse número é dez vezes maior do que a média europeia e o dobro da média canadense, australiana e japonesa. Na China e na Índia, onde há grandes disparidades entre as classes sociais, as pessoas consomem apenas dez latas por ano, mas há previsão de aumento desse número com a expansão da economia nesses países.[60] As latas agradam a todos porque são leves, não quebram, gelam rápido e têm reputação de recicláveis. Se a verdadeira história fosse mais conhecida, as pessoas talvez parassem de usá-las indiscriminadamente.

A vida de uma lata começa com um minério avermelhado chamado bauxita que é extraído de minas na Austrália, no Brasil, na Jamaica e em outras zonas tropicais.[61] A bauxita é transportada para ser lavada, pulverizada, misturada com soda cáustica, aquecida, resfriada e filtrada, até que o produto final sejam cristais de óxido de alumínio com metade do peso do minério original. Mas sobra algo mais: um resíduo lodoso conhecido como "lama vermelha", composta da substância alcalina da soda cáustica e do ferro da bauxita. Em geral, a lama é abandonada em imensos poços a céu aberto.[62] Se uma grande tempestade inundar os reservatórios, o resultado é um dano ambiental devastador. (A propósito: poderíamos usar o ferro da lama, mas ainda não foi inventada uma forma econômica de extraí-lo.)

Em seguida, o óxido de alumínio é levado para fundição. Os cientistas chamam o alumínio de "energia congelada", pois fundi-lo exige mais energia do que qualquer outro processamento de metal.[63] Para fazer uma lata de alumínio é necessário o equivalente a um quarto de seu volume em gasolina.⁶⁴ Na fundição, os cristais de óxido de alumínio são dissolvidos num banho de criolita (fluoreto de alumínio e sódio) e bombardeados com enormes cargas de eletricidade, que separam o oxigênio do alumínio. O processo também aparta partes do flúor da criolita, que escapa da fundição na forma de perfluorocarbonos (PFCs) – são os gases mais nocivos do efeito estufa, conservando milhares de vezes mais calor do que o dióxido de carbono. O produto final é o alumínio puro, que é derramado em moldes e resfriado em barras. As barras então são transportadas a outros lugares, prensadas em chapas extremamente finas e enviadas para outra fábrica, que as corta e as conforma em latas. Elas são limpas, secadas, montadas, pintadas com as informações da marca e do produto, revestidas com uma camada anticorrosiva e, finalmente, abastecidas com uma bebida.⁶⁵

Depois de tudo isso, o conteúdo é consumido em questão de minutos, e a lata, descartada em questão de segundos. "Não compreendo meus conterrâneos. Eles importam esse produto, bebem aquela porcaria e depois jogam o recurso mais valioso fora", diz o ativista porto-riquenho Juan Rosario, lamentando os altos níveis de consumo de refrigerantes e os baixos níveis de reciclagem em sua ilha.⁶⁶ Em todo o mundo, cerca de um terço das fundições de alumínio usa eletricidade a carvão. O processo polui o ar com grandes quantidades de monóxido de carbono (o gás que mata, se você deixar seu carro ligado num espaço fechado), dióxido de enxofre e dióxido de nitrogênio.⁶⁷

A maioria das fundições nos Estados Unidos e em outros países desenvolvidos foi fechada. Por isso utilizam a fundição de outros lugares. Os gastos com o transporte das minas para as refinarias e de lá para as fundições constituem menos de 1% do custo total da produção de alumínio. Já o gasto com eletricidade fica entre 20% e 30%.⁶⁸ Por isso é comum enviar a matéria-prima a países nos quais o custo com eletricidade seja mais baixo. A velha usina termelétrica a carvão Rio Tinto é uma grande dor de cabeça no campo da mineração na Austrália. Seus diretores têm planos de erguer uma nova fundição em Abu Dabi, capital dos Emirados Árabes.⁶⁹ Por que lá? Porque como agora a Austrália está participando das políticas internacionais de redução de carbono (por conta do Protocolo de Kyoto*), Rio Tinto se tornará custosa demais, ao passo que Abu Dabi continua como uma região onde vale tudo em matéria de emissões de carbono.

Assim, as fundições em países ricos estão sendo gradativamente abandonadas em favor da construção de novas unidades em países que tenham também grandes áreas disponíveis, como Moçambique, Chile, Islândia e Brasil, ao longo do rio Amazonas.[70] A construção de barragens, para alimentar as usinas, e de estradas, junto com toda a infraestrutura necessária, e mais os resíduos e as emissões após as usinas entrarem em funcionamento, tudo isso representa uma séria ameaça à vida humana, animal e vegetal, e ao clima. Por exemplo, uma fundição planejada para ser erguida na Islândia inundaria uma área com centenas de cachoeiras deslumbrantes e hábitat de renas, além de outras espécies vulneráveis.[71]

Glenn Switkes, da International Rivers, organização dedicada a proteger rios ao redor do mundo, explica que as produtoras de alumínio são a principal motivação do governo brasileiro para represar os maiores rios da Amazônia: "As empresas de alumínio estão indo para os trópicos porque os governos dos países em desenvolvimento lhes fornecem energia subsidiada das hidrelétricas. Essas barragens têm impactos irreversíveis na biodiversidade e desalojam milhares de habitantes ribeirinhos e povos indígenas", diz Switkes.[72]

E onde entra a tão falada bandeira branca da reciclagem? O fato é que toda a atenção dedicada à reciclagem nas últimas décadas deu aos americanos uma ideia exagerada de quanto alumínio é, de fato, reciclado. Além disso, a indústria do alumínio manipulou os números.** Embora seja verdade que

---

* Documento redigido em Kyoto, no Japão, em 1997, cuja principal diretriz é estabelecer metas para a redução das emissões de gás carbônico na atmosfera. (N.T.)
** Há inconsistências nos cálculos das fontes "recicláveis" do suprimento de alumínio. Por exemplo, a Pesquisa Geológica dos Estados Unidos estabelece diferenças entre "velha" sucata, ou pós-consumo, e "nova" sucata, ou pré-consumo, que consiste de sobras do processo de produção que jamais deixam a fábrica. A Aluminum Association, uma entidade da indústria do alumínio, mescla os dois tipos em seus cálculos, o que dá a impressão de que um percentual mais alto (quase um terço) do alumínio vem de fontes "recicladas" (ou "recuperadas"), quando, na verdade, a reciclagem real (pós-consumo) res-

as latas são 100% recicláveis, nos Estados Unidos, por exemplo, a reciclagem do alumínio tem diminuído ao longo das décadas. Hoje, reciclamos cerca de 45% das latas, ou seja, menos do que os 54,5% de 2000 e os recordistas 65% de 1992.[73] Por um lado, isso se deve ao fato de haver poucos pontos de coleta seletiva de lixo fora dos lares – boa parte das bebidas em lata são consumidas ao longo do percurso casa-trabalho-casa. Por outro lado, temos apenas uma lei relativa ao retorno de vasilhames em vigor em míseros dez estados do país, e paga-se apenas entre 2,5 e dez centavos de dólar por cada lata ou garrafa usadas.[74] Entretanto, no Brasil, a taxa de reciclagem chega a impressionantes 87%, porque muitas pessoas contam com a renda da coleta.[75] Como o Container Recycling Institute destaca, o grande subsídio para a produção de alumínio primário também desacredita a reciclagem:

> Devido a contratos de longo prazo para o fornecimento de energia a preço reduzido, valores abaixo do mercado para o uso da água, fácil aquisição de terrenos do governo para a mineração e um grande número de mecanismos de isenção de impostos e assistência de infraestrutura, os fabricantes de alumínio foram talvez menos vulneráveis a forças econômicas globais que algumas outras indústrias primárias. Isso permitiu à indústria global de alumínio primário expandir a capacidade à frente da demanda. Enquanto a capacidade excedente de produção de alumínio primário existir no mercado global, e enquanto o custo de produção do lingote virgem continuar baixo, os preços da sucata continuarão reprimidos.[76]

Estima-se que mais de 1 trilhão de latas de alumínio tenham sido despejadas em aterros sanitários desde 1972. Se elas fossem desenterradas, valeriam cerca de 21 bilhões de dólares, conforme os preços atuais da sucata.[77] Apenas em 2004, mais de 800 mil toneladas foram descartadas em aterros nos Estados Unidos (e 300 mil toneladas no restante do mundo).[78]

---

ponde por menos de um quinto do suprimento (Jennifer Gitliz, *The Role of the Consumer in Reducing Primary Aluminum Demand*, um relatório do Container Recycling Institute para a Mesa-Redonda Internacional para Estratégias da Indústria do Alumínio, São Luís, Brasil, 16 a 18 out 2003, p.9).

Como o relatório do Worldwatch aponta, "é como se cinco fundições despejassem toda a sua produção anual – 1 milhão de toneladas de metal – diretamente num mesmo buraco. Se as latas fossem recicladas, 16 bilhões de kWh poderiam ser economizados – eletricidade suficiente para mais de 2 milhões de lares europeus por um ano".[79]

Assisti a uma excelente confirmação da irracionalidade em torno do uso das latas de alumínio em 2007, quando trabalhava com o tema do descarte em Budapeste. HuMuSz, uma organização local que estimula a conscientização sobre o desperdício, havia produzido divertidos curtas-metragens a serem exibidos antes dos filmes nos cinemas da Hungria. Meu favorito se passava num lugar como o do filme de animação *Wall-e*, ou seja, um planeta Terra do futuro completamente coberto de lixo, onde alienígenas chegam para realizar pesquisas. Eles encontram um último ser humano e o pressionam por respostas sobre os pedaços de alumínio incrivelmente valiosos e descartados por todo o planeta, convencidos de que eram usados para propósitos militares, médicos ou de comunicação. Quando o ser humano explica que eram nada mais que recipientes descartáveis de bebidas açucaradas e gaseificadas, os alienígenas o censuram por mentir: "Ninguém seria tão estúpido e irracional a ponto de usar um metal valiosíssimo, e que consome tanta energia, para guardar uma simples bebida!" Nesse caso, estou do lado dos ETs.

A solução é incrivelmente direta. Se abandonarmos o uso absurdo e frívolo do alumínio, podemos utilizá-lo em substituição ao ferro, por exemplo, para tornar nossos meios de transporte mais leves, sobretudo enquanto eles ainda são alimentados por combustíveis fósseis emissores de CO_2. E podemos armazenar bebidas em garrafas retornáveis, evitando a poluição do ar e da água, o uso de energia, a produção de CO_2 e o lixo.

PVC, o prejudicial e vil composto

Atualmente, o plástico é universalmente reconhecido como um problema que começa na extração do petróleo, necessário para produzi-lo, e termina nos detritos que flutuam em nossos oceanos. Mas nem todos os plásticos são iguais; alguns são mais problemáticos que outros. O PVC (cloreto de polivinila), chamado muitas vezes de vinil, é o mais perigoso em todos os estágios de sua vida: da produção na fábrica, passando pelo uso em nossas casas, escolas, hospitais e escritórios, até o descarte em aterros sanitários ou, pior, incineradores. É também um plástico barato e versátil, o que explica por que continua a ser tão usado, apesar dos impactos negativos na saúde ambiental.

O PVC tem uma infinidade de formas e texturas. Está presente em sapatos e bolsas de couro sintético, capas e botas impermeáveis, aventais brilhosos, toalhas de mesa e cortinas de banheiro, mobília de jardim e mangueiras, recipientes e embalagens de alimentos, escorredores de louça, esquadrias e tubos. Marca presença em suprimentos médicos (sondas) e artigos de escritório (fichários). E cerca nossos filhos por todos os lados, em brinquedos e roupas.

Ao longo dos vários estágios da produção do PVC, o gás cloro é usado para produzir dicloreto de etileno, convertido em monômero de cloreto de vinila, por sua vez convertido em PVC.[80] Todos são componentes terrivelmente tóxicos. Estudos revelaram altas taxas de doenças, como câncer no fígado, no cérebro e no pulmão, além de linfomas, leucemia e cirrose hepática, entre as pessoas que trabalham nas instalações que operam com cloreto de polivinila.[81]

O processo de produção do PVC também libera grande quantidade de poluição tóxica, inclusive dioxinas. Como mencionei, as dioxinas permanecem no ambiente, transpõem grandes distâncias, acumulam-se na cadeia alimentar e causam câncer e danos aos sistemas imunológico e reprodutivo. Além disso, como o PVC, em sua forma pura, é um plástico quebradiço e de utilização limitada, necessita de outros elementos ou aditivos que o tornem flexível e permitam a expansão de seu uso. Entre eles há metais pesados neurotóxicos, como o mercúrio e o chumbo, e produtos químicos sintéticos, como ftalatos, conhecidos por causar doenças reprodutivas e suspeitos de provocar câncer.[82] Já que a maioria dos aditivos não se combina ao PVC no nível molecular, eles acabam se descolando, num processo chamado *off-gas*. Às vezes rápida, às vezes lentamente, emanam do plástico PVC, migrando dos brinquedos para o organismo de nossas crianças, das embalagens para a comida e das cortinas de chuveiro para o ar que respiramos.

Em 2008, a organização Center for Health, Environment and Justice (Chej) apresentou um estudo sobre os produtos tóxicos que se desprendem de uma cortina nova de banheiro. As análises do Chej detectaram, ao longo de 28 dias, 108 compostos voláteis diferentes sendo liberados no ar – uma quantidade dezesseis vezes maior que a tolerada em ambientes fechados, de acordo com o Green Building Council americano.[83]

Mas, antes que você comece um expurgo em massa do PVC à sua volta, considere a última parte do seu triste ciclo de vida: o descarte. Os americanos jogam no lixo mais de 7 bilhões de toneladas desse material por ano, com 2 a 4 bilhões indo para aterros sanitários.[84] Quando vai para um aterro, esse plástico libera aditivos tóxicos no solo, na água e no ar. Assim, descartar PVC é péssimo, mas queimá-lo é ainda pior, já que a queima produz dioxina.[85] Em geral, ele é incinerado em quatro lugares: no quintal (queima aberta), em incineradores de lixo hospitalar ou domésticos e nas fundições de cobre (é comum que fios de cobre sejam encapados com PVC).[86] Além disso, devido ao uso crescente desse plástico em materiais de construção, os incêndios em edificações se tornaram uma nova fonte de emissão de dioxina e outras substâncias tóxicas, como o gás cloreto de hidrogênio (ácido clorídrico), mortífero se inalado pelas vítimas ou por quem as socorre.[87]

E quanto à reciclagem? Nesse caso, tal recurso simplesmente não é uma solução. Apenas aumenta o problema, porque reciclar um veneno faz perpetuar o perigo. A única resposta é parar de produzir PVC e tirar o existente de circulação. E como se livrar do PVC? Ele se infiltra na minha casa, apesar de minha vigilância. Aparece dentro dos saquinhos de brindes que minha filha ganha nas festas de aniversário. Comprei pela internet uma capa de chuva; embora a descrição de sua composição no site não listasse o PVC, o cheiro o denunciou. Esta é uma forma infalível de identificá-lo. Sabe aquele odor típico de carro novo, ou de seção de calçados em loja? São os aditivos químicos emanando do produto.

Descobrir como se livrar de todos os tubos de PVC nas nossas casas é um grande desafio, mas podemos facilmente eliminar embalagens, garrafas plásticas e recipientes, sem falar de todas as bugigangas de vinil, como mochilas ou piscinas infantis infláveis. Há alternativas seguras e de boa relação custo-benefício. No meu banheiro, tenho uma cortina de algodão lavável. Na cozinha, uso recipientes reutilizáveis para proteger os alimentos, e jamais aquele popular filme plástico maligno.

À medida que mais pessoas conhecem os perigos do PVC e se recusam a comprá-lo, algumas empresas começam a reagir. Consumidores pressionaram a Bath & Body Works, a Honda, a IKEA, a Johnson & Johnson, a Microsoft, a Nike, a Toyota, a Victoria's Secret e até o Wal-Mart a fim de que se comprometessem a reduzir gradativamente o uso desse material. Embora fique feliz a cada vez que os consumidores acrescentam mais uma empresa à sua lista de conquistas, não acho que resolveremos o problema batendo de firma em firma e de loja em loja. Não temos tempo para isso. Precisamos de uma combinação de lideranças na comunidade empresarial, fortes grupos civis de fiscalização e ação governamental para detê-lo na fonte.

Na Espanha, mais de sessenta cidades já foram declaradas livres do PVC, e 274 comunidades alemãs impuseram restrições à circulação do produto.[88] Muitos governos se concentraram em combater a presença de ftalatos em brinquedos de PVC; como resposta, a União Europeia, o Japão, o México, entre outros países, adotaram restrições ou proibições ao uso do plástico em seus produtos.[89] Nos Estados Unidos, contudo, nem sequer foi considerada uma proibição em todo o território, optando-se por um acordo *voluntário* com produtores para que dois ftalatos presentes no PVC fossem removidos de chocalhos, mordedores, chupetas e bicos de mamadeira.[90] No entanto, qualquer pai ou mãe sabe que crianças pequenas não se limitam a manipular objetos classificados como "brinquedos". Nossas preocupações não podem se restringir às crianças, excluindo o restante da população, portanto, a única solução é ficar 100% livre de PVC, o mais rapidamente possível.

PERGUNTAS SOBRE A PRODUÇÃO

Ao examinarmos o processo de produção dessas Coisas simples da vida cotidiana, vemos que ele envolve um número impressionante de componentes, máquinas e subprodutos, sem mencionar os impactos na saúde e no meio ambiente. Imagine então o que acontece na montagem de um carro ou na construção de uma casa. Por isso, antes de comprar qualquer Coisa, me pergunto se ela é realmente necessária. Caso seja, procuro saber se foram usados componentes tóxicos em sua confecção e se alguma etapa do seu processo de fabricação é tão desagradável que os países ricos se recusem a fazê-lo.

Aprendi algumas coisas ao me fazer essas perguntas.

Materiais perigosos

As instalações industriais usam uma série de produtos químicos perigosos. Alguns integram o processo de produção, como os solventes empregados na diluição de outros compostos ou na limpeza e secagem do maquinário. Outros são misturados ao produto, como chumbo ou ftalatos, para lhe dar textura ou cor.

Químicos, desenhistas industriais e ativistas usam sistemas complexos para classificar os materiais. Mas, para nós, importa saber se há ou não materiais nocivos em nossas Coisas. Assim, embora seja um método heterodoxo para os padrões científicos, vou juntar aqui todos os materiais tóxicos – metais pesados extraídos da terra, como chumbo, cádmio, arsênio, cromo e mercúrio, compostos orgânicos sintéticos, como os organoclorados (dioxina, DDT), ácido perfluoroctanoico (PFOA, usado como impermeabilizante), e éteres difenil-polibromados (PBDEs, os fogo-retardantes).

Uso com frequência o termo POPs, que significa "poluentes orgânicos persistentes". "Poluentes" indica que são tóxicos – danosos aos sistemas endócrino, reprodutivo e imunológico – e geram distúrbios neurocomportamentais. "Orgânicos" quer dizer que contêm carbono, ou seja, podem interagir com as células de seres vivos numa variedade de formas. "Persistentes" significa que não se decompõem, permanecem dentro dos tecidos dos seres vivos, muitas vezes bioacumulando-se.

Vejamos os metais pesados encontrados na natureza. Nós os extraímos, os usamos em bens de consumo e os distribuímos em torno do planeta numa escala avassaladora. Por exemplo, as emissões de chumbo de fontes industriais são 27 vezes maiores do que as emissões por meios naturais.[91] Há uma razão por que a natureza guardou esses metais no subsolo, ao invés de circulá-los em sistemas biológicos: eles são extremamente tóxicos. Mesmo a exposição em baixos níveis a esses elementos químicos causa problemas neurológicos, reprodutivos e de desenvolvimento. Muitos deles, ao penetrarem num organismo vivo, permanecem ali por décadas até serem expelidos.

"Descobrimos que qualquer nível de chumbo está relacionado a impactos no neurodesenvolvimento", diz o cientista Ted Schettler, da Science and Environmental Health Network,[92] a respeito dessa neurotoxina que ataca o cérebro e o sistema nervoso. "É um impacto contínuo. Pode ser pequeno, na faixa de exposição mínima, mas existe", adverte. Apesar disso, ainda é usado em bateria de carro, plástico PVC, cobertura de casas, batom e brinquedo. Em estudo de 2007, a organização Toxics Coalition detectou a presença de chumbo em 35% dos 1.200 brinquedos analisados.

Outra toxina ao nosso redor é o mercúrio. A exposição a essa substância, que já foi foi relacionada ao câncer, à degeneração celular e a diabetes, prejudica as capacidades cognitivas; em doses altas, causa danos aos pulmões e aos olhos e pode provocar tremores, demências e distúrbios mentais.[93] Crianças e bebês são especialmente vulneráveis ao mercúrio porque seu sistema nervoso ainda está em desenvolvimento. O governo americano estima que mais de 15% das crianças nascidas no país poderiam estar sob risco de lesão cerebral e dificuldade de aprendizado devido à exposição ao mercúrio no ventre.[94] Segundo um estudo de 2005, entre 316 mil e 637 mil crianças nascem com o QI reduzido anualmente pela exposição a esse elemento.[95]

Nos últimos anos, tomamos conhecimento da contaminação dos peixes por mercúrio. Quando as emissões desse metal pelas fábricas, pelas usinas termelétricas a carvão e pelos incineradores penetram nos sedimentos de lagos, rios e oceanos, organismos anaeróbicos transformam essas emissões em metilmercúrio,[96] toxina muito mais eficaz que o mercúrio original. Além disso, é bioacumulável – passa de peixes pequenos a outros maiores – e as concentrações tornam-se mais altas no topo da cadeia alimentar, ou seja, nos seres humanos.

Há também uma significativa diferença entre os indivíduos quanto ao tempo necessário para a expulsão do mercúrio do organismo – em alguns, varia de trinta a setenta dias, em outros pode chegar a quase 190 dias![97] Tal diferença parece estar inscrita em nossos genes, e, até que amadureça o novíssimo campo da genética ambiental, é difícil saber qual a linha do tempo do mercúrio em cada pessoa.

As recomendações dos governos e as estatísticas sobre a contaminação dos peixes tornaram-se tão rotineiras que nem sequer damos mais atenção a elas. Resta a pergunta: por que recomendar às pessoas que parem de comer peixes, ao invés de obrigar a indústria a suspender o despejo de mercúrio no meio ambiente?

Finalmente, em fevereiro de 2009, representantes de mais de 140 países reunidos em torno do Programa das Nações Unidas para o Meio Ambiente (Pnuma) concordaram, por unanimidade, em criar um tratado internacional para o uso do mercúrio. Também apontaram uma linha de ação imediata através de uma Parceria Global do Mercúrio, voluntária, enquanto o tratado é finalizado.[98] Eliminar o mercúrio de nossos processos produtivos será uma tarefa difícil e custará dinheiro, mas tais investimentos estarão sendo bem-aplicados, sem dúvida.

E já está mais do que na hora de dar o basta, porque 6 mil toneladas de mercúrio são liberadas na natureza a cada ano.[99] Parte dessa quantidade é subproduto de um processo primário presente nas usinas termelétricas a carvão, nas fábricas de cloro-álcali envolvidas na produção do papel e na prática estúpida de queimar lixo doméstico. Contudo, boa parte é despejada deliberadamente no processo primário, conforme ocorre na mineração do ouro. Outra parte vem da manufatura, uso e descarte de equipamento médico, iluminação fluorescente e néon, amálgamas dentários, vacinas e produtos farmacêuticos, e até rímel, usado para realçar as pestanas.

A produção de sua maquiagem

Como algumas pessoas, não sou grande fã de maquiagem, perfumes e cosméticos. Mas todos nós costumamos usar sabonete, xampu, condicionador e creme. Em conjunto, essas Coisas são conhecidas como produtos de "cuidado" pessoal – e coloco a palavra entre aspas porque seu emprego aqui é bastante questionável. Então, esfregamos esses produtos em nossos poros, às vezes em nossos lábios e olhos. E o que há neles? Surpresas desagradáveis e segredos industriais.

Diariamente, uma mulher americana usa doze cosméticos que contêm 168 componentes químicos; o homem costuma usar seis, com 85 substâncias do mesmo tipo.[1] É quase certo que todos esses produtos contenham elementos químicos perigosos, até mesmo os que se intitulam "orgânicos" ou "naturais". Um estudo de 2005 com diversos artigos de "cuidado" pessoal revelou que:

- um terço apresentava ao menos um componente associado ao câncer;
- quase metade continha um componente prejudicial ao sistema reprodutor e ao desenvolvimento do bebê;
- em 60% foi encontrado um componente que mimetiza o estrogênio ou pode causar distúrbios hormonais;
- mais da metade apresentava agentes químicos "de absorção", que ajudam outros compostos químicos a penetrar mais rápida e profundamente no organismo.[2]

Em 2002, pesquisadores encontraram ftalatos em 75% dos 72 cosméticos que analisaram aleatoriamente, incluindo fixador e gel de cabelos, desodorante, creme para o corpo e perfumes.[3] Em 2006, análises em batons detectaram chumbo em níveis duas a quatro vezes mais altos que o permitido para doces e balas pela Administração de Alimentos e Medicamentos (FDA), o órgão do governo americano responsável pelo controle do setor.[4] Não há qualquer razão para que um produto que é aplicado, consumido aos poucos e depois reaplicado em nossos lábios contenha uma neurotoxina como o chumbo! E mais: é comum xampus para bebês apresentarem um carcinógeno chamado 1,4-dioxano – ele está presente na maioria dos xampus de adultos, muitas vezes oculto como um componente chamado lauril sulfato de sódio.[5]

Salões de manicure transbordam de potentes toxinas: produtos clareadores da pele, tão populares na Ásia, não raro contêm um carcinógeno chamado hidroquinona, além dos metais pesados cromo e mercúrio.[6] E os alisadores capilares também são tóxicos – itens que modificam a forma e a cor dos cabelos estão no topo da lista dos mais perigosos.[7]

Será que ninguém regula a fabricação dessas Coisas? Felizmente, alguns ativistas desenvolveram ferramentas de grande eficácia que informam os componentes dos produtos que usamos, e assim podemos exigir mudanças. O Environmental Working Group (EWG) criou e mantém a Skin Deep, uma grande base de dados que abrange mais de 40 mil produtos e que pode ser acessada no site www.cosmeticsdatabase.com.[8]

[1]. Stacy Malkan, *Not Just a Pretty Face: The Ugly Side of the Beauty Industry*, Gabriola Island, B.C., New Society Publishers, 2007, p.2.
[2]. Ibid., p.54, citando a pesquisa do Environmental Working Group, que resultou na base de dados Skin Deep, uma revisão de mais de 150 mil produtos de cuidado pessoal (cosmeticsdatabase.com/about.php).
[3]. Ibid., p.26, citando Jane Houlihan, Charlotte Brody e Bryony Schwan, in *Not Too Pretty: Phtalates, Beauty Products and the FDA*, Environmental Working Group, Coming Clean e Healthcare Without Harm, 8 jul 2002 (ewg.org/reports/nottoopretty).
[4]. "A poison kiss: The problem of lead in lipstick", The Campaign for Safe Cosmetics, out 2007 (safecosmetics.org/articles.php?id=327).
[5]. "No more toxic tub", The Campaign for Safe Cosmetics, mar 2009 (safecosmetics.org/article.php?id=414).
[6]. S. Malkan, *Not Just a Pretty Face*, op.cit., p.60.
[7]. Ibid., p.70.
[8]. Base de dados sobre segurança em cosméticos, Skin Deep. Ver n.2.

Criminosos sintéticos

Além do veneno dos metais pesados encontrados na natureza, há o embutido nos sintéticos. O desenvolvimento e o uso em larga escala dos sintéticos ampliaram a partir de meados do século XX. Em certas ocasiões, o impulso para a invenção de novos materiais veio de uma exigência específica de um produto, como a necessidade de que as tintas não saíssem com a chuva. Em outras, compostos sintéticos foram produzidos para aproveitar subprodutos de outra reação química ou processo industrial. Por exemplo, na produção do etileno, necessário para fazer o plástico polietileno, é gerado o subproduto propileno. Se esse derivado servir de matéria-prima para outro produto, o custo de produção do etileno cai bastante. Quando se descobriu que ele pode ser transformado em acrilonitrila, nasceu o revestimento acrílico como substituto para os gramados naturais.[100] Não que tivéssemos necessidade de um sucedâneo para a grama ou o musgo e colocássemos mentes brilhantes para inventar um. Em vez disso, houve um estranho processo de desenvolvimento, impulsionado pelo lucro.

As toxinas pessoais

No verão de 2009, fui avaliada para descobrir que elementos químicos estavam presentes em meu corpo.[1] O teste foi organizado pelo Commonweal's Biomonitoring Resource Center, e os resultados foram analisados por Ted Schettler, da Science and Environmental Health Network. Não foi surpresa quando eles apontaram dezenas de substâncias tóxicas, como metais pesados e pesticidas, além de produtos químicos usados nas indústrias e presentes em artigos de uso cotidiano.

Apesar de certas escolhas de vida – como consumir alimentos orgânicos – terem certamente reduzido minha exposição a alguns compostos, ainda há um nível preocupante de toxinas em meu organismo. Mais inquietante ainda é não saber de onde vêm, já que é impossível relacioná-las a uma rotina de exposição específica. Por exemplo, embora eu não possua uma capa de chuva de vinil, talvez tenha sido exposta aos produtos tóxicos que ela contém e emite – através do ar, da água ou da comida.

Fiz um resumo de algumas substâncias químicas presentes em meu corpo, especificando algumas de suas fontes mais conhecidas:

Bisfenol A (BPA) É encontrado em diversos objetos domésticos, de mamadeiras e garrafas plásticas até o revestimento interno da maior parte dos recipientes de comida enlatada. Provoca distúrbios endócrinos, isto é, pode interferir nos hormônios e causar diversas complicações, especialmente no sistema reprodutivo.

Chumbo Neurotoxina que já foi bastante usada em gasolina e tinta, ainda é encontrada em inúmeros bens de consumo, como eletrônicos e brinquedos.

Compostos perfluorados (PFCs) Encontrados em pacotes de pipoca de micro-ondas, panelas de teflon, roupas e tapetes impermeáveis, são usados para que as Coisas sejam antiaderentes e resistentes a manchas. Causa provável de muitos tipos de câncer, bem como de problemas reprodutivos e danos ao fígado e ao rim.

Triclosano É usado em produtos antibacterianos, a exemplo de sabonetes, cosméticos e desinfetantes, além de estar presente em uma variedade cada vez maior de produtos anunciados como "antibacterianos", como meias, brinquedos e cobertores. Em testes realizados com animais, mostrou estar relacionado a problemas endócrinos, asma e alergias.

Meu organismo também carrega pesticidas organoclorados, alguns com nomes conhecidos (DDT, clordano, mirex) e outros menos familiares (hexaclorobenzeno, beta-hexaclorociclohexano, oxiclordano, t-nonacloro, heptacloro epóxido). São neurotoxinas e carcinógenos associados a uma série de doenças crônicas. Muitos dos organoclorados foram proibidos há décadas, entretanto eles se decompõem tão lentamente que permanecem no meio ambiente, na nossa cadeia alimentar e em nossos corpos. Na verdade, meus níveis dessas toxinas eram relativamente baixos. Quando perguntei a Schettler o porquê, ele supôs que eu não comesse muita carne, rota principal de exposição a pesticidas lipossolúveis. Ele tinha razão: faz

24 anos que consumo carne de frango ou peixe de vez em quando, mas jamais carne vermelha.

O mercúrio é devastador para o cérebro e o sistema nervoso. Assim, é uma má notícia saber que os níveis dessa substância em meu corpo estão muito acima da média. Estou na faixa dos 10% mais contaminados entre os indivíduos estudados pelo Centro de Controle de Doenças dos Estados Unidos. Após muitas perguntas sobre potenciais rotas de exposição, Schettler concluiu que o mercúrio entrou no meu organismo em função dos meus constantes banquetes de sushi de atum. Desde que recebi o resultado dos testes, mantive meu compromisso de evitar o consumo de peixes de grande porte. Já que nossos corpos eliminam o mercúrio mais rapidamente do que a maioria dos poluentes persistentes, é provável que serei capaz de baixar esses níveis.

A substância tóxica com o nível mais elevado no meu corpo é a deca-BDE, um fogo-retardante. Altamente tóxico, o deca-BDE é outro provável carcinógeno que causa danos ao fígado, aos rins e à tireoide. Meus níveis estão tão altos quanto os dos operários dos terríveis lugares de reciclagem de eletrônicos em países em desenvolvimento, onde aparelhos repletos de substâncias tóxicas são destruídos manualmente, com pouco ou nenhum equipamento de proteção. Não há como saber por que meus níveis de deca estão altos dessa maneira. Talvez seja porque vivo na Califórnia. A legislação do estado – influenciada pelos fortes interesses dos produtores de fogo-retardantes – exige o uso dessas substâncias em padrões muito acima dos necessários para a prevenção de incêndios.

Os testes de toxicidade do meu próprio corpo enfatizam uma das morais deste livro: é hora de uma reforma abrangente e preventiva no modo como usamos as substâncias químicas. Por mais vigilantes que sejamos no nível individual, jamais livraremos nossos corpos ou o meio ambiente das toxinas enquanto continuarmos a usá-las na fabricação de nossas Coisas.

1. Para saber mais sobre o teste de carga corporal, ou biomonitoramento, acesse o site www.commonweal.org/programs/brc/index.html.

Dos milhares de compostos sintéticos em uso, apenas uma minoria foi avaliada. Nenhum foi testado quanto aos impactos sinérgicos na saúde, ou seja, aqueles resultantes da exposição a mais de um desses compostos ao mesmo tempo.[101] No entanto, hoje, para quem vive em países industrializados, a exposição a diversos compostos simultaneamente é quase permanente.

Já que produzimos os sintéticos, é muito difícil eliminá-los, para não dizer impossível. Como já explicado, eles viajam longas distâncias, levados pelo vento, pela água. E vão dentro dos organismos dos seres vivos. Muitos se bioacumulam ou biopersistem. Essas minúsculas partículas são inaladas diretamente para os pulmões, ingeridas na água que bebemos e absorvidas de nossas Coisas. Protetor solar, móveis, panelas antiaderentes, travesseiros de espuma fogo-retardante, tecidos impermeáveis, para citar apenas algumas fontes – todos liberam toxinas.

Em busca de um grupo populacional distante das principais fontes industriais, não exposto a essas substâncias, cientistas examinaram povos nativos no Ártico canadense, que, ainda assim, apresentaram níveis altos de carga corporal de componentes químicos sintéticos.[102] ONGs nos Estados Unidos e na Europa analisaram a poeira doméstica e descobriram que ela está repleta de substâncias tóxicas.[103] Não surpreende que bebês e animais domésticos muitas vezes apresentem níveis de carga corporal tão altos, mesmo sem tempo de vida suficiente para terem entrado em contato com várias fontes de toxinas. Numa análise em diversos cordões umbilicais, o Environmental Working Group descobriu que cada um deles apresentava em média 287 agrotóxicos e substâncias químicas industriais.[104]

A verdade fundamental sobre todos esses materiais perigosos é resumida em uma frase simples: *entra tóxico, sai tóxico*. Ao invés de concentrar esforços para reduzir a exposição de um determinado grupo populacional a substâncias químicas perigosas, o mais simples é eliminar gradativamente os elementos tóxicos e substituí-los por materiais seguros. Essa abordagem é mais efetiva, já que não é possível controlar a exposição, sobretudo a compostos que persistem, disseminam-se e se acumulam nos ecossistemas.

VIAS DE EXPOSIÇÃO A POLUENTES TÓXICOS

Diagrama: poluição do ar, deposição em plantações, deposição no solo, poluição industrial, efluentes líquidos, exposição a material deposto, água potável, frutas e vegetais, consumo de alimentos, carne, leite, ingestão.

Pioneiros da química "verde" estão desenvolvendo novos materiais a partir do nível molecular para satisfazer às nossas exigências de que as Coisas sejam aderentes, fortes, coloridas, resistentes ao fogo etc., mas que sejam, ao mesmo tempo, mais compatíveis com a saúde humana e o meio ambiente. Se quiser acompanhar as novidades da química "verde", acesse o site da Clean Production Action: www.cleanproduction.org.

AS LINHAS DE FRENTE

Até agora, falei principalmente de como os consumidores são expostos a toxinas por meio de Coisas na vida diária. Mas os consumidores estão no terceiro e último grupo de pessoas afetadas. No segundo grupo estão as comunidades vizinhas às fábricas e indústrias. E no primeiro grupo estão os trabalhadores que produzem e montam nossas Coisas. Estes estão rotineiramente expostos a elementos tóxicos por tocá-los, inalá-los e às vezes levá-los para casa nas roupas e partilhá-los com suas famílias. "As doenças e mortes são completamente evitáveis. Uma sociedade civilizada não deveria tolerar as perdas de vida desnecessárias nem em seus empregos nem em suas comunidades",[105] afirma Peter Orris, chefe de medicina ambiental e ocupacional do Centro Médico da Universidade de Illinois.

O Instituto Nacional de Segurança e Saúde Ocupacional (Niosh) acredita que milhões de trabalhadores dos Estados Unidos entram diariamente em contato com substâncias que se revelaram cancerígenas em testes com animais. No entanto, mais de 98% ainda não foram avaliadas.[106] O Niosh estima que a exposição a carcinógenos no trabalho cause cerca de 20 mil mortes por câncer e 40 mil novos casos da doença a cada ano.[107]

No passado, quando os ativistas da saúde ambiental começaram a expressar preocupação com a indústria química, muitas empresas faziam com que os trabalhadores acreditassem que os ambientalistas ameaçavam fechar fábricas, colocando em risco os empregos. Os empresários expunham a situação como se fosse "emprego *versus* meio ambiente". Por algum tempo, isso serviu para dividir os dois grupos – os defensores do trabalho de um lado, os defensores do meio ambiente de outro. Por fim, tornou-se claro que ambiente saudável e empregos que preservem a saúde são interdependentes.

Em grande parte, a mudança de mentalidade se deu a partir do trabalho de um de meus heróis, o saudoso Tony Mazzochi, líder trabalhista do Sindicato dos Trabalhadores da Indústria Petrolífera, Química e Atômica, e não raro citado como uma espécie de Rachel Carson* do movimento trabalhista. Na década de 1960, Mazzochi alertou os trabalhadores sobre ameaças tóxicas, revelou à sociedade e à classe política os perigos no ambiente de trabalho e, mais importante, construiu alianças entre ambientalistas e trabalhadores, derrotando as tentativas de segregá-los. O atual movimento em prol de trabalhos "verdes" tem uma dívida enorme para com os esforços incansáveis de Mazzochi.

Ainda há um longo caminho a percorrer nos Estados Unidos antes que as fábricas estejam livres de substâncias tóxicas. Por enquanto, um dos trágicos efeitos de tentar melhorar a situação tem sido a exportação

---

* Rachel Carson (1907-1964): reconhecida ambientalista americana, escritora, cientista e ecologista. (N.T.)

das partes mais asquerosas dos processos produtivos para os países em desenvolvimento. Visitei fábricas tenebrosas em quase todos os continentes, mas minha experiência mais devastadora foi em Gujarat, na Índia, um estado que o governo indiano chama de "corredor dourado", devido ao fluxo de dólares de investimento internacional. Nos círculos que frequento, a região é conhecida como "corredor do câncer", porque está repleta de fábricas de substâncias danosas.

Em 1995, meus amigos e eu pegamos o trem de Nova Delhi até a cidade quente, seca e empoeirada de Ankleshwar, que é apenas uma entre as cerca de duzentas "áreas industriais" no estado. Centenas de fábricas povoavam a paisagem até onde a vista alcançava, partilhando as mesmas estradas, as mesmas usinas de energia e os mesmos escoadouros inadequados para seus resíduos. O ar era carregado de uma mistura tóxica e fétida de pesticidas, produtos plásticos, petroquímicos e farmacêuticos. Em cada espaço livre entre as fábricas, os operários construíam casas improvisadas com restos de metal e madeira.

Ao lado dos barracos e das estradas, víamos pequenas valas tomadas por dejetos líquidos avermelhados com um cheiro insuportável. Pela aparência e odor, percebemos que a sujeira era tóxica, e as análises revelariam que o esgoto apresentava mercúrio e chumbo, entre outros elementos químicos. A vida corria sem qualquer precaução – vi crianças descalças saltando sobre as valas e mulheres com sáris coloridos cozinhando por perto, agachadas. Segui as valas até onde elas desembocavam, num gigantesco reservatório de acumulação. O jovem que administrava a bomba do reservatório saiu de um barracão para nos cumprimentar, orgulhoso por explicar seu trabalho a um grupo de estrangeiros curiosos.

Descobrimos que ele morava ao lado da bomba. Dia e noite, sem folga, monitorava o nível do líquido no local. Sua função era ligar a máquina quando o reservatório se aproximava da capacidade máxima. A bomba drenava então parte daquele caldo com os resíduos, que era transportado através de valas abertas até um rio próximo, depois levado ao sagrado rio Narmada e, finalmente, até o golfo de Cambaia, onde os moradores pescavam. Tudo estava manchado com aquela sujeira: a camiseta do rapaz, o fino colchonete de algodão onde ele dormia e as paredes do espaço mínimo de um metro e meio por dois, que ele dividia com o ensurdecedor maquinário de drenagem. Uma marca escura de enchente riscava as paredes: pelo menos em uma ocasião o lugar fora inundado à altura dos joelhos com os resíduos.

Depois, diante de meus olhos, ele ligou a bomba e, ao descobrir que não estava funcionando bem, enfiou naturalmente o braço dentro do cano e retirou gravetos e detritos encharcados no líquido tóxico. A máquina estalou e começou a funcionar. Quando o jovem sorriu, contente com o reparo bem-sucedido, meus amigos e eu fomos surpreendidos pela desagradável constatação de que o problema ia muito além dos resíduos tóxicos e da poluição: era também uma brutal violação dos direitos humanos, uma tragédia e uma injustiça. É uma cena que nenhum consumidor imagina quando pega um produto na prateleira dos supermercados Wal-Mart ou do Target, a milhares de quilômetros de distância.

COMUNIDADES VIZINHAS

O segundo grupo mais castigado pelos processos de produção, como eu disse, é o da população que vive e trabalha perto dos parques industriais. Em geral, são comunidades pobres e seus moradores não têm a pele branca. A construção das fábricas mais tóxicas nesses locais é um fenômeno conhecido como racismo ambiental. Inclui manipulação do zoneamento urbano e exclusão dos moradores da tomada de decisões – eles quase nunca são consultados ou informados quando executivos do outro lado do mundo decidem onde e como os complexos poluidores serão operados.

Nos anos 1980, em resposta a essas práticas injustas, surgiu nos Estados Unidos um movimento que oferecia uma nova perspectiva sobre saúde ambiental, justiça econômica, direitos e igualdade.[108] Em 1987, ganhou impulso com a publicação, pela Igreja Unida de Cristo (UCC), do relatório *Toxic Wastes and Race in the United States*. Tratava-se do primeiro estudo a comprovar que a composição racial era o fator mais significativo para determinar o local de operação de uma emissora de dejetos insalubres. A impressionante pesquisa revelou que três entre cada cinco negros e hispânicos viviam em comunidades onde resíduos tóxicos eram despejados sem fiscalização.[109]

Lembro-me bem da repercussão do levantamento da UCC; era meu primeiro ano de trabalho no Greenpeace, em Washington. O relatório chocou as organizações ambientalistas tradicionais, que, na época, não dispensavam muita atenção aos processos industriais e à justiça social. As temáticas então discutidas – preservação de baleias, florestas, filhotes de foca – ignoravam por completo os milhares de pessoas que viviam em meio às gigantescas instalações poluentes e aos aterros sanitários. Lamentavelmente, alguns ambientalistas decidiram minimizar a importância do relatório ou responder na defensiva. Para outros, as descobertas levaram a uma séria reflexão. Outros grupos acordaram para o fato de que suas equipes eram basicamente brancas, o que significava que um grande segmento da população dos Estados Unidos era deixado à margem das discussões e dos esforços estratégicos.

O documento inspirou a formação de um movimento poderoso e diversificado que passou a encarar a sustentabilidade ambiental e a justiça social como temas inseparáveis. Como disse a ativista de direitos civis e justiça ambiental Cora Tucker,

> As pessoas não compreendem todas as ligações quando dizem que o meio ambiente está lá, o grupo de direitos civis acolá, o grupo de direitos das mulheres do outro lado, e os outros grupos aqui. Na verdade, todos são um só grupo, e os problemas que combatemos se tornam nulos e vazios se não temos água limpa para beber, ar fresco para respirar e nada para comer.[110]

Em 1991 foi realizada, em Washington, a primeira Cúpula Nacional de Lideranças Ambientalistas de Povos de Cor. Dois anos depois, o presidente Bill Clinton assinou um decreto criando o Conselho Nacional de Assessoria em Justiça Ambiental, subordinado à Agência de Proteção Ambiental (EPA).[111] Naquela época, havia nos Estados Unidos fortes evidências de preconceito racial na escolha dos locais das instalações poluidoras; um movimento crescente em prol da justiça ambiental; um decreto presidencial; e um conselho especial de assessoria para a EPA. Entretanto, nada aconteceu.

Vinte anos depois da publicação do primeiro relatório, a UCC lançou *Toxic Wastes and Race at Twenty, 1987-2007*, que revelou que os problemas continuavam e que, em certas áreas, haviam piorado. Como diz Steve Lerner, escritor e diretor de pesquisa do Instituto de Saúde Ambiental da Commonweal:

> Ainda há muito a fazer para impedir que os Estados Unidos sejam divididos em comunidades habitáveis, onde o ambiente é relativamente limpo, e "zonas de sacrifício", onde os moradores são expostos a subprodutos de um processo industrial que mantém os bens de consumo artificialmente baratos e os lucros corporativos em constante alta. Muitos americanos não percebem que, em parte, é por isso que podem comprar bens por um preço tão baixo.[112]

É uma vergonha que, duas décadas depois do primeiro relatório, o racismo ambiental persista e, na prática, tenha aumentado. Claro, a solução não está em algum tipo de "poluição igualitária", em que todos partilhem o fardo tóxico em doses iguais. A resposta é organizar nossos processos de produção e governança ambiental de modo a que ninguém no planeta – independentemente de idade, raça ou renda – tenha que subsidiar, com sua saúde e bem-estar, a fabricação de Coisas repletas de substâncias químicas.

A Union Carbide do outro lado da cerca

Das gigantescas usinas químicas em Nova Orleans, passando pelas zonas carregadas de emissões de diesel do Bronx, pelas favelas de Porto Príncipe, até as fumacentas refinarias de Durban, eu vi como comunidades pobres, analfabetas e que não têm a pele branca são tratadas: como descartáveis. Entretanto, provavelmente não há lugar no planeta onde isso fique tão evidente quanto em Bhopal, na Índia. Bhopal, a Cidade dos Lagos e a Cidade das Mesquitas, é mais conhecida hoje como o local que sediou o maior desastre da indústria química da história.

Tarde da noite, 3 de dezembro de 1984: o gás tóxico metil isocianato (MIC) vazou de uma fábrica da multinacional americana Union Carbide Corporation. O gás matou imediatamente mais de 8 mil pessoas; hoje o número de vítimas está na casa dos 20 mil. Mas continua aumentando, com uma média de uma morte por dia ao longo das duas últimas décadas, já que a população ainda sofre com os impactos do desastre.[113]

As histórias que ouvi dos sobreviventes sobre aquela noite assombram: as pessoas acordavam na escuridão ao som de gritos, com o gás invisível queimando olhos, narizes e bocas. Outras pensavam que o juízo final havia chegado. Muitas começaram a tossir e vomitar uma espuma riscada de sangue. Sem saber de onde o gás vinha, os moradores fugiam, em pânico. Famílias foram separadas, os que caíram foram pisoteados, outros tiveram convulsões e acabaram mortos. Em questão de horas, milhares de cadáveres cobriram as ruas. Muitos jamais reencontraram os familiares, e apenas puderam presumir que seus corpos estivessem entre os que foram atirados apressadamente em valas comuns.

O que aconteceu naquela noite era absolutamente previsível, ainda que alguns qualifiquem o ocorrido como "acidente". O treinamento das equipes de segurança havia sido reduzido em função de cortes de gastos e não havia nenhum mecanismo de alerta à comunidade. Além disso, naquela noite, nenhum dos seis sistemas de segurança projetados especialmente para proteger a usina de vazamento estava funcionando. Nenhum!

A fábrica estava localizada em uma área densamente povoada da cidade, com pequenos barracos apinhados de famílias a poucos metros de seus muros. Quando o vazamento começou, a equipe da Union Carbide não o comunicou à polícia nem avisou os moradores. Na realidade, naquelas primeiras horas críticas, em que todos corriam e as autoridades tentavam entender o que estava acontecendo, os representantes da empresa negaram qualquer responsabilidade sobre o desastre. Muitos acreditam que, se tivessem admitido o vazamento e divulgado informações básicas, como a importância de cobrir o rosto com um pano molhado, muitas mortes teriam sido evitadas.

Inacreditavelmente, hoje, 26 anos após a tragédia, a Union Carbide ainda se recusa a revelar informações sobre os impactos tóxicos do MIC na saúde, classificando-as de "segredo industrial" e dificultando os esforços para levar cuidados médicos às vítimas.[114] A fábrica abandonada, agora de propriedade da Dow Chemical, ainda está de pé, emanando substâncias perigosas e cercada por dejetos esquecidos. Nos portões, moradores pintaram o emblema de perigo, a tradicional caveira com os ossos cruzados, mas com um cifrão no lugar dos olhos, além de rabiscarem "Carbide assassina" e "A verdadeira cara da globalização". Amostras do solo e da água nos arredores da usina, analisadas pelo Greenpeace quinze anos após o desastre, estavam carregadas de metais pesados e outras toxinas.[115] Um estudo de 2002 encontrou mercúrio, chumbo e organoclorados no leite materno das mulheres.[116] Seus filhos são vítimas de uma assustadora variedade de doenças debilitantes, como retardo mental, defeitos congênitos e distúrbios reprodutivos.[117]

Mesmo após ler bastante sobre aquela noite, assim que cheguei a Bhopal, em 1992, para a primeira das minhas muitas visitas, percebi que subestimei a profundidade do horror que ocorrera ali. Além disso, eu não esperava encontrar tanta força e esperança entre os sobreviventes. Eles não se descrevem como vítimas, porque não estão parados, aceitando sua sina – eles estão lutando. Por isso eu e um amigo de Bhopal, Satinath Sarangi, chamamos a cidade de Capital Mundial da Resistência. Dois sobreviventes, Champa Devi Shukla e Rashida Bee, receberam o prestigioso prêmio Goldman Environmental por sua coragem e tenacidade na busca por justiça. No discurso de agradecimento, Bee disse, orgulhosamente: "Não somos descartáveis. Não somos flores ofertadas no altar do lucro e do poder. Nós somos chamas flamejantes, comprometidas a derrotar a escuridão e desafiar aqueles que ameaçam o planeta, a magia e o mistério da vida."[118]

Todos os anos, em 3 de dezembro, os sobreviventes fazem um protesto. Estive lá novamente em 1994, no décimo aniversário. Poetas cantavam *ghazals* sobre a perda dos entes queridos; cartazes coloridos pediam justiça e exigiam: "Não queremos outras Bhopals" em lugar nenhum do planeta. Exposições fotográficas de partir o coração mostravam grandes fotos em preto e branco da manhã após o vazamento, com corpos enfileirados na rua à espera de identificação. Vi a imagem arrepiante de uma menina sendo enterrada, o pai tirando a terra do seu rosto para vê-la pela última vez.

O clímax do protesto se deu quando as pessoas atearam fogo a um grande boneco simbolizando Warren Anderson, presidente da Union Carbide na época do desastre. Os sobreviventes reclamam até hoje sua presença em Bhopal para que ele enfrente as acusações que o responsabilizam por omissão na administração da usina. Os tribunais indianos têm um mandado de prisão para Anderson, que ele ignora em sua confortável casa em Connecticut. Simpatizantes do mundo inteiro e a comunidade local uniram-se na Campanha Internacional por Justiça em Bhopal, que exige: limpeza da fábrica abandonada, que ainda apresenta vazamentos; fornecimento de água potável, já que as fontes da região foram contaminadas; assistência médica de longo prazo e apoio financeiro e social a todos os que perderam parentes ou não podem trabalhar devido a doenças relacionadas ao gás; punição para os responsáveis pela manutenção negligente da fábrica.[119]

Em diversos países, a tragédia em Bhopal ganhou as primeiras páginas dos jornais e preocupou muita gente, de diretores de indústrias químicas a moradores de comunidades vizinhas a usinas. A Union Carbide tinha uma fábrica em Institute, na Vírginia, considerada pela própria empresa quase idêntica à de Bhopal.[120] Depois do ocorrido na Índia, moradores e trabalhadores de Institute e de outras comunidades químico-industriais começaram a fazer perguntas. Que substâncias tóxicas a fábrica estava usando? Era possível ocorrer algo como em Bhopal?

Em 1985, o congressista Henry Waxman, presidente do Subcomitê de Saúde Doméstica e Meio Ambiente, já havia divulgado um memorando interno da Union Carbide relatando que "uma reação de avalanche térmica poderia causar uma falha catastrófica nos tanques de armazenamento do gás venenoso [MIC]" na usina da Vírginia.[121] A Agência de Proteção Ambiental (EPA) confirmou que ela sofrera 28 vazamentos menores de gás entre 1980 e 1984.[122] Como era de esperar, as pessoas se apavoraram.

Em uma tentativa de resposta à população, e para ajudar os moradores a descobrir que substâncias químicas eram usadas e liberadas em suas comunidades, o governo americano estabeleceu o Toxics Release Inventory (TRI), uma base de dados sobre emissões de elementos tóxicos pelo ar ou em rejeitos. É um bom recurso para obter informações sobre fontes de poluição em diferentes setores da indústria americana, mas sem perder de vista que traz relatórios divulgados pelos próprios poluidores e não conta com monitoração externa. O TRI foi criado como parte da Lei de Planejamento Emergencial e Direito de Saber da Comunidade, de 1986.[123] A lei obriga as empresas a informar a quantidade e a localização das substâncias tóxicas utilizadas, de modo a ajudar os profissionais em caso de acidente. E exige também que indústrias que produzem ou usam tóxicos acima de certos níveis forneçam dados detalhados sobre as substâncias liberadas no ar e no solo. No momento, cerca de 22 mil indústrias estão listadas no TRI. Em 2007, essas fábricas revelaram que cerca de 2 bilhões de toneladas de 650 diferentes substâncias tóxicas eram lançados no meio ambiente, incluindo o despejo local e o descartado, longe de suas instalações.[124]

Acesso regularmente o site www.scorecard.org, que divulga dados compilados no TRI, para ver como minha cidade aparece na área de elementos tóxicos. É um choque de realidade. Berkeley se orgulha dos altos níveis de consciência ambiental. Nas escolas públicas servem comida orgânica e há estacionamento gratuito para carros elétricos. Mesmo assim, a região aparece entre as 20% mais sujas dos Estados Unidos![125] Seus maiores poluidores são fabricantes de máquinas e plástico, bem como a fétida refinaria de aço no fim da minha rua.

ZELANDO POR NÓS (OU NÃO)

A criação do TRI faz pensar no papel do governo em tudo isso. Não elegemos ou nomeamos alguém para garantir nossa segurança contra substâncias químicas perigosas? E a Administração de Alimentos e Medicamentos (FDA)? E a Agência de Proteção Ambiental (EPA)? E a Administração de

Segurança e Saúde Ocupacional (Osha)? Sinto informar um fato assustador: a regulamentação do governo americano para materiais tóxicos está repleta de lacunas.

Em primeiro lugar, regula os produtos químicos separadamente, conforme os locais em que aparecem: bens de consumo, ar, água, terra, alimentos, fábricas etc. Ou seja, considera o meio ambiente um conjunto de unidades isoladas e não um complexo sistema inter-relacionado. Por vezes, agências diversas que regulam a presença de um mesmo composto químico no meio ambiente sequer trocam informações, ou discordam com veemência.

O caso do consumo de peixe é um exemplo: a EPA tem autoridade para monitorar a contaminação dos peixes nos rios; a FDA tem ingerência sobre a circulação dos pescados para venda. Teoricamente, as duas entidades deveriam trabalhar em conjunto, e algumas vezes até trabalham, como em 2004, quando divulgaram diretrizes recomendando que gestantes, mulheres em idade para engravidar, mães em fase de amamentação e crianças não consumissem mais de 350 gramas do produto por semana, de modo a limitar a ingestão de mercúrio.[126]

No fim de 2008, no entanto, a FDA elaborou um novo relatório recomendando que as mulheres comessem *mais* de 350 gramas de peixe por semana.[127] O *Washington Post* noticiou que a FDA não havia consultado a EPA. Memorandos internos da EPA descreveram as novas recomendações da FDA como "cientificamente falhas e inadequadas" e aquém do "rigor científico rotineiramente demonstrado pela EPA".[128] A organização Environmental Working Group foi além e considerou o relatório da FDA "irresponsável" e "espantoso": "Uma amostra do quanto ela [a FDA] decaiu como agência. No passado uma feroz defensora da saúde americana, agora um testa de ferro dos poluidores."[129]

Se as duas agências não se entendem em algo tão crucial e básico como manter as neurotoxinas longe do nosso prato de jantar, o que podemos esperar de toda a confusão de medidas governamentais? Há várias agências, comissões e leis nos Estados Unidos. Muitas foram criadas antes da invenção dos celulares e do acesso à internet. Outras, antes da publicação do livro *Primavera silenciosa*, de Rachel Carson, antes do desastre de Bhopal, antes da mudança climática se tornar um tópico corrente. Ainda que as intenções fossem boas no ato de sua criação, muitas agências e leis ficaram ultrapassadas. Até emendas recentes caducaram. As regulamentações não acompanham o ritmo avassalador das ameaças à saúde ambiental, nem o avanço de nossa compreensão sobre elas.

A atual abordagem da regulação do uso de substâncias químicas tóxicas, da segurança do trabalhador e das questões mais amplas de meio ambiente não está funcionando no sentido de nos proteger. Precisamos de reguladores e cientistas que trabalhem pelo bem-estar da população. As leis e as agências devem ter em vista a complexidade do planeta, o que abrange o ambiente natural e o construído, as comunidades, os trabalhadores, as crianças e as mães.

O professor Ken Geiser, diretor do Lowell Center for Sustainable Production, apontou uma abordagem interessante em seu ensaio "Comprehensive chemicals policies for the future", escrito em 2008. Segundo Geiser, uma nova política para o uso de substâncias deve levar em consideração os produtos químicos como componentes de todo o sistema de produção e não entidades individuais. Assim, uma abordagem mais eficiente para a política de substâncias químicas incluiria: a pesquisa e a disseminação de informações completas sobre categorias de substâncias químicas; a aceleração do desenvolvimento de alternativas menos tóxicas; e a substituição, em todos os setores da indústria, do uso de substâncias de alto risco por outras de menor risco. Com uma perspectiva de sistemas integrados, será possível livrar eletrônicos, transportes, assistência médica e outros setores da dependência de substâncias tóxicas. Como diz Geiser, "precisamos pensar menos em restrição e mais em conversão".[130]

MUDANÇAS DEVASTADORAS

A fabricação de nossas Coisas sempre causou danos ambientais e impactos negativos à saúde, dos quais às vezes nem se tinha consciência, como os efeitos nocivos do mercúrio e do chumbo. Eram, porém, insignificantes, se comparados ao atual nível de destruição ambiental. As partes mais tóxicas dos processos de produção existem há menos de cem anos, e isso é motivo de esperança.

Fazendo uma retrospectiva histórica, vejo dois momentos fundamentais na transformação dos processos de produção. Antes da Revolução Industrial, quase toda a produção era movida a tração – os seres humanos e alguns animais forneciam a energia necessária para fazer as Coisas. Isso significava que havia um limite para a quantidade de recursos que podíamos extrair da natureza e de Coisas que podíamos produzir. Nos séculos XIX e XX, desenvolvemos o motor a vapor, e logo as máquinas puderam substituir várias pessoas, trabalhando mais intensamente, por mais tempo e sem exigir condições seguras de trabalho ou intervalos para comer e descansar.

De repente, os limites da quantidade de Coisas que podíamos extrair e processar se expandiram. Por exemplo, em 1850, a produção de carvão nos Estados Unidos não chegava a 8,5 milhões de toneladas; em 1900, aumentou para 270 milhões; e, por volta de 1918, alcançou 680 milhões.[131] Prevalecia uma mentalidade de fronteira: sempre haveria mais florestas a derrubar, mais vales onde descartar resíduos. Tudo parecia ilimitado.

Contudo, apesar de usarmos mais recursos naturais e produzirmos cada vez mais rapidamente, precisávamos de menos trabalho humano. Isso gerou um dilema: se as fábricas conservassem todos os trabalhadores e introduzissem as novas máquinas para aumentar a produção, logo produziriam mais Coisas do que as pessoas necessitavam. Havia duas opções: aumentar o consumo (mais Coisas) ou reduzir a produção (menos trabalho). Os líderes políticos e empresariais não tiveram dúvida: escolheram mais Coisas.

O segundo momento de grandes mudanças ocorreu entre o início e meados do século XX, quando cientistas desenvolveram uma série de novos compostos químicos. Assim, diversos componentes encontrados na natureza foram substituídos por petroquímicos sintéticos, gerando um salto no volume e na toxicidade das matérias-primas usadas.

Claro que a Revolução Industrial e o desenvolvimento da química sintética moderna nos beneficiaram. Sem eles, inúmeros bens de consumo não seriam possíveis. Refrigeração. Internet. Um pequenino aparelho que leva música aonde quer que eu vá. Não quero viver sem essas Coisas, e não quero que outros vivam sem elas. Mas é hora de realizar uma nova série de avanços – outra revolução.

Hoje, os recursos estão se tornando mais escassos, enquanto a população continua a crescer. Mas as tecnologias produtivas não acompanharam essa realidade. Ainda usamos processos que consomem e desperdiçam enormes quantidades de energia e materiais, como se estes e a capacidade do planeta de assimilar resíduos e poluição fossem infinitos. É hora de transformar nossos sistemas de produção mais uma vez, agora fazendo menos Coisas, e Coisas muito melhores.

COMEÇANDO NA FONTE

O primeiríssimo estágio da produção, centrado no projeto, é o mais importante e menos visível. Ele estabelece: os componentes que precisam ser extraídos ou criados; a quantidade de energia despendida na fabricação e no uso do produto; a presença ou ausência de substâncias tóxicas; a vida útil do produto; a facilidade ou a dificuldade de conserto; sua capacidade de reciclagem; os danos causados ao enterrar ou queimar o produto, caso não seja reciclável.

O arquiteto Bill McDonough, um guru da sustentabilidade de renome internacional, chama essa etapa de "primeiro sinal de intenção humana".[132] O intuito é tornar as bugigangas eletrônicas o mais baratas possível para alimentar a mais recente febre de consumo? Ou a ideia é criar um produto atóxico e durável, com materiais ecologicamente compatíveis para fornecer um serviço que acrescente bem-estar à sociedade? A intenção é fabricar um produto facilmente atualizável à medida que a tecnologia avança e possa ser reciclado ou compostado no fim de sua vida?

Mudanças no projeto podem causar apenas melhorias, como a eliminação do uso de uma toxina em uma linha de produtos, ou levar realmente a uma reavaliação de nossos paradigmas. Por exemplo, os pressupostos de que a "poluição é o preço do progresso" ou de que "temos que escolher entre emprego e meio ambiente" há muito limitam o pensamento criativo em torno de soluções inovadoras e benéficas para o meio ambiente e uma economia saudável. Em outras palavras: não podemos transformar o sistema sem antes transformar a forma como pensamos.

Mas é bom lembrar que até pequenas mudanças, quando aplicadas a milhões de bens de consumo, fazem diferença. Remover o chumbo da gasolina, por exemplo, trouxe enormes benefícios para a saúde pública. Em fevereiro de 2009, um grupo de fabricantes e de operadoras de celular anunciou o compromisso de projetar carregadores compatíveis com qualquer aparelho, independentemente de marca ou modelo, e mais econômicos em termos de energia.[133]

Recebi a notícia quando visitava Washington. Na pressa de viajar, deixara o carregador de meu celular em casa. Eu tinha uma semana cheia de encontros e dependia dele. Como não queria comprar um carregador para usar apenas por uma semana, perguntei no hotel se algum hóspede havia esquecido um. O recepcionista pegou uma caixa de papelão com dezenas deles, todos em perfeito estado. Experimentei 23 carregadores até encontrar um compatível com meu celular!

Mudar o formato do plugue do carregador é uma coisa simples, mas a expectativa dos representantes da indústria de celulares é a de que essa mudança possa reduzir a produção de carregadores à metade, o que, por sua vez, poderia reduzir os gases do efeito estufa oriundos da produção e do transporte dos carregadores substitutos numa escala entre 10 e 20 milhões de toneladas por ano, no mínimo.[134] A assessoria de imprensa das empresas faz com que os carregadores intercambiáveis pareçam revolucionários, mas, na verdade, poderiam ter sido parte do plano original, quando os aparelhos foram projetados e desenvolvidos.

Uma das tendências mais animadoras em termos de projetos verdadeiramente revolucionários é a apontada pela biomimética, onde as soluções em design são inspiradas nos princípios fundamentais da natureza. A natureza funciona por energia solar e usa apenas a energia de que necessita; usa uma química à base de água; adapta a forma à função; recicla tudo;

investe na diversidade; exige especialização local; detém os excessos internamente; utiliza o poder dos limites. A biomimética busca descobrir como fazer com que tecnologias, infraestruturas e produtos sigam esses mesmos princípios da natureza.[135]

Na prática, como seria isso? Janine Benyus, fundadora do Biomimicry Institute, cita vários exemplos. Ao invés de usar tintas e ftalatos tóxicos para dar cor às Coisas, por que não imitamos o pavão? O pavão cria as cores brilhantes em sua plumagem através da forma – camadas refletem a luz, fazendo com que os olhos percebam mudanças de cor. No lugar de queimar combustíveis fósseis para aquecer fornos para a produção de cerâmica de alta tecnologia, podemos imitar a madrepérola, que produz uma substância duas vezes mais forte que a cerâmica na água salgada e sem a exigência de calor. As fibras que aderem um mexilhão à rocha se dissolvem após dois anos; as embalagens que desenhamos podem ser igualmente projetadas para se dissolver quando já não são necessárias. No lugar de extrairmos minerais virgens, podemos copiar os micróbios, que extraem metais da água.[136]

Engenheiros e químicos "verdes" já estão fazendo experimentos com todas essas alternativas, e com sucesso. Com as abordagens já existentes e as que estão em desenvolvimento, em uma década poderíamos transformar os processos mais destrutivos e eliminar os componentes mais tóxicos de nossas fábricas e de nossos produtos. Basta o governo exigir essa mudança, empresários investirem nela e projetistas e cientistas, com regulamentações governamentais a seu lado, cumprirem sua função de inovar e melhorar. Uma nova revolução na produção de nossas Coisas é tão necessária quanto possível.

3. DISTRIBUIÇÃO

No passado, os itens básicos de consumo eram transportados de carroça, muitas vezes pelo próprio agricultor ou produtor. Artigos de lugares distantes, como seda e especiarias, só chegavam por meio da ação de comerciantes e exploradores isolados ou espólios de saque. Hoje, todos podem consumir Coisas produzidas do outro lado do planeta.

Por volta do século XV, a Europa entrou na Era dos Descobrimentos, e indivíduos abastados e governos financiavam arriscadas empreitadas para adquirir preciosidades como minerais (especialmente ouro), têxteis, especiarias, frutas, café e açúcar. Os consumidores da elite esperavam longamente por esses produtos, que custavam muito caro.[1]

Hoje, os bens de consumo viajam como um raio. Esperamos ter tudo ao alcance das mãos, incontinente, na cor e no estilo que desejamos. Em apenas algumas gerações, a humanidade acelerou e complicou de forma assombrosa os sistemas de distribuição. Para examinar esse estágio na história das nossas Coisas, é preciso ir além da pesquisa sobre os tipos de frete (via terra, água ou ar) e as rotas de comércio ao redor do globo. Isso porque a distribuição, agora, inclui varejistas multinacionais gigantescos e sofre influência da globalização econômica, de políticas do comércio internacional e de instituições financeiras de grande porte. Além disso, envolve sofisticados sistemas tecnológicos de informação – o Wal-Mart, por exemplo, possui uma rede de computadores para manter o controle sobre a distribuição de sua mercadoria que, supostamente, chega a rivalizar com a informática do Pentágono.

A VERDADE SOBRE AS CADEIAS DE FORNECIMENTO

Na economia globalizada, a cadeia de fornecimento de um produto pode cobrir vários continentes e áreas de negócios. Para isso, desenvolveu-se uma complexa rede de produção e logística – onde se incluem fornecedores, produtores de componentes, trabalhadores, atravessadores, investidores, depósitos, estaleiros, navios, trens, caminhões – que ajusta cada detalhe para fazer e movimentar tudo da forma mais veloz e barata, tendo em vista o maior lucro possível.

CADEIA DE FORNECIMENTO DE UM LAPTOP

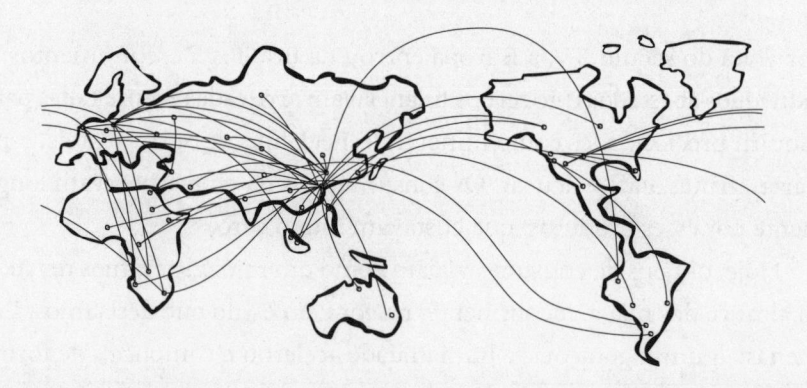

Durante anos o professor Dara O'Rourke investigou fábricas de roupas e sapatos em Honduras, na Indonésia, no Vietnã e na China, tornando-se especialista em cadeias de fornecimento. Ele diz que, embora transformações brutais tenham ocorrido no setor desde a Era dos Descobrimentos, as mais radicais aconteceram na última década. O'Rourke credita essa revolução ao desenvolvimento de dois princípios: produção enxuta e varejo enxuto.[2]

Ele aponta a Toyota como o protótipo de empresa com produção enxuta. A multinacional é famosa por remodelar os locais de trabalho para que os operários não percam nem um segundo a mais do que o necessário para alcançar uma peça. A fábrica aprimorou sua estrutura, enxugando o tempo em cada etapa do trabalho até que o processo estivesse perfeito. Uma inovação importante foi dar autonomia a cada trabalhador ao longo da linha de montagem para puxar o "fio de desligamento" tão logo seja detectado algum problema. A causa é imediatamente investigada e sanada, possibilitando uma solução muito mais efetiva em termos de custos do que se a falha fosse percebida apenas quando o produto já estivesse finalizado. Apesar de a inovação ser elogiada por dar aos operários um sentido maior de responsabilidade e satisfação no trabalho, também leva a um troca-troca de acusações – um funcionário acusando o outro de "acelerar a linha" – e ignora muitas das conquistas obtidas pelos movimentos operários em décadas de lutas.[3]

Com o passar dos anos, a produção enxuta tornou-se mais implacável. Produtores analisavam o processo exaustivamente para descobrir onde cortar qualquer custo que não acrescentasse valor ao produto final. Quando esse custo equivale a resíduos tóxicos gerados por uma determinada tecnologia, então o corte é positivo. Contudo, quando significa deixar de adquirir equipamento de segurança ou diminuir o número de pausas dos trabalhadores – por exemplo, para ir ao banheiro –, então remodelar as operações das fábricas torna-se simplesmente assustador.

E a mentalidade de eficiência-acima-de-tudo se dissemina para além das fábricas. Ela foi aplicada à totalidade da cadeia de fornecimento. Como? Bem, aqui está a revelação-chave: muitas empresas famosas já não produzem nada por conta própria. Elas apenas compram e etiquetam Coisas que outras fazem. A Nike não produz sapatos. A Apple não produz computadores. A Gap não produz roupas. Elas compram sapatos, computadores e roupas (e os componentes para fabricá-los) de diversas fábricas ao redor do mundo. Na prática, o que acontece é que uma mesma fábrica acaba fazendo produtos para diversas marcas concorrentes, que se distinguem apenas quando a etiqueta é aplicada sobre eles.[4]

O que empresas como Nike, Apple e Gap realmente produzem são marcas, e essas marcas são o que os clientes compram. Phil Knight, fundador da Nike, explicou: "Durante anos nos vimos como uma empresa orientada para a produção, então colocávamos toda a nossa ênfase em desenhar e fabricar o produto. Mas agora compreendemos que o mais importante é divulgá-lo."[5] As companhias gastam bilhões para promover a própria marca não exatamente com a finalidade de anunciar as características de um produto específico, e sim para cultivar a imagem pela qual os consumidores devem identificá-la. Assim resume O'Rourke: "Quando a Apple vende um iPod, não está vendendo um tocador de mp3. Está vendendo uma declaração de moda."[6]

Já que o foco é fortalecer a marca e não fabricar os bens, o lugar onde as Coisas são produzidas torna-se cada vez mais irrelevante. Na realidade, os custos reais da produção de um item – com materiais, salários, administração das instalações etc. – e do seu transporte até a loja equivalem apenas a uma fração do preço cobrado ao consumidor. Ao final, a maior parte do dinheiro obtido com as vendas vai para a marca, o que significa que, quando se reduzem custos ao longo da cadeia de fornecimento, o lucro do empresário aumenta.[7]

Já que os consumidores entraram nesse jogo de supervalorizar a marca, o polo mais poderoso dessa cadeia se transferiu dos fabricantes para as marcas e os varejistas. São eles que decidem o que deve ser feito, em quanto tempo e por quanto. Pouco importa se um determinado fabricante não é capaz de atender às suas demandas; há uma série de outros prontos a fazer o mesmo produto, muitas vezes por um preço mais baixo.[8] "É o círculo vicioso que aprisiona os países em desenvolvimento", explica o correspondente político da revista *The Nation*, William Greider. "Se eles tentam elevar salários e permitir aos trabalhadores organizar sindicatos, ou se começam a lidar com preocupações sociais, como saúde e meio ambiente, o sistema os pune. As fábricas partem para outro país, onde esses custos de produção não existem."[9] E David Korten escreve em *Quando as corporações regem o mundo*: "A cada dia, torna-se mais difícil [para as fábricas] obter contratos com um dos megavarejistas sem empregar trabalho infantil, enganar trabalhadores com horas extras, impor cotas implacáveis e operar em instalações inseguras."[10]

Retirar-se da produção também permite às grandes marcas alegar certo nível de ignorância sobre as condições de trabalho nas fábricas.

Como estas não lhes pertencem, ficam livres da responsabilidade, dos desafios e dos custos inerentes à sua administração. Não à toa O'Rourke denomina o sistema hoje vigente no mundo de "enxugamento perverso".

A outra metade desse novo sistema chama-se varejo enxuto, que também busca, ao máximo, cortar gastos. Os métodos são os mais óbvios: pagar salários baixos, eliminar benefícios, como assistência médica, oprimir a sindicalização etc. Porém, no setor de vendas, a forma mais eficaz de cortar custos é eliminando o estoque. Tradicionalmente, estocar sempre foi dispendioso por envolver gastos com armazenamento de materiais temporariamente fora do mercado. Mas, hoje, conservar Coisas em depósitos pode levar a perdas financeiras ainda maiores, já que as Coisas entram e saem de moda num piscar de olhos, sejam roupas, eletrônicos, brinquedos, móveis ou carros.[11]

Michael Dell, dono da empresa de computadores Dell, deu certa vez uma declaração memorável: "O estoque tem a vida útil de uma alface."[12] Sua empresa tem sido a líder do setor em reduzir o tempo de estocagem. Seus computadores não são feitos em massa e guardados até que sejam vendidos, como no antigo modelo de distribuição. Graças a complexos sistemas de rastreamento informatizado, qualquer pedido de cliente é comunicado à fábrica. Assim, o tipo solicitado é produzido na cor e no estilo desejados e despachado, de acordo com a demanda individual.[13]

Todas as tentativas de reduzir as etapas desnecessárias da produção parecem ótimas, e realmente são, do ponto de vista do mercado e da perspectiva ambiental. Mas o sistema é terrível para os trabalhadores. A constante mutação da moda e a intensa expectativa de satisfação imediata por parte do cliente fazem com que uma parcela cada vez maior da mão de obra acabe em empregos temporários ou de meio expediente, "informais", na nova terminologia dos economistas. Isso se traduz em benefícios trabalhistas reduzidos ou eliminados, salários mais baixos e menos segurança.[14]

A indústria de brinquedos está entre os piores exemplos. A maior parte de sua produção é vendida na época do Natal. O varejista quer ter em estoque o brinquedo do momento, mas, a cada ano, ele só é identificado perto da data comemorativa. Os fabricantes não podem manter os operários ocupados o ano inteiro: precisam esperar até que os brinquedos da moda sejam eleitos. Assim, os operários cumprem jornadas extenuantes nas semanas que antecedem o Natal – e, com esse tipo de pressão, as condições de trabalho são simplesmente deixadas de lado. Há uma motivação implícita para a ausência de reclamações: ninguém deseja estar entre os 50% e 70% que serão cortados na baixa temporada.[15]

O professor O'Rourke nota que "enxuto" não deveria significar, necessariamente, "perverso". Poderia haver um sistema de enxugamento "verde". Da mesma forma que os trabalhadores da Toyota são autorizados a puxar o fio de desligamento na linha de montagem, poderíamos ter um sistema transparente de cadeias de fornecimento em que todos os envolvidos fossem encorajados a identificar falhas e interromper a produção até que o problema fosse sanado. Entre os envolvidos, estariam trabalhadores, membros das comunidades vizinhas às fábricas e consumidores.

Sob tal modelo, se vissem uma substância viscosa fétida se derramando em sua fonte de água potável, os moradores poderiam "puxar o fio". Se os consumidores descobrissem que um determinado produto contém componentes tóxicos, poderiam dar o alerta. "Imagine um sistema em que as firmas fossem pressionadas a produzir produtos não da forma mais barata possível, mas de modo a otimizar benefícios trabalhistas, sociais e ambientais", resume O'Rourke.[16]

Essa visão levou o professor a um período de licença de sua cadeira permanente na Universidade da Califórnia, em Berkeley, para que pudesse se concentrar em um sonho de longa data. Durante anos, enquanto visitava fábricas e analisava dados de saúde e segurança nos bens de consumo, O'Rourke se perguntava que tipo de informação – apresentada em algum ponto da decisão de compra – poderia modificar a ação de um consumidor. Nesse período de licença, pesquisou formas de levar as informações às pessoas de maneira acessível, de preferência no ponto de venda. Como já mencionado no capítulo anterior, O'Rourke criou então o site GoodGuide, uma base de dados de acesso gratuito que nos permite acessar informações sobre os fabricantes de mais de 75 mil produtos de uso diário e seus impactos no meio ambiente, na saúde e na sociedade.[17]

No fim de 2009, o GoodGuide lançou um aplicativo para iPhone que permite aos compradores apontar a câmera para o código de barras do produto na loja e imediatamente receber dados relativos a seu impacto na saúde e no meio ambiente, algo que nenhuma etiqueta revelaria. Pode parecer apenas mais um site de compras "verdes", mas não é. O objetivo de O'Rourke não é "ajudar o consumidor a comprar o xampu menos tóxico (ainda que seja ótimo), mas enviar sinais para o alto da cadeia de fornecimento, até as pessoas que tomam as decisões sobre o que há nos produtos e sobre sua forma de fabricação".[18] O GoodGuide vem atualizando informações sobre as práticas de trabalho, as políticas corporativas, o uso de energia, o impacto climático, os registros no controle de poluição e até mesmo as políticas da cadeia de fornecimento das empresas. Ele identifica os componentes nos produtos e sugere alternativas menos tóxicas. E importante: há a opção de os internautas enviarem mensagens aos fabricantes.

Quando entrei no site pela primeira vez, procurei o condicionador Pantene Pro-V, que usava há anos. Foi aí que descobri que ele é composto com produtos químicos terríveis. No GoodGuide, soube de outros motivos para não gostar do fabricante (Procter & Gamble), a quem então enviei um recado indignado: "Por que meu condicionador tem elementos químicos tóxicos? Por que sua empresa tem índice de poluição do ar tão vergonhoso? Não vou mais comprar!" Uma mensagem é fácil de ignorar, mas não milhares. Segundo O'Rourke, desde que passaram a receber e-mails furiosos dos consumidores no segundo link mais clicado no GoodGuide, o "enviar uma mensagem ao fabricante", algumas empresas acabaram substituindo componentes nocivos de seus artigos.[19]

Vejo o GoodGuide e outras iniciativas que estimulam a transparência na cadeia de fornecimento como grandes ferramentas de transição. Elas educam. Inspiram. Estimulam a existência de produtos e de empresas saudáveis e justas. Mas precisamos lembrar – como diz Michael Maniates, professor de ciência política do Allegheny College – que as escolhas disponíveis para nós, consumidores, são limitadas e predeterminadas por forças que estão além dos supermercados e só podem ser modificadas mais efetivamente através de ativismo social e político.[20] Ou seja, não basta usar a força das decisões de compra, que alguns chamam de "votar com nosso dinheiro", é preciso também votar com nossos votos.

NAVIOS DE CARGA, CAMINHÕES E AVIÕES

Navios, caminhões, aviões e trens transportam as Coisas ao longo da cadeia globalizada de fornecimento. A infraestrutura de transportes consome enormes quantidades de combustíveis fósseis e emite resíduos, mas estes são apenas alguns dos mais ocultos custos externalizados dos bens de consumo, e a maioria das pessoas está completamente alheia a isso. Mesmo os compradores que sabem perguntar se os diamantes alimentaram a violência na África ou se os algodoais da Turquia foram tratados com pesticidas, quase nunca sabem o que perguntar sobre a qualidade dos transportes dos produtos.

A maior parte das Coisas importadas da Ásia cruza o oceano em contêineres carregados por navios gigantescos. A água transporta 99% do comércio internacional americano por peso.[21] O transporte aquaviário anual girava em torno de 1,5 bilhão de toneladas em 2004, movimentando quase 1 trilhão de dólares, e estima-se que o tráfego de contêineres triplicará nos próximos vinte anos, vindos sobretudo da China, da Índia ou outras regiões da Ásia.[22] O transporte marítimo consome mais de 140 milhões de toneladas de combustível ao ano e foi responsável, em 2005, por 30% das emissões de CO_2 na queima de combustíveis fósseis dos países desenvolvidos.[23]

Eis algumas manchetes sobre os danos causados por cargueiros, baseadas em pesquisas de cientistas da Carnegie Mellon e outras instituições prestigiosas: "Emissões de enxofre dos navios têm forte impacto na poluição de oceanos e costas: cargueiros a diesel estão entre as maiores fontes de poluição mundial por tonelada de combustível";[24] "A cada ano, o transporte marítimo causa cerca de 60 mil mortes por câncer de pulmão e doenças cardiopulmonares em todo o mundo";[25] "Navios comerciais emitem quase metade do total de partículas poluentes liberadas por toda a frota de carros do planeta";[26] "Grandes cargueiros emitem o dobro da quantidade de fuligem estimada."[27]

Embarquei nesses navios gigantescos algumas vezes em Nova York e Manila, quando trabalhava para o Greenpeace, acompanhando carregamentos de resíduos prejudiciais à saúde. Pense em um gigantesco prédio deitado de lado. Na primeira vez que entrei em um deles, nossa equipe usava jalecos pretos e capacetes com os dizeres "Patrulha do Comércio Tóxico", além de algemas penduradas nos cintos para o caso de termos de nos prender a um cabo de âncora a fim de impedir que o navio zarpasse com uma carga considerada perigosa. Quando insistimos que havia resíduos tóxicos escondidos na enorme embarcação, a tripulação nos levou ao capitão. Tivemos de pegar um elevador até o 11º andar para encontrá-lo!

E os navios continuam aumentando de tamanho. Para acomodar quantidades cada vez maiores de Coisas que cruzam o oceano, foi desenvolvida uma nova classe de cargueiro: o navio jumbo. Muitos deles são maiores do que três campos de futebol e comportam milhares de contêineres, e cada contêiner acomoda o conteúdo de uma casa de três quartos.[28] A maior parte dos portos do mundo não pode abrigar esses navios gigantes, o que significa que os portos terão de ser reformados e aumentados. A ampliação do canal do Panamá foi aprovada para permitir a passagem dessas embarcações.[29]

Em diversos países os governos se preocupam em expandir sua infraestrutura de distribuição. A China, por exemplo, investe em estradas, pontes, túneis, ferrovias e portos. Três dos quatro atracadouros de maior volume são chineses. Xangai, no topo da lista, movimentou mais de 350 milhões de toneladas apenas em 2007.[30] Quarenta e três novos aeroportos foram construídos em solo chinês entre 2001 e 2005, 23 deles nas regiões mais industrializadas, a oeste.[31] O objetivo é otimizar a distribuição de artigos que seguem para os mercados internacionais.

Depois de aportar nos Estados Unidos, em geral os produtos são transportados em caminhões. Em 2005, 77% do peso total de carga deslocada no país foi levado em caminhões que cruzaram mais de 250 bilhões de quilômetros, número que deve duplicar nos próximos trinta anos, segundo estimativas anteriores à crise econômica mundial.[32] Um recente estudo detectou que as carretas americanas perdem 243 milhões de horas por ano em congestionamentos.[33] Atrasos custam entre 25 e duzentos dólares por hora às transportadoras.[34] Mas... e quanto aos custos na qualidade do ar e do clima, sem falar nos impactos sobre a saúde pública? A Junta de Recursos do Ar da Califórnia estimou que os custos das carretas na saúde pública (incluindo tratamento de asma e doenças pulmonares) estão na ordem de 20 bilhões de dólares por ano;[35] em Nova Jersey, grupos ambientalistas calculam o valor em 5 bilhões.[36]

Finalmente, há o transporte aéreo, o serviço de luxo em termos de bens de consumo, reservado a cargas de alto valor e/ou perecíveis, como roupas de grife, alguns eletrônicos, determinados alimentos. Segundo Giovanni Bisignani, presidente da Associação Internacional de Transporte Aéreo, 35% do valor dos bens negociados internacionalmente viajam por ar.[37] E não apenas esse fator é desproporcional. Um estudo na Europa mostrou que, embora os aviões levem apenas 3% de todo o peso dos carregamentos europeus, eles contribuem com assombrosos 80% do total de emissões de CO_2.[38]

Com os recentes aumentos no preço do petróleo e as iminentes regulamentações e/ou multas em torno das emissões de CO_2, indústrias e governos já começaram a avaliar o uso de energia nos transportes em relação à produção de gases do efeito estufa. A Agência de Proteção Ambiental (EPA) americana opera o programa SmartWay Transport, que trabalha com transportadoras na redução das emissões. Isso significa, por exemplo, associar o transporte ferroviário sustentável com as carretas; garantir que os caminhões rodem com o máximo da capacidade; melhorar sua aerodinâmica; monitorar e administrar a pressão do ar nos pneus e substituí-los por modelos mais largos; treinar motoristas em técnicas de direção visando à economia de combustível; impor limites de velocidade mais baixos.[39]

Algumas companhias especializadas em transporte de mercadorias adotaram medidas mais "verdes". A United Parcel Service (UPS) começou a usar carretas com tecnologia hidráulica híbrida que deve "aumentar a eficiência do combustível em cerca de 60% ou 70% em uso urbano e baixar as emissões de gases de efeito estufa em 40%, em comparação aos caminhões de entrega convencionais".[40] Já a FedEx, enriqueceu sua frota com veículos híbridos elétricos que reduzem as emissões de partículas em 96% e rodam 57% a mais com um litro de combustível do que um caminhão FedEx comum, reduzindo as despesas com combustível em mais de 30%.[41] A DHL tem sua própria versão da compensação de carbono, oferecendo aos clientes a opção de pagar uma taxa extra de 3% que a empresa promete investir em projetos "verdes", como tecnologia de veículos, painéis solares e reflorestamento.[42]

Por mais positivos que sejam, esses esforços não atingem o cerne da questão, formada pela existência de gigantescas cadeias globais de fornecimento, pela demanda cada vez maior dos consumidores por preços baixos e rapidez na entrega das mercadorias e pelas regras econômicas que governam todo esse espetáculo, tornando mais lucrativo produzir do outro lado do planeta.

Com tudo isso em mente, examinarei a distribuição das Coisas cuja produção foi analisada no capítulo anterior. Vamos supor que a minha camiseta branca foi comprada na gigante H&M, que meu livro foi adquirido via Amazon.com e meu computador, no Wal-Mart. O estudo desses três grandes vendedores ajuda a esclarecer o papel dos varejistas na distribuição global.

H&M

A gigante sueca de roupas H&M vende mais de 500 milhões de produtos a cada ano, em mais de 1.700 lojas.[43] É a terceira maior varejista de roupas do mundo, atrás apenas da Gap Inc. e do grupo espanhol Inditex. Seu lucro, somente no ano relativamente fraco de 2008, foi de mais de 440 milhões de dólares.[44] A marca é conhecida por sua rapidez e tempo de reação – é a *fast-fashion*, ou moda rápida. As peças podem ser desenhadas, produzidas e distribuídas em meros vinte dias.⁴⁵ Não são feitas para durar. Moda atual aliada a preços baixos é o segredo do sucesso da H&M.

A produção enxuta entra em ação: como tantos outros varejistas, a empresa fecha contratos com fornecedores mais baratos, geralmente na Ásia e no Leste europeu, onde se vale de seu poder de multinacional para derrubar salários e encurtar prazos de entrega. Trabalha com diversos fornecedores ao mesmo tempo, já que tal estratégia permite diminuir o impacto negativo dos possíveis atrasos em uma determinada fábrica e ainda facilita a interrupção eventual de um contrato sem perturbar o fluxo dos produtos. Na busca por melhores preços, a H&M substitui com frequência seus fornecedores.⁴⁶ Leis de proteção ao comércio mais flexíveis e taxas alfandegárias e cotas mais baixas influenciam diretamente a escolha dos países e dos fornecedores que produzirão suas mercadorias.

A rapidez e a atualidade de uma marca como a H&M dependem da máquina de distribuição. Por isso é comum os varejistas de roupas (e cada vez mais de eletrônicos, brinquedos etc.) reduzirem o tempo na cadeia de fornecimento importando o que chamamos de "produtos crus". São peças parcialmente prontas, produzidas no exterior e enviadas a outras fábricas, já próximas às lojas em que serão vendidas, para finalização. Nos Estados Unidos, as peças geralmente chegam em navios vindos da Ásia e são transportadas para os centros de montagem e distribuição, e de lá para as lojas. De modo a manter toda a logística funcionando, um poderoso centro de tecnologia controla as informações sobre fornecedores, estoques, pedidos e rotas de transporte, incluindo dados sobre clima, tráfego, trabalho disponível para envio e administração etc. Em permanente aprimoramento, o sistema de tecnologia da informação é um aplicativo dispendioso, mas o gasto compensa por tornar a distribuição a cada dia mais rápida.⁴⁷

Quando o interesse do consumidor aponta para determinada cor ou corte, a H&M reage quase imediatamente e inunda suas lojas com um produto que atende a essa demanda – é a parte do varejo enxuto. Dara O'Rourke observa que as empresas de vestuário tinham, no passado, cinco temporadas distintas de moda: as das estações do ano e a das férias. Agora, alguns varejistas oferecem até 26 "temporadas" diferentes, o que significa que elas só duram duas semanas.⁴⁸ Toda loja H&M é reabastecida diariamente. As que têm grande volume de vendas chegam a receber até três carretas por dia.⁴⁹ É uma corrida insana para enfiar as roupas pela porta dos fundos e despachá-las pela porta da frente, com cada venda sendo transmitida automaticamente às fábricas para mantê-las informadas sobre o que está em alta. Sinto ansiedade só por ler a respeito da rapidez desses negócios. E a H&M é apenas um exemplo extremo da grande velocidade dos atuais sistemas de distribuição.

Por que tanta pressa? Vestir a camiseta do mês ou a do ano passado faz realmente tanta diferença? A H&M e muitos consumidores acreditam, sem dúvida, que faz.

AMAZON

Quando as vendas pela internet estavam apenas começando, muitos acreditaram que elas seriam positivas para o meio ambiente e maravilhosas para as empresas pequenas e independentes. Afinal, de uma hora para outra você poderia abrir um negócio sem a necessidade de um ponto de venda físico. E sem sequer precisar manter estoque, pois a produção poderia começar quando chegasse o e-mail do cliente, presumindo que seria possível atender ao pedido num tempo razoável. Tudo isso não deixa de ser verdade, só que as vendas on-line acabaram dando um empurrãozinho nas mesmas grandes empresas que dominam o varejo tradicional. Apesar do potencial inédito do sistema de ajudar as empresas menores, que poderiam, via web, chegar diretamente aos possíveis consumidores, cerca de 35% dos 70 bilhões de dólares que os americanos gastaram pela internet em 2003 (número que já ultrapassava 100 bilhões de dólares em 2006)⁵⁰ foram para os vinte maiores varejistas on-line, entre os quais doze são grandes redes de lojas.⁵¹

A Amazon.com é a majestade indiscutível desse reino, orgulhando-se de oferecer a maior variedade de produtos do mundo, com preços mais baixos ou iguais aos dos concorrentes. Para ampliar ainda mais a oferta, ela faz parcerias com outros varejistas (grandes como o Target) e lhes fornece depósito e distribuição. Perto da alta tecnologia da Amazon, os sistemas logísticos da H&M parecem insignificantes. Tanto em termos de "realização", ou seja, processar um pedido e levá-lo ao cliente, quanto em termos de interface com o consumidor, através dos programas que criam uma experiência de compra personalizada e recomendam produtos aos usuários. Como diz o fundador e presidente da empresa, Jeff Bezos, com tantos itens a escolher, a loja teve de criar formas de "permitir que os consumidores encontrem os produtos, e que os produtos encontrem os consumidores".[52]

Imagine rastrear milhões de produtos diferentes. Assim, a Amazon criou o próprio software de "otimização de estoques", que Bezos compara à planificação de rota de uma linha aérea: algoritmos complexos geram uma "trilha de seleção" otimizada através de milhares de metros quadrados de depósitos, para que as máquinas possam encontrar e pegar os itens específicos da compra.[53] A enorme variedade e o prodígio tecnológico, por trás da experiência personalizada, são a essência da marca Amazon.

Para a maioria das pessoas, é difícil trocar a comodidade oferecida pela Amazon em favor de uma livraria comum, que cobra o preço que está na capa do livro e talvez ainda tenha que encomendar o seu pedido, devido à limitação do estoque. Não à toa, com a ascensão da Amazon, inúmeras livrarias locais e independentes foram inteiramente dizimadas.

No entanto, ainda há um debate acirrado entre os ambientalistas, que questionam se as compras on-line têm uma pegada ecológica de fato mais leve que a da venda tradicional. Lojas consomem recursos em seus prédios, como luz, refrigeração, aquecimento etc., e os consumidores têm de usar transportes para chegar até elas. Contudo, o comércio eletrônico utiliza mais embalagem e, provavelmente, depende mais do transporte aéreo, ao menos numa parte do trajeto percorrido pelo produto.

Um estudo aprofundado sobre vendas de livros comparou as duas formas de distribuição. No modelo tradicional, os livros são enviados em carretas da gráfica até um depósito central, depois a um depósito regional e de lá para pontos de venda. O cliente desloca-se até a loja para comprar o livro e levá-lo para casa. No modelo on-line, o livro é transportado da gráfica a um depósito central. Depois que o consumidor o encomenda, o exemplar é embalado, transportado a um centro de distribuição regional e levado à porta do cliente.

O estudo ressalta um ponto interessante sobre os livros não vendidos (entre 25% e 55% do que é impresso, dependendo do gênero),[54] que geralmente são descartados, reciclados ou vendidos a um sebo – e tudo isso significa mais transporte, e talvez mais lixo. Já que no modelo on-line o depósito central é um único estoque, há menos publicações encalhadas, o que significa menos desperdício de papel e menos transporte.

No fim das contas, usando a média de consumo de combustíveis por aviões, caminhões e carros, a média de embalagens para um livro de tamanho mediano e a média de exemplares que não são vendidos, o estudo detectou que as vendas on-line são mais eficientes e sustentáveis em termos de consumo de energia e geração de poluentes convencionais, de lixo e de gases do efeito estufa.[55] Essa eficiência pode aumentar quando a tecnologia de impressão sob demanda estiver disponível em maior escala – nesse sistema, um livro de público restrito só é impresso quando um leitor apresenta um pedido, e a impressão é feita na gráfica mais próxima do consumidor. Alguns observadores da indústria acreditam que, em pouco tempo, metade dos exemplares vendidos no mundo será impressa sob demanda no local ou nas cercanias do ponto de venda.[56]

Porém, como aponta a revista ambientalista on-line *TreeHugger*, alguns detalhes importam quando se comparam compras on-line e físicas. Se você toma o transporte público ou vai caminhando até a livraria do bairro, esta é, sem dúvida, uma escolha melhor do que a compra on-line. A publicação recomenda as compras pela internet apenas "se você vive nos subúrbios, se tem de dirigir mais que dez ou quinze quilômetros a cada ida ao shopping, se é cuidadoso na hora de escolher as embalagens dos pedidos on-line e se escolhe o frete terrestre ao invés do aéreo expresso".[57]

Em seguida, temos a questão da digitalização de livros e o uso de aparelhos como o Kindle da Amazon. Embora não haja dúvida de que as publicações sem papel reduzem a derrubada das florestas, esse avanço tecnológico é sinônimo de mais um aparelho eletrônico no mercado. E, como vimos nos capítulos anteriores, é provável que isso signifique a produção de uma versão mais avançada em intervalos de tempo cada vez menores, levando à mineração de mais matéria-prima, ao despejo de produtos tóxicos no meio ambiente e a montanhas cada vez maiores de e-lixo.

Sou fã do seguinte modelo: livrarias onde posso chegar caminhando ou de bicicleta e que tenham uma pessoa simpática atrás do balcão para me orientar em minha compra e recomendar outros livros. Quando termino de ler um livro, eu o empresto a todos que conheço, quando cabe recomendá-lo; caso contrário, eu o disponibilizo no Freecycle (rede on-line de 7 milhões de pessoas que enviam e recebem Coisas de graça de modo a reduzir o desperdício)[58] para que ele encontre uma segunda vida com outra pessoa. Minha filha de dez anos devora livros rapidamente, e por isso é comum convidarmos seus amigos para um "lanche de troca de livros", a fim de esvaziar nossas prateleiras sobrecarregadas, ter acesso gratuito a novos livros e fortalecer nossa comunidade. Doamos as sobras desse "lanche" a escolas locais. E também há bibliotecas, meus lugares favoritos para encontrar livros, conhecer vizinhos, comparecer a seminários, dar sugestões em assuntos da comunidade e às vezes até ouvir música ao vivo. A Amazon pode ser fácil, rápida e impressionante em grande escala, mas não oferece esses elementos adicionais em termos de qualidade de vida.

WAL-MART

Quase 20% dos bens eletrônicos comprados nos Estados Unidos são vendidos pela rede Wal-Mart.[59] Diante desse gigante, qualquer outro varejista não passa de pobre coitado. Se os atrativos da H&M são a rapidez, a atualidade e os preços lá no chão, e se o sucesso da Amazon provém da variedade que oferece por um preço abaixo do registrado, por exemplo, na capa de um livro, o segredo do Wal-Mart reside em uma combinação de tamanho, abrangência e, claro, preços baixos.[60] Com seu faturamento de 401 bilhões de dólares, apenas em 2008,[61] o Wal-Mart é uma das maiores economias do mundo. Suplanta o PIB da Austrália, do Chile e de Israel e é um dos dez maiores parceiros comerciais da China, à frente do Reino Unido e da Alemanha.[62]

A rede possui mais de 8 mil lojas, entre as quais mais de 4 mil estão em solo americano, cada uma ocupando uma área de aproximadamente três campos de futebol.[63] Stacy Mitchell, autora do livro *Big-Box Swindle*, comenta que "com 60 milhões de metros quadrados nos Estados Unidos, o Wal-Mart poderia abrigar todos os homens, mulheres e crianças do país em suas lojas".[64] Sua onipresença significa que não há praticamente nenhum cidadão vivendo a mais de cem quilômetros da loja mais próxima. E a rede está em constante expansão, adicionando anualmente cerca de 4,5 milhões de metros quadrados a seus domínios.[65]

Quanto à abrangência, o Wal-Mart é hoje a empresa que mais vende alimentos, roupas, brinquedos e música nos Estados Unidos.[66] É lá também que os americanos compram boa parte de seus DVDs, câmeras, aparelhos domésticos e produtos triviais, como pasta de dentes, xampu e fraldas. A empresa vende até mesmo combustível, já abriu clínicas médicas e vem tentando derrubar certas leis que barram a oferta de serviços bancários.[67] No entanto, em comparação com a Amazon, oferece poucas variedades de um mesmo produto. Cerca de 40% de seus itens são de marca própria, isto é, são fabricados exclusivamente para o varejista.[68] Porém, mesmo sem a diversidade da concorrente, seus "preços sempre baixos" são suficientes para que as pessoas voltem sempre.

A grande ideia do fundador da rede, Sam Walton, que abriu seu primeiríssimo estabelecimento em Arkansas em 1962, era exibir na porta cartazes promocionais de itens populares, como xampu e pasta de dente. Essas "mercadorias-isca" atraíam vasta clientela, que, uma vez dentro da loja, acabavam comprando outros produtos, estes sim precificados para gerar lucro.[69] Uma análise de 2005 da *Consumer Reports* mostrou que megavarejistas como o Wal-Mart se apoiam em astutas estratégias de precificação que levam o consumidor a acreditar que os preços estão baixos, ainda que nem sempre seja o caso.[70] Além disso, a rede muitas vezes inaugura uma filial em uma determinada região com excelentes descontos apenas para acabar com a concorrência nas redondezas; depois, quando não há mais outro lugar para o consumidor fazer suas compras, eleva os preços.[71] Ativistas de todo o país já condenaram publicamente essa manobra do Wal-Mart de minar economias locais.

E não importa o valor exposto na etiqueta: o verdadeiro custo de cada produto é sempre bem mais alto. Esses custos culminam nas lojas, onde os funcionários recebem salários irrisórios. Segundo a WakeUpWalmart.com, campanha americana que pressiona o varejista a melhorar suas operações, o "associado" (que é como o Wal-Mart chama seus funcionários) médio, que trabalha em tempo integral, ganhava, em 2008, 10,84 dólares por hora. Isso significa que, com suas 34 horas semanais de trabalho, ganha 19.165 dólares por ano, o que o situa 2 mil dólares abaixo da linha de pobreza do país! Já o presidente da rede, Lee Scott, ganhou 29,7 milhões de dólares em 2007, ou 1.550 vezes a renda anual desse "associado".[72]

Entidades fiscalizadoras denunciam que as lojas da rede empregam poucos funcionários para economizar, e gerentes já foram surpreendidos apagando horas extras dos cartões de ponto.[73] A metade do 1,4 milhão de empregados não consegue pagar pela assistência médica da empresa[74] e, segundo a organização Good Jobs First, em 21 dos 23 estados americanos onde as informações estão disponíveis, o Wal-Mart, mais que qualquer outro empregador, força-os a utilizar a assistência médica nacional, financiada pelos contribuintes.[75] Ainda segundo a Good Jobs First, o dinheiro proveniente de impostos também apoia o Wal-Mart, através de "isenção de impostos, doação de terrenos, assistência em infraestrutura, financiamento de baixo custo e subvenções escancaradas obtidas junto aos governos estaduais e municipais de todo o país".[76]

O Wal-Mart controla mais de cem centros de distribuição nos Estados Unidos, vastos depósitos que despacham produtos 24 horas por dia, cada um com oito quilômetros de esteiras rolantes carregando 9 mil diferentes fileiras de Coisas para as carretas.[77] Cada centro de distribuição ocupa entre 35 mil e 95 mil metros quadrados,[78] o equivalente a cerca de vinte campos de futebol. Por todo o país, o Wal-Mart eviscerou pequenas cidades e paisagens naturais; tais perdas também são parte do verdadeiro custo dos "preços sempre baixos".

Não surpreende que nenhuma outra companhia tenha mais caminhões em estradas americanas: cerca de 8 mil motoristas acumulam mais de 1,3 bilhão de quilômetros rodados por ano.[79] O Wal-Mart, como a maioria dos grandes varejistas, em geral opera com prestadores de serviços de transporte. Isso significa que a empresa não precisa comprar caminhões, nem fazer sua manutenção, nem pagar o combustível, nem prover benefícios para os motoristas. Significa também que não é exigido do Wal-Mart obediência à regulação federal para transportadores.[80] Um estudo em Nova Jersey descobriu que 75% dos caminhoneiros (em todo os Estados Unidos, não só para o Wal-Mart) eram prestadores de serviços independentes, ganhando apenas 28 mil dólares por ano, em média, sem nenhum benefício pago pelo empregador.[81] Como os funcionários do Wal-Mart, esses profissionais têm de contar com programas públicos de assistência médica.

Considerando tudo isso, é difícil levar o Wal-Mart a sério quando anuncia seu compromisso com a sustentabilidade. Sim, a rede promoveu algumas melhorias em suas operações. Fontes mais próximas do que eu juram que há uma sincera consciência ambiental aumentando entre seus dirigentes. Automóveis de sua frota corporativa foram trocados por modelos híbridos, as embalagens utilizadas passaram a ser biodegradáveis e recicláveis, painéis solares foram instalados em algumas lojas e a rede chegou a se comprometer a eliminar de sua cartela as cortinas de banheiro de PVC e os brinquedos infantis com ftalatos tóxicos.[82] No entanto, o Wal-Mart ainda tem um grande problema com escala: eles deslocam tantas Coisas descartáveis e carregadas de tóxicos tão rapidamente e vindas de tão longe, que nem todos os carros híbridos e painéis solares do mundo poderiam anular sua monstruosa pegada ambiental.

Há algo errado com um sistema de distribuição que constantemente despacha tudo, de camisetas a móveis para jardins, para o outro lado do mundo. Em uma época de crescente escassez de recursos e mudança climática, esse modelo simplesmente não faz sentido.

MEGALOJAS: SUPERNOCIVAS

Superlojas, entre as quais o Wal-Mart é um ícone, são um fenômeno que ganhou força nos anos 1980. Mas o sistema não é novo. Surgiu no fim do século XIX e em pouco tempo se firmou com a Sears, a Roebuck e a Montgomery Ward. Por volta de 1929, elas controlavam 22% do mercado varejista. Em meados dos anos 1950, porém, seu crescimento contabilizava menos de 24%. No rastro do colapso do mercado de ações, muitas pessoas as boicotavam, acreditando (com razão) que achatavam os salários e minavam a democracia, ao concentrar muito poder nas mãos de poucos.[83]

Foi por essa época que se deu a explosão dos subúrbios americanos e o desenvolvimento dos shopping centers. Os contribuintes desembolsaram centenas de bilhões de dólares para arcar com os custos de construção das rodovias interestaduais, que tornaram possível esse novo estilo de vida. Ao mesmo tempo, os bancos facilitavam empréstimos para novos projetos imobiliários, deixando de lado bairros já estabelecidos. Em 1954, o Congresso chegou a conceder isenção de impostos a quem quisesse investir em shopping center.[84] Como Stacy Mitchell escreve em *Big-Box Swindle*, 550 mil metros quadrados de shoppings haviam sido construídos em 1953; em apenas três anos, o número aumentou 500%; e, ao longo dos vinte anos seguintes, 18 mil foram erguidos nos Estados Unidos,[85] onde os inquilinos preferidos são as redes de lojas, consideradas uma aposta mais segura.[86]

Hoje, para atender à demanda ansiosa dos municípios de contar com uma megaloja em sua comunidade, as grandes redes recebem subsídios municipais e estaduais, além de isenção de impostos. Os governos esperam que a presença de um gigante varejista intensifique o crescimento econômico da região, gere novos empregos e eleve a arrecadação de impostos, mas, infelizmente, o resultado nem sempre é esse. Ao invés disso, os varejistas sugam o dinheiro da economia local.[87] A folha de pagamentos das megalojas costuma representar menos que dez centavos de cada dólar gasto em cada filial,[88] e, num efeito dominó, a baixa remuneração ajuda a derrubar os salários de funcionários do varejo na localidade.

Como a H&M, as megalojas usam o recurso de manter os preços artificialmente baixos até levar à falência as empresas independentes, mesmo que isso leve anos. Outras atividades econômicas também são prejudicadas: por exemplo, em vez de contratar contadores ou designers gráficos locais e colocar anúncios em jornais da região, como fazem as lojas menores da comunidade, tais questões são resolvidas na matriz, a milhares de quilômetros de distância. Além disso, assim que se anuncia o projeto de uma megaloja em uma cidade, novos empreendedores, antevendo a concorrência desleal, desmotivam-se e o preço dos imóveis comerciais começa a cair.[89]

Como grande parte da produção das Coisas vendidas nas superlojas é realizada em fábricas do exterior, é óbvio que essas redes varejistas não só deixam de criar como eliminam vagas de emprego na indústria local. Esse foi o "gigantesco ruído de sucção" que, em 1992, o candidato à Presidência Ross Perot alertou que o Tratado Norte-Americano de Livre Comércio (Nafta) criaria, quando um grande número de empregos se transferisse da economia americana para o México.[90] (Mais recentemente, Thomas Friedman, colunista do *New York Times*, afirmou que "os mexicanos ... agora estão ouvindo 'o gigantesco ruído de sucção' em estéreo – a China em um ouvido e a Índia no outro".)[91]

A área ocupada pelo comércio varejista nos Estados Unidos dobrou entre 1990 e 2005.[92] Em termos socioeconômicos, a classe média americana, tradicionalmente sustentada por empregos na indústria e pela propriedade de pequenas empresas, vem perdendo uma oportunidade atrás da outra, enquanto os ricos acumulam lucros sem precedentes. Assim, mesmo com o crescimento econômico da nação como um todo, o abismo entre ricos e pobres não para de aumentar. O contraste entre o salário de um executivo e o de um operário é apenas um indicativo: na década de 1970, o presidente de uma grande empresa ganhava trinta vezes mais que o trabalhador comum. Em 2007, essa proporção havia aumentado quase trezentas vezes.[93] E, à medida que os cidadãos comuns têm menos renda, as barganhas prometidas pelas megalojas se tornam ainda mais convidativas, e, assim, os consumidores ajudam a fortalecer justamente os empreendimentos que estão sugando suas economias.

Contudo, há alguma esperança. As comunidades estão percebendo a cilada e já se organizam para combater a instalação de novas megalojas em favor dos negócios locais. O famoso caso de Inglewood, condado de Los Angeles, contra o Wal-Mart representou uma vitória nesse sentido. Em 2003, a rede planejava construir na cidade, de cerca de 110 mil habitantes, uma filial em uma área do tamanho de dezessete campos de futebol. Depois que a Câmara Municipal impediu a realização do projeto, a empresa decidiu driblá-la e levar o assunto diretamente aos eleitores. Para conquistar a população, gastou 1 milhão de dólares em propagandas e chegou a distribuir refeições gratuitas entre os moradores. Porém, em uma decisão surpreendente, em abril de 2004 a população de Inglewood rejeitou de forma esmagadora o empreendimento,[94] priorizando o bem-estar ambiental, econômico e social da região.

Alguns comparam as multinacionais de hoje a colonizadores. Assim como os poderes coloniais, seu objetivo principal não é fomentar o desenvolvimento econômico local, a felicidade e a prosperidade. Na África, por exemplo, os colonizadores construíam ferrovias que iam do interior até os portos, para que recursos, riquezas e escravos fossem levados para as metrópoles com a maior eficiência possível. É exatamente isso que as grandes redes fazem, com a ajuda das políticas de comércio internacional: constroem trilhos para que a riqueza das comunidades flua em uma única direção – os próprios bolsos.

QUEM DITA AS REGRAS

Há ainda uma última peça no quebra-cabeça da distribuição das Coisas: o conjunto formado pelas instituições reguladoras internacionais e pelos acordos firmados entre países para promover seu comércio e seu "crescimento". São essas entidades e esses tratados que ditam os rumos da economia mundial, estabelecendo as regras que operam o sistema de distribuição e regulando o modelo econômico de extrair-produzir-descartar.

As agências financeiras internacionais surgiram após a Grande Depressão americana, em 1929, que durou toda a década de 1930 e desencadeou uma recessão em nível mundial. Como resposta, as nações correram para proteger seus negócios, impondo tarifas à importação de produtos estrangeiros. O comércio internacional entrou em colapso e o desemprego e a pobreza cresceram em todo o planeta.

Em meio a esse cenário, Adolf Hitler ascende na Alemanha e desencadeia um projeto expansionista que acaba levando à Segunda Guerra Mundial. O conflito beneficiou e tirou os Estados Unidos da Depressão, mas arrasou as indústrias de base da Europa e de boa parte da Ásia. Quando a guerra chegava ao fim, em 1944, os aliados, liderados pelos Estados Unidos, decidiram reorganizar as relações econômicas globais em torno de uma nova moeda, o dólar americano, e promover o investimento nas economias recém-destruídas pela guerra.[95]

Dois grandes organismos foram criados: o Fundo Monetário Internacional (FMI) e o Banco Internacional para a Reconstrução e o Desenvolvimento (Bird), mais conhecido como Banco Mundial. Em 1995 agregou-se a eles a Organização Mundial do Comércio (OMC), como desdobramento do Acordo Geral de Tarifas e Comércio (Gatt), de 1947. O FMI foi concebido para lidar com os desequilíbrios econômicos entre os países. Sua principal função era garantir a estabilidade da economia mundial e a troca de moedas para apoiar o comércio, além de fornecer empréstimos emergenciais a países em estado financeiro crítico. O Banco Mundial nasceu especificamente para emprestar dinheiro aos países devastados pela Segunda Guerra, de modo a acelerar sua volta ao comércio internacional, mas logo mudou o foco para países e colônias europeias na América Latina, África e Ásia. O Gatt, um complexo tratado assinado para reduzir barreiras nacionais ao comércio, foi substituído, em 1995, pela OMC, que se tornou extremamente influente. Note que estamos falando das maiores agências financeiras, contudo há dezenas de outros bancos multilaterais, entidades governamentais e acordos comerciais que reproduzem o modelo FMI/Banco Mundial/OMC em arranjos regionais ou específicos de cada setor.[96]

Embora as intenções originais dessas instituições e acordos fossem positivas, sua evolução ao longo da última metade do século XX levou a resultados desastrosos. Dominados por países poderosos, especialmente os Estados Unidos, o FMI, o Banco Mundial e a OMC criaram e perpetuaram desequilíbrios na riqueza global, enquanto devastavam ambientes naturais e destruíam comunidades, da Argentina ao Zimbabwe.

Em Singrauli, Índia, conheci aldeões expulsos de suas terras para darem lugar a usinas de energia a carvão financiadas pelo Banco Mundial. Há uma geração, Singrauli era coberta de florestas magníficas, com fauna e flora, água limpa e uma pequena agricultura de subsistência. Hoje, a mineração, as queimadas e as cinzas de carvão devastaram a paisagem de modo tão intenso que alguns jornalistas indianos apelidaram o lugar de "círculo inferior do Inferno de Dante".[97] A indenização encaminhada às famílias despejadas nem sequer chegava perto de seu prejuízo.

O problema reside no modelo de desenvolvimento imposto aos países devedores. Os empréstimos efetuados pelo FMI a economias necessitadas muitas vezes estão relacionados a implacáveis obrigações que exigem ainda mais de seus recursos naturais, de modo a aumentar exportações, além de desviarem fundos como garantia, por exemplo, os relativos à saúde pública ou educação. Em outras palavras, os países têm de reduzir seus já baixos padrões de vida para cumprir o pagamento da dívida. E se uma nação recusa essas condições, torna-se malvista pelos credores internacionais.

O Banco Mundial e o FMI trabalham em conjunto. Enquanto o FMI impõe que os países devedores exportem mais recursos naturais, o Banco Mundial se alegra em fornecer o conhecimento técnico e os empréstimos necessários para extraí-los. Geralmente cobrando taxas de juros mais altas do que as dos credores locais, financia estradas, portos, usinas de energia, fábricas, aterros sanitários, incineradores e represas por todo o mundo. Seus projetos são polêmicos: do reassentamento, às vezes violento, de moradores locais até a destruição em larga escala de florestas, aquíferos e ecossistemas inteiros. A missão oficial do banco é "ajudar os países em desenvolvimento e seu povo a aliviar a pobreza".[98] Mas que valores e crenças orientam sua estratégia para alcançar essas metas? Assim como as outras agências financeiras internacionais, o Banco Mundial acredita que mais crescimento econômico, mais globalização, mais fluxo de capital e mais exploração de recursos naturais reduzem a pobreza.

Na prática, há milhares de evidências que provam o contrário. Ainda existe um imenso fluxo de riqueza que escoa dos países em desenvolvimento para os mais ricos. Cada vez que o Banco Mundial ou o FMI emprestam dinheiro, parte desse total volta imediatamente para os países credores por meio da compra de tecnologias ou de consultoria. Além disso, devido às taxas de juros paralisantes, o empréstimo principal torna-se cada vez mais oneroso, já que as moedas dos países devedores se desvalorizam. O pagamento ao FMI dos empréstimos efetuados pela Zâmbia em 2004 totalizou 25 milhões de dólares, mais que o orçamento em educação para todo o país.[99]

Em 2006, os países mais pobres do mundo (com renda anual de menos de 935 dólares por pessoa) gastaram mais de 34 bilhões de dólares para cobrir dívidas, o equivalente a 93 milhões de dólares por dia. Se incluirmos todos os países em desenvolvimento, o total foi de 573 bilhões de dólares.[100] Segundo o movimento Jubilee Debt, que fornece os dados, embora algumas dívidas tenham sido canceladas em 2007 e 2008, os valores de hoje são provavelmente semelhantes; e houve muitos novos empréstimos.[101]

Os Estados Unidos têm uma parcela desproporcional de influência sobre o BM e o FMI: fornecem 18% do financiamento do primeiro e controlam 18% do poder de voto no segundo (na prática, um poder de veto, já que é exigida uma maioria de 85% para tomar uma decisão).[102] Isso indica que os cidadãos americanos, ao pagar seus impostos, financiam indiretamente projetos nocivos ao meio ambiente e reformas econômicas implacáveis que asfixiam a economia de outros países. Assim, os americanos não só têm o direito de verificar as ações do FMI e do Banco Mundial como a responsabilidade de puxar seu freio. Se ambos estão realmente interessados em melhorar a vida dos mais pobres, as dívidas deveriam ser canceladas, e eles deveriam oferecer ressarcimentos ecológicos a essas comunidades, como compensação pelos danos sociais e ambientais causados por seus projetos e políticas ao longo de décadas.

O último dos três gigantes é a Organização Mundial do Comércio (OMC). Criada com a finalidade inicial de reduzir tarifas, mais tarde se voltou para a remoção de obstáculos ao crescimento comercial. O problema fundamental desse organismo é ver o comércio como um objetivo em si mesmo que tem ascendência sobre saúde pública, direitos trabalhistas e economias locais. Tal atitude fica patente quando impede que as nações discriminem qualquer produto com base em sua forma de produção, ainda que esta seja poluente ou perigosa para os trabalhadores. Sob sua orientação, qualquer país – dirigido por interesses corporativos – pode questionar uma lei de outro país alegando tratar-se de "barreira comercial". E as disputas são decididas por painéis de arbítrio de três pessoas que se reúnem em segredo, sem nenhuma supervisão que permita detectar conflitos de interesse.[103]

No fim dos anos 1990, trabalhei no escritório do advogado Ralph Nader, em Washington. Um de meus colegas, Rob Weissman, formado em Harvard e crítico notório da OMC, costumava criticar minha obsessão por fábricas e lixões, encorajando-me a me unir aos que a combatiam. Ele dizia que cada vitória que eu conseguisse contra algum processo de produção poluente poderia ser anulada ou decretada ilegal pela OMC.

Weissman tinha razão: muitas das minhas campanhas em nível regional contra, por exemplo, as operações de determinada incineradora ou de uma fábrica poluidora, foram vencidas como batalhas, mas, depois, perdidas na guerra, quando políticas macroeconômicas determinaram um resultado diferente a longo prazo. Do ponto de vista da OMC, leis ambientais, padrões trabalhistas, legislação de direitos humanos, políticas de saúde pública, proteção a culturas nativas, autossuficiência em alimentos, tudo isso representa impedimento ao livre-comércio. Um exemplo? O organismo derrubou a lei promulgada na União Europeia que bania carne bovina tratada com hormônios artificiais tão logo os produtores não europeus alegaram que ela constituía uma barreira comercial.[104]

A OMC, entretanto, conseguiu manter-se longe da atenção popular americana por meio século. Até que, em 1999, decidiu fazer sua conferência anual em Seattle, sem considerar o desenvolvimento das políticas pró-ambientais da cidade e o perfil esclarecido da população. Devido a esse grave erro estratégico, a reunião foi um divisor de águas. Uma multidão estimada em 70 mil pessoas se reuniu para tornar pública sua oposição às suas diretrizes, através de palestras e debates.[105] O protesto impressionou pelo número de participantes e por colocar lado a lado representantes de países ricos e pobres, ambientalistas e ativistas pró-trabalho.

Claro, eu estava lá: como não estar quando tudo acontecia na cidade em que nasci? Ouvi palestrantes da Índia, das Filipinas, do Brasil e da Nigéria exporem suas experiências e casos de comunidades sacrificadas em nome do comércio sem barreiras. Caminhei pelo Centro da cidade e senti a energia esperançosa da multidão. As pessoas passavam os dias discutindo questões de sustentabilidade e justiça.

No dia da grande passeata, ouvimos boatos sobre uma possível hostilidade policial contra os manifestantes, e eu decidi ficar em casa com minha filha, então um bebê de quatro meses. Enquanto assistia à cobertura pela TV, colegas mandavam por celular notícias da linha de frente. Era perturbador acompanhar os desdobramentos dos eventos pela televisão, pois os noticiários não davam informações consistentes sobre a OMC. Será que não percebiam a importância daquele dia? Por que quase 100 mil pessoas haveria de sair de seus empregos e de suas casas para expressar, nas ruas, sua oposição pacífica àquela poderosa organização? No entanto, essa foi a visão passada pela mídia ao longo de todo o dia: um grupo de jovens baderneiros quebrava vitrines no Centro de Seattle.[106] Fiquei furiosa. Por que não entrevistaram os palestrantes de outros países? Ou Lori Wallach, do grupo de defesa de consumidores Public Citizen, uma especialista em explicar como a OMC afeta e prejudica os mais diversos setores? A mídia distorceu os acontecimentos, banalizou as preocupações dos cidadãos e aumentou a ignorância da sociedade sobre o assunto.

A chamada Batalha de Seattle (inadequadamente batizada, na minha opinião) foi até hoje o maior protesto contra a OMC nos Estados Unidos. Mas manifestações populares contra esse organismo são comuns em outras partes do mundo. Em 2001, na Índia, mais de 1 milhão de agricultores foram às ruas contra o plano da OMC de forçar o país a equiparar o tratamento dado a alimentos produzidos por multinacionais estrangeiras e produzidos por pequenos agricultores locais.[107] Estes temiam que uma enxurrada de itens importados derrubasse o preço de seus produtos, já que as grandes empresas podiam oferecer preços baixos tirando partido da economia de escala. Argumentavam também que o artifício dizimaria o sustento de milhões de famílias – muitas já à beira da fome – e aprisionaria o país numa relação de dependência, além de drenar recursos para fora do país. Ao passo que comprar de agricultores nativos manteria o dinheiro dentro da comunidade, fortalecendo a economia local. Infelizmente, os agricultores indianos não tiveram êxito em suas reivindicações e muitos dos seus piores receios se concretizaram.

Grandes protestos também ocorreram na América Latina, na Europa e em outros países da Ásia. Em 2003, mais de 150 mil defensores dos direitos humanos, da agricultura, do meio ambiente e do trabalho chegaram a Cancún, no México, onde a OMC realizava uma grande assembleia.[108] Muitos dos ativistas se mostravam desesperados. O presidente da Federação de Agricultores e Pescadores da Coreia do Sul, Lee Kyung Hae, estava tão determinado a chamar atenção para os impactos devastadores que a OMC vinha provocando sobre a produção coreana que, com uma faca, tirou a própria vida. Um defensor dos produtores coreanos, Song Nan Sou, comentou: "A morte de Lee não foi um acidente; ela reflete a luta sofrida de 3,5 milhões de produtores."[109]

A aprovação, nos Estados Unidos, do projeto Trade – Ato de Reforma, Responsabilidade, Desenvolvimento e Emprego no Comércio seria um grande passo para os direitos ambientais e trabalhistas no país, melhorando ainda as relações entre os americanos e seus parceiros comerciais. Em junho de 2009, o projeto foi reapresentado no Congresso com forte apoio dos democratas e de uma coalizão de grupos trabalhistas, consumidores, ambientalistas, religiosos e de pequenos agricultores. Segundo a divisão Global Trade Watch, do Public Citizen, o Trade estabelece o que um bom acordo comercial deve ou não incluir. Melhor ainda, pede uma revisão da OMC e dos acordos comerciais existentes, incluindo o Nafta, a partir de bases econômicas, ambientais, sociais e de direitos humanos, e exige que o presidente americano apresente projetos ao Congresso a fim de solucionar os problemas. A lei também pretende impor novos padrões a futuros acordos comerciais.[110]

MINHA REVELAÇÃO NO HAITI

Ao longo dos anos, acabei percebendo que o verdadeiro problema não está nas instituições em si, ainda que possam ser ineficientes, antidemocráticas e irresponsáveis. O verdadeiro problema é o conjunto de valores, premissas e crenças – o paradigma – sobre o qual estão assentadas. As pessoas que dirigem essas organizações influentes acreditam que suas receitas funcionam e que elas irão melhorar a vida de todos, no fim das contas. Acham que a questão é, na pior das hipóteses, a dose, e não a receita, como explica Kevin Gallagher, professor de relações internacionais da Universidade Tufts: "Eles não pensam que as reformas estão erradas, e sim que não foram implementadas com suficiente entusiasmo. Eles dizem, 'se os países em desenvolvimento seguirem nossos programas com mais regularidade, as coisas ficarão melhores.'"[111]

Eu entendi a afirmação do professor Gallagher na minha primeira viagem ao Haiti, há alguns anos. Cinzas de metais pesados do incinerador do aterro municipal da Filadélfia foram exportadas para o Haiti confundidas com fertilizantes e acabaram despejadas a céu aberto na praia de Gonaïves. Fui ao país a convite de alguns haitianos que queriam minha ajuda para obrigar a Filadélfia a recolher as cinzas. Na época, sabia muito pouco sobre como os sistemas globais operavam – eu entendia apenas de lixo.

As primeiras pessoas que encontrei foram as mulheres das *sweatshops* da Disney, conforme contei no Capítulo 2. Perguntei por que ficavam na cidade, morando em favelas sem água e esgoto e trabalhando em ambientes tão insalubres, em vez de permanecer no campo, onde há mais espaço e ar puro. Elas responderam que não tinham escolha; o campo não podia mais sustentá-las. Suas famílias haviam abandonado a agricultura porque já não podiam competir com o onipresente "arroz de Miami", como chamavam o arroz branco importado dos Estados Unidos. Cultivado em fazendas gigantescas dos Estados Unidos (mas não em Miami), ele era exportado para o Haiti por um preço muito mais baixo do que o arroz local. "A agricultura está morrendo no Haiti", elas diziam.

Depois fui visitar agricultores e ex-produtores. Eu me lembro do agricultor que baixou a voz e explicou, temeroso, olhando para os lados, que o "arroz de Miami" e o fim dos subsídios do governo haitiano para a agricultura eram parte de um plano do Banco Mundial e de seu aliado, a Agência dos Estados Unidos para o Desenvolvimento Internacional (Usaid), para que os camponeses se desesperassem a ponto de abandonar suas terras e ir para as cidades para trabalhar o dia inteiro nas infelizes *sweatshops*, costurando roupas para americanos ricos. Eu me perguntava se ele não havia tirado conclusões apressadas, talvez alimentado por alguma teoria da conspiração. Afinal, como agências dedicadas a aliviar a pobreza desejariam ver os haitianos bordando vestidos de princesa ao invés de produzirem alimentos de subsistência para suas comunidades? Eu era bem ingênua.

Na viagem de volta a Porto Príncipe, eu contemplava a zona rural haitiana. Por mais difícil que fosse tirar o sustento daquele campo esgotado, ainda parecia melhor do que morar nas apinhadas favelas urbanas. No dia seguinte, fui à Usaid, órgão do governo que se descreve como "a principal agência americana a promover assistência a países que se recuperam de desastres, tentando escapar da pobreza e engajando-se em reformas democráticas".[112] Eu não sabia muito sobre agências internacionais de desenvolvimento e esperava aprender sobre estratégias para restaurar o meio rural. Parecia loucura que uma ilha tropical outrora exuberante abandonasse a agricultura e passasse a importar comida.

O escritório ficava no Centro de Porto Príncipe. Ao entrar, pude sentir o frescor de um ar-condicionado pela primeira vez durante minha estada no país. Os homens estavam todos de terno e, até onde pude perceber, ali só trabalhavam brancos. O representante da Usaid começou então a explicar o projeto da agência para o "desenvolvimento" do país. O que ele expunha, com voz firme, era exatamente aquilo que o agricultor, aos sussurros e com medo, havia explicado: que a Usaid não acreditava na eficiência da produção interna de alimentos e tinha a convicção de que a solução para o desenvolvimento do Haiti era a participação efetiva do povo na economia mundial.

Ele falou que a autossuficiência haitiana em alimentos não era desejável ou necessária. Explicou que um melhor conceito seria o da "segurança alimentar", isto é, uma população não precisa cultivar a própria comida, pode importá-la – nesse caso, dos Estados Unidos. Já que os fazendeiros americanos (protegidos por fortes subsídios, devo destacar) conseguiam cultivar arroz de modo "mais eficiente" do que os pequenos agricultores haitianos, seria melhor que estes abandonassem suas fazendas para trabalhar nas fábricas de roupas – um emprego que, segundo ele, era menos apropriado à população americana.

Eu deixei escapar que "eficiência" não era o único critério: a relação de um agricultor com a terra, com o trabalho saudável e digno, a possibilidade de um pai conviver com os filhos após a escola, a importância de uma comunidade permanecer preservada ao longo de gerações – todas essas coisas tinham valor, e que um verdadeiro plano de desenvolvimento deveria priorizá-las. "Bem", retrucou ele, "se um haitiano realmente deseja plantar, há espaço suficiente para que ele cultive, por exemplo, mangas orgânicas, um produto de exportação caro, destinado ao segmento superior." Eu quase caí da cadeira. Percebi que as ideias daquele agricultor haitiano não faziam parte de uma teoria da conspiração. Uma conspiração exige sigilo. Mas ali estava a Usaid, expondo abertamente seu belíssimo plano para o povo do Haiti – não como um povo autodeterminado, mas como um mercado para o arroz excedente dos Estados Unidos e um fornecedor de costureiras baratas, com eventuais mangas orgânicas a serem vendidas em hortifrutis destinados à classe alta americana.

No começo de 2008, um artigo na primeira página do *New York Times* me fez lembrar aquela surpreendente visita ao Haiti. O plano da Usaid tinha dado certo: em 2008, o Haiti já importava 80% do arroz consumido no país, tornando sua economia extremamente vulnerável a flutuações no fornecimento e no preço do produto. Custos elevados de combustíveis e uma seca rigorosa haviam diminuído a produção mundial. Como resultado, o preço do arroz triplicara no início de 2008, deixando milhares de haitianos sem condições de comprar seu alimento básico. O jornal publicou imagens impressionantes de pessoas comendo torta de lama misturada a pedaços de banha e manteiga para matar a fome.[113]

Pensei naquele funcionário da Usaid. Se a agência onde ele trabalhava tivesse dedicado recursos para apoiar os agricultores no desenvolvimento de práticas agrícolas sustentáveis, ao invés de investir em infraestrutura e políticas favoráveis a fábricas de roupas para exportação, uma seca na Austrália, literalmente do outro lado do planeta, não teria causado a fome avassaladora dos haitianos. Este é, em poucas palavras, o legado do comércio global e das instituições de "desenvolvimento".

A ALTERNATIVA LOCAL

A crescente escassez de combustíveis fósseis e o compromisso de reduzir as emissões de carbono devem colocar um freio no atual sistema de logística, transportes e frete. Além disso, um novo limite deve surgir quando os países em desenvolvimento se cansarem de oferecer recursos e mão de obra barata para sustentar o estilo de vida consumista dos países desenvolvidos.

Talvez o exemplo mais notório de país em desenvolvimento que se recusa a jogar segundo as regras das instituições financeiras internacionais seja a Bolívia. Foi o que se viu no caso da chamada Guerra da Água. O Banco Mundial e o FMI exigem que os países devedores abram seus mercados para companhias estrangeiras e privatizem as estatais, incluindo as de serviços públicos. Em 1999, a Bolívia aceitou privatizar o abastecimento de água da terceira maior cidade do país, Cochabamba, assinando um contrato de quarenta anos com um consórcio internacional liderado pela Bechtel, com sede nos Estados Unidos. Como privatização muitas vezes é sinônimo de aumento de preço e de oferta de serviço deficiente para os mais pobres, os habitantes de Cochabamba temeram pelo acesso à água. Eles tinham motivos para se preocupar.

Em 2000, o preço do produto subiu até 200%. Numa cidade com um salário mínimo de menos de cem dólares por mês, muitos habitantes estavam gastando um quarto da renda mensal para adquiri-la. Até a água que caía nos sistemas de coleta de chuva das casas era considerada propriedade privada da Bechtel. Camponeses que irrigavam suas plantações, moradores de baixa renda, estudantes, trabalhadores, entre outros, se uniram para exigir a saída do consórcio estrangeiro do país. A princípio o governo reagiu, com medo de uma repercussão negativa entre os investidores. Mas cedeu quando os protestos se intensificaram, com 175 feridos, duas pessoas cegas e um rapaz de dezessete anos baleado pela polícia, e rescindiu o contrato, devolvendo o abastecimento à iniciativa pública, que se comprometeu a administrar a água como um bem social, e não uma mercadoria.[114]

Mesmo aqui na terra do Wal-Mart e da Amazon, percebo consumidores cansados do ritmo frenético em seu cotidiano. Numa recente reunião na escola da minha filha, um dos pais perguntou: "Quem aqui vive apressado a maior parte do tempo?" Todos levantaram as mãos. Até certo ponto, é impressionante que as empresas hoje possam projetar, produzir, transportar e vender uma camiseta em poucas semanas, quando no passado levavam meses. Mas para quê? Roupas e aparelhos eletrônicos da moda não tornam a vida necessariamente melhor.

Felizmente, há pessoas trabalhando em prol da qualidade, buscando melhorar a transparência na cadeia de fornecimento (como o GoodGuide, de Dara O'Rourke), protestando contra as decisões da OMC, do FMI e do Banco Mundial e estimulando a economia das comunidades. Nos Estados Unidos, movimentos como o do "alimento local" fazem com que restaurantes e mercados considerem a distância em quilômetros que os alimentos têm de percorrer. Seus integrantes se autointitulam "locávoros". Alisa Smith e J.B. MacKinnon, autores de *Plenty: Eating Locally on the 100 Mile Diet*, destacam que o movimento implica "conhecer as estações do ano, compreender de onde vem a comida e descobrir qual o risco para a saúde e o meio ambiente".[115]

Muitos começam a perceber que, dando preferência a agricultores e fornecedores de alimentos da região, estão estimulando a riqueza e a sustentabilidade das próprias comunidades. Portanto, há uma implicação moral, e até patriótica, em suas escolhas. E uma implicação social. Bill

McKibben, um dos maiores autores ambientalistas da atualidade, diz no livro *Deep Economy*:

> [Os mercados de produtores] são a parte que mais cresce na indústria alimentícia americana, e não apenas porque oferecem alimentos bons, frescos e deliciosos. Mas porque são também mais divertidos. Eles reconstroem o sentido de comunidade e o tecido social tão esgarçado pela caótica economia globalizada.

McKibben acredita que, em média, as pessoas têm dez vezes mais interação social em feiras quando a venda é executada pelos próprios produtores.[116] Eu acredito! Em Berkeley, o mercado de orgânicos fica a alguns quarteirões de minha casa. Ele é pequeno, com uma variedade reduzida, mas toda a comida vem das proximidades. Dou uma caminhada tranquila até o mercado, coloco os vegetais frescos na minha bolsa de pano, bato papo com amigos e vizinhos e volto para casa. Isso aumenta a qualidade do meu dia; e não posso dizer o mesmo de uma visita a uma loja gigantesca.

Há um movimento modesto, porém crescente, de apoio a produtores de outras Coisas, além de gêneros alimentícios. Nos Estados Unidos, um grupo de atuação nacional chamado Business Alliance for Local Living Economies (Balle) reúne empresas que trabalham na promoção das economias regionais e da autossuficiência das comunidades. Seu foco é energia (pense em painéis solares e turbinas eólicas), produção têxtil e arquitetura "verde".[117] No modelo, há espaço para uma economia global, formada, porém, por produtores sustentáveis que comercializam entre si produtos diversos. O objetivo não é o comércio em si – nacional ou internacional – mas a promoção de bem-estar, de bons empregos e de um meio ambiente saudável.

Uma outra experiência é a do movimento Cidades em Transição, que já atinge mais de cem comunidades, a maioria na Grã-Bretanha, mas também em outros países, entre os quais os Estados Unidos. Eles trabalham em prol da redução no consumo de energia e do aumento da produção de energia local, da autossuficiência alimentar e da ecologia industrial, na qual os resíduos de uma dada fábrica ou empresa são usados como matéria-prima em outra. Segundo o guia oficial do grupo, a vida sem dependência de combustíveis fósseis será bem mais satisfatória:

> A iminente era pós-petróleo barato [pode ser vista] como uma oportunidade e não uma ameaça, e [nós podemos] projetar a era futura de baixas emissões de carbono para que seja próspera, resistente e abundante – um lugar muito melhor de viver do que nossa cultura consumista alienada, baseada na cobiça, na guerra e no mito do crescimento perpétuo.[118]

É evidente que os limites ecológicos do planeta exigem uma mudança nos sistemas de distribuição e na economia. Mas há que considerar que, durante séculos, houve uma divisão do trabalho segundo a qual alguns países se especializavam em produzir riquezas e mão de obra, enquanto outros consumiam essas riquezas e os bens produzidos por essa mão de obra. É assim desde o apogeu da Europa colonial. Um terço dos produtos importados dos Estados Unidos vem das nações mais pobres, número que inclui coisas que extraímos, cultivamos ou montamos nesses países.[119] Ao redor do mundo, milhões de trabalhadores estão empregados nas indústrias exportadoras. Em um lar americano, a maioria dos brinquedos, das roupas, dos eletrônicos e dos utensílios domésticos tem origem nas imensas fábricas espalhadas pela China.

Embora a transição para economias mais locais seja positiva, temos que lidar com o legado dessa divisão de trabalho advinda do modelo colonial. No cerne de uma verdadeira solução está a solidariedade, que exige que, enquanto evitamos o lado destrutivo da economia global e investimos na reconstrução de economias saudáveis, saibamos apoiar os trabalhadores e as comunidades de países em desenvolvimento durante o período em que eles fazem sua transição para a sustentabilidade local – ou para a ela retornar. Nós, que pertencemos a regiões do mundo que consomem mais do que nossa parte justa, precisamos desvendar uma forma de pagar nossas dívidas por ter consumido mais até agora e de partilhar com igualdade no futuro.

4. CONSUMO

Todos os tipos de Coisas se enfileiram em prateleiras reais ou virtuais, prontas para serem adquiridas. E, por todos os lados, armados com cartões de crédito e talões de cheque, consumidores buscam lojas físicas e portais de compras on-line na ânsia de satisfazer seus desejos o mais imediatamente possível.

Por um momento, quando o consumidor faz sua escolha entre um longo cardápio de opções, o mundo inteiro gira a seu redor. Ele experimenta uma grande sensação de poder ao usar seu dinheiro suado comprando algo do qual se tornará proprietário. Muitos de nossos ídolos da cultura se cercam de Coisas interessantes que se transformam em sua marca registrada. O que seria do agente 007 sem seu novo apetrecho tecnológico e seu carro último modelo? O que seria da cerimônia do Oscar sem os vestidos das grifes? Nós nos afeiçoamos às posses e obsessões das celebridades tanto quanto às suas personalidades: é a nossa mitologia nacional. Assim, faz todo sentido que nos apeguemos às nossas Coisas.

Um indignado espectador do vídeo *A história das Coisas* me mandou o seguinte e-mail: "Se você é contra o consumo, onde comprou aquela camiseta que estava usando?" Não sou contra *todo* consumo. Precisamos de alimentos, de teto, de roupas e remédios, entre outras Coisas básicas. E ainda há um nível extra de consumo que torna a vida mais prazerosa. Adoro ouvir música, partilhar uma garrafa de vinho com amigos e, de vez em quando, usar roupa nova.

Não questiono o consumo em termos abstratos, mas o *consumismo* e o *superconsumismo*. Enquanto consumo significa adquirir e utilizar bens e serviços para atender às necessidades, consumismo refere-se à atitude de tentar satisfazer carências emocionais e sociais através de compras e demonstrar o valor pessoal por meio do que se possui. Já o superconsumismo é quando utilizamos recursos além dos necessários e dos que o planeta pode suprir, conforme ocorre nos Estados Unidos. É quando perdemos de vista aquilo que é importante na busca por Coisas.

Você se lembra de Jdimytai Damour? Em novembro de 2008, na Sexta-Feira Negra,* por todo o país as pessoas abandonavam o jantar de Ação de Graças mais cedo para passar a noite nos estacionamentos das lojas, esperando que suas portas abrissem, o que em certos lugares aconteceria às cinco da manhã. Clientes começaram a chegar no estacionamento do Wal-Mart, em Valley Strem, Nova York, às nove da noite do dia anterior. Ainda de madrugada, uma multidão de mais de 2 mil pessoas já se espremia do lado de fora da loja. Quando as portas se abriram, Jdimytai Damour, um funcionário temporário haitiano, de 34 anos, foi atropelado pela massa. As pessoas simplesmente passaram por cima dele para alcançar os produtos em oferta. Equipes médicas de emergência que chegaram para ajudar também foram imprensadas e empurradas pelos compradores. Pisoteado, Jdimytai morreu por asfixia.[1]

A tragédia aconteceu em ano de recessão, em pleno cenário de insegurança econômica, com o preço dos combustíveis disparando, as dívidas se multiplicando, as hipotecas em colapso e o desemprego em alta. Os varejistas temiam que as vendas da Sexta-Feira Negra fossem afetadas pela crise. No entanto, a América continuava a comprar... Costumamos ser acusados de "nação de consumidores", mas damos de ombros e continuamos a acreditar que isso é simplesmente da natureza humana.

No mundo todo, os chamados gastos pessoais (o valor destinado a bens e serviços em uma família) alcançaram espantosos 24 trilhões de dólares em 2005,[2] ao passo que em 1960 atingiam 4,8 trilhões (em valores de 1995).[3] Segundo as Nações Unidas, em 2003 foram gastos, em termos

---

* Sexta-Feira Negra (*Black Friday*): no dia seguinte ao Dia de Ação de Graças, que cai sempre na quarta quinta-feira de novembro, o comércio americano tradicionalmente promove grandes liquidações. (N.T.)

globais, 18 bilhões de dólares em cosméticos, enquanto a despesa com assistência médico-ginecológica não passou de 12 bilhões de dólares. Eliminar a fome e a desnutrição teria custado 19 bilhões de dólares, mas, nos Estados Unidos e na Europa, as pessoas preferiram gastar 17 bilhões de dólares em pacotes com ração para animais de estimação. Em 2000, apenas os adolescentes (de doze a dezenove anos) consumiram 115 bilhões de dólares; essa mesma faixa etária desembolsaria incríveis 169 bilhões de dólares em 2004.[4] Em Minnesota, o shopping Mall of America, com 400 mil metros quadrados – área equivalente a sete estádios dos Yankees –, é um dos pontos mais concorridos dos Estados Unidos,[5] país em que havia mais carros particulares do que motoristas habilitados em 2003[6] e onde o cidadão anda, em média, com 6,5 cartões de crédito no bolso.[7]

Numa casa americana típica – pertencente a uma família de classe média ou média alta e com cerca de 190 metros quadrados –,[8] encontramos uma infinidade de Coisas:

Nas salas e nos quartos: sofás, poltronas, camas, inúmeras cadeiras, mesas, tapetes, pelo menos duas TVs, um ou mais computadores, impressora e aparelho de som, incontáveis livros, revistas, fotos, CDs (esses últimos, na verdade, estão virando uma espécie em extinção destinada aos lixões).
Na cozinha: fogão, forno, geladeira, freezer, micro-ondas, cafeteira, batedeira, torradeira, processador de alimentos e dezenas de utensílios menores, como pratos, recipientes para armazenamento, copos, talheres etc.
No banheiro: balança, secador de cabelos, barbeador, toalhas, pentes, escovas, remédios e uma enorme variedade de frascos e tubos de produtos de cuidado pessoal.
Nos armários: vestidos, suéteres, camisetas, ternos, calças, casacos, chapéus, botas, sapatos. Em 2002, o americano adquiriu 52 peças de roupa, em média, ao passo que cada família jogou fora cerca de meio quilo de roupa por semana.[9]
Outros utensílios domésticos: lavadora e secadora, bicicletas, esquis, outros equipamentos esportivos, malas, ferramentas de jardim, objetos de decoração e gavetas e mais gavetas lotadas de bobagens, desde as que

podem ser úteis (grampeadores, fita adesiva, velas e canetas) até as que não fazem o menor sentido (como chaveiros luminosos, cartões de brinde vencidos e telefones celulares aposentados).

Nós, americanos, temos tantas bugigangas que, segundo as construtoras, as famílias muitas vezes compram uma casa com garagem para três carros apenas para transformar um terço desse espaço em depósito.[10] Mesmo assim, as casas estão transbordando. Entre 1985 e 2008, o serviço de armazenagem terceirizada, os chamados guarda-tudo, cresceu nos Estados Unidos três vezes mais que a população, com o metro quadrado do espaço de armazenamento *per capita* aumentando 633%.[11] E, apesar disso, de algum modo, ainda nos vemos atraídos para lojas como mariposas para a luz, sempre em busca de algo mais.

A SANTIDADE DO CONSUMO

Comprar é quase um ritual sagrado nos Estados Unidos. No rastro da tragédia do 11 de Setembro, o então presidente George W. Bush incluiu as compras entre as atividades que representavam "repúdio máximo ao terrorismo".[12] Com o país ainda em estado de choque, Bush disse para pendurarmos as plaquinhas de "A América está aberta a negócios" nas janelas e continuar comprando. Segundo a maioria dos especialistas em economia e política, deixar de comprar significa frear a economia e ameaçar empregos; assim, comprar é patriótico, é nosso dever.

Depois que o vídeo *A história das Coisas* ganhou destaque no *New York Times*, no começo de 2009, devido à quantidade de professores que usava a animação em sala de aula para estimular o debate sobre consumismo e questões ambientais, críticos conservadores me acusaram de tentar pôr em risco o modo de vida americano e de aterrorizar crianças. Chamaram-me de "Marx de rabo de cavalo". Quando o escritor Colin Beavan, também conhecido como o Homem do Impacto Zero, divulgou na imprensa seu projeto de reduzir ao básico o consumo de sua família durante um ano, recebeu cartas intimidadoras, incluindo uma ameaça de morte anônima! Henry David Thoreau, que, em meados do século XIV, escreveu sobre a vida simples e em harmonia com a natureza em *Walden*, foi visto como "efeminado",[13] "perverso e pagão"[14] e "antissocial, uma espécie de troglodita".[15]

Até mesmo grupos sem fins lucrativos que trabalham com temas ligados a consumo não costumam ir fundo na questão. Poucos avaliam o aspecto da *quantidade*, concentrando-se na importância da *qualidade* dos bens e defendendo, por exemplo, a precedência do chocolate de comércio justo sobre o produzido por trabalho escravo, ou as roupas de algodão orgânico no lugar do algodão tóxico convencional, ou os brinquedos infantis livres de PVC. Mas será que, independentemente da qualidade do produto, não estamos consumindo demais? Essa é a pergunta que atinge o coração do sistema. E aprendi que ela é incômoda.

No passado, os fatores que contribuíam para o crescimento econômico americano incluíam um amplo conjunto de atividades relacionadas, sobretudo, à extração de recursos naturais e à produção de bens. Foi após a Segunda Guerra Mundial que o foco se dirigiu ao consumo. Na década de 1950, o presidente do Conselho de Assessores Econômicos do governo Eisenhower chegou a afirmar: "O propósito máximo da economia americana é produzir mais bens de consumo."[16] Assim, na década de 1970, a possibilidade de comprar cada vez mais Coisas já tinha adquirido um papel primordial tanto econômica quanto culturalmente. A maioria dos filhos dessa geração foi criada sob a premissa de que é inevitável e bom direcionar a economia para o consumo – e não para a assistência médica, a segurança, a educação e a qualidade de vida.

No mesmo feriado da trágica morte de Jdimytai Damour, o cartão de crédito Discover lançou uma campanha. Com uma música suave ao fundo, o narrador dizia:

> Nós somos uma nação de consumidores. E não há nada de errado com isso. Afinal, há um monte de coisas legais por aí. O problema é: há tantas coisas legais que é fácil exagerar um pouco. Se isso acontece, este nosso mundo material pode deixar de ser maravilhoso e começar a se tornar estressante. Mas

e se uma empresa de cartões de crédito reconhece isso? E se ela compreende que há uma hora para gastar e uma hora para poupar? ... Teríamos menos dívidas e mais diversão. E este mundo material se tornaria muito mais bonito.[17]

Uma empresa de cartões de crédito desafiando o consumismo? Eu ficaria até entusiasmada, não se tratasse de um ardil tão óbvio para conquistar novos clientes. Mas o que realmente me intrigou no comercial foi sua última sequência de imagens: um pai e um filho no meio de um enorme gramado; um casal passeando com um cão numa praia; outro namorando num banco de praça; garotas risonhas se espremendo dentro de um táxi. Isso me diz que, em algum nível, o Discover sabe que as Coisas não trazem felicidade. A felicidade reside em estar próximo da família, dos amigos, da natureza.

PESSOAS INFELIZES

Os americanos apresentaram os mais altos níveis de satisfação e felicidade em 1957 – nesse ano, cerca de 35% das pessoas ouvidas se consideraram "muito felizes", patamar jamais atingido novamente desde então.[18] Hoje, embora ganhemos mais dinheiro e compremos mais Coisas do que há cinquenta anos, não estamos mais felizes. Quando uma pessoa sente fome, precisa de abrigo ou apresenta outro tipo qualquer de carência material básica, então é evidente que ter mais Coisas a tornará mais feliz. Contudo, a partir do momento em que tais necessidades são atendidas (segundo o relatório *State of the World 2004*, do Worldwatch Institute, isso ocorre quando os indivíduos ganham 13 mil dólares por ano, na média mundial),[19] o aumento marginal de felicidade obtido com mais Coisas se reduz.[20] Em outras palavras, o primeiro e o segundo pares de sapatos proporcionam mais satisfação que o décimo quarto. Cem dólares compra muito mais felicidade na vida de uma mulher que mora na Montanha Fumegante, nas Filipinas, uma comunidade situada no alto de um lixão, do que na minha.

Relacionamentos saudáveis com familiares, amigos, colegas e vizinhos já foram comprovados como fator determinante de felicidade, uma vez que as necessidades primárias estão sendo atendidas.[21] Robert Putnam, professor de Harvard, apresenta no livro *Bowling Alone* uma crônica do declínio da participação em grupos sociais e cívicos – de ligas de boliche e associações de pais e professores até organizações políticas.[22] Hoje, um quarto dos americanos diz não ter ninguém com quem conversar sobre os problemas pessoais.[23] O apoio logístico no cotidiano também segue novos padrões. Coisas simples que eram resolvidas na base da solidariedade entre vizinhos e amigos, como dar de comer a um cão durante a viagem do dono, hoje são atendidas por serviços oferecidos pelo mercado. A mercantilização também resolve relações mais complexas: pagamos creches para que cuidem de nossos filhos menores e compramos jogos de computadores que simulam adversários reais para divertir os maiores. Assim, trabalhamos mais para pagar por inúmeros serviços que eram executados de modo doméstico, dentro do círculo familiar e de amizade, e por isso cada vez temos menos tempo de estar com a família e os amigos e de contribuir com a comunidade. É um círculo vicioso.

Quase todos os indicadores para medir o progresso social nos Estados Unidos mostram que não houve evolução, apesar do crescimento econômico contínuo do país nas últimas décadas. A obesidade atinge níveis impressionantes: 35% dos adultos acima dos vinte anos e 20% das crianças entre seis e onze estão acima do peso.[24] Um relatório de 2007 revelou um aumento de 15% no índice de suicídios entre adolescentes em 2003 e 2004, percentagem recorde nos últimos quinze anos.[25] O uso de antidepressivos triplicou entre 1994 e 2004.[26] Chega a 40 milhões o número de americanos alérgicos às próprias casas, sobrecarregadas das substâncias químicas contidas em tintas, produtos de limpeza, madeira tratada, papel de parede e plásticos.

As dívidas dos consumidores aumentam numa taxa duas vezes maior do que suas rendas:[27] de acordo o Census Bureau, agência responsável pelo censo nos Estados Unidos, em 2005 os americanos tinham aproximadamente 832 bilhões de dólares em dívidas de cartões de crédito, e a estimativa era de que, em 2010, o montante atingisse 1,091 trilhão de dólares. Apesar de tantos gastos, o país ainda enfrenta níveis alarmantes de desigualdade econômica, fome, falta de moradia e de assistência médica.

Segundo Tim Kasser, professor de psicologia do Knox College, que se dedica ao tema, o materialismo nos torna infelizes. Em suas pesquisas, com amostragem envolvendo indivíduos de faixas etárias, classes sociais e nacionalidades diversas, as pessoas são identificadas como materialistas quando concordam com um determinado número de afirmações como: "Eu quero um emprego de prestígio que pague bem"; "Quero ser famoso"; "É importante ter um monte de Coisas caras"; "Quero que as pessoas comentem sobre quanto sou atraente." Conforme diz o professor,

> os estudos documentam que valores fortemente materialistas estão associados a uma redução generalizada do bem-estar das pessoas: desde baixa satisfação e baixa felicidade com a vida até depressão, ansiedade e problemas físicos, como dores de cabeça, distúrbios de personalidade, narcisismo e comportamento antissocial.[28]

Kasser mostra ainda como essas aflições terminam por alimentar mais consumo,[29] já que, segundo a sabedoria popular, "fazer umas comprinhas sempre levanta o moral". As pessoas acreditam nisso e, assim, recomeça o círculo vicioso.

NAÇÃO INFELIZ

Os Estados Unidos, apesar de consumirem mais energia, papel, minerais e bens manufaturados que a maioria dos países, obtêm uma pontuação baixa em diversos índices de bem-estar. O Índice de Pobreza Humana do Programa das Nações Unidas para o Desenvolvimento coloca a nação na última posição entre os países industrializados.[30] Outro indicador, o Índice Planetário de Felicidade, que traduz quanto uma nação converte seus recursos em bem-estar, em 2009 situou os Estados Unidos na vergonhosa posição 114, no ranking dos 143 países avaliados. Acima de nós estavam os países escandinavos, todos os europeus (à exceção de Luxemburgo), a América Latina e quase todas as outras regiões pesquisadas, exceto o continente africano. Dos 28 países que ficaram abaixo dos Estados Unidos, 25 estão na África. Até o Congo, devastado pela guerra, aparece alguns pontos à frente.[31] O país com o mais alto índice de satisfação foi a Costa Rica, que, por sinal, acabou com suas Forças Armadas em 1949, direcionando toda a verba militar para educação, cultura e outros investimentos que contribuem para uma vida saudável. Em contraste, os Estados Unidos têm o maior orçamento militar do planeta: 42% dos gastos globais em armamento (607 bilhões de dólares) saem dos bolsos americanos.[32]

A New Economics Foundation, órgão de pesquisa responsável pelo Índice Planetário de Felicidade, explica que "é possível ter uma vida longa e feliz com uma pegada ecológica muito menor que a das nações altamente consumidoras". Na Holanda, por exemplo, as pessoas vivem em média um ano a mais que nos Estados Unidos e têm níveis similares de satisfação com a vida; já sua pegada ecológica (4,4 hectares globais) tem menos que a metade do tamanho da americana (9,4 hectares globais). Isso significa que a Holanda, em termos de saúde ambiental, é duas vezes mais eficiente. A diferença entre a Costa Rica e os Estados Unidos é ainda mais surpreendente. Os costa-riquenhos também vivem um pouco mais do que os americanos, declaram níveis muito superiores de satisfação com a vida e têm uma pegada menor que um quarto do tamanho da americana.[33]

PLANETA INFELIZ

A Global Footprint Network (GFN) calcula a pegada ecológica de vários países e até do planeta. Após medir o uso de recursos naturais e de serviços oferecidos pelos ecossistemas, como regulação do clima e ciclos de água, chega à área necessária para sustentar esse uso. Segundo a GFN, o mundo hoje consome os recursos produzidos pelo equivalente a 1,4 Terra por ano (ou seja, o planeta precisaria de um ano e quatro meses para se recuperar do que é consumido anualmente).[34] Isso corresponde a um planeta 40% maior do que o nosso! Como isso é possível? Essa difícil verdade inspirou a expressão *one planet living* [viver de um planeta], que se refere ao objetivo de redesenhar nossas economias e sociedades para vivermos bem dentro de nossos limites ecológicos.

Embora as taxas mais altas de consumo pertençam historicamente a regiões abastadas, como os Estados Unidos e a Europa, a maior parte dos países em desenvolvimento hoje tem uma crescente "classe consumidora" que cada vez mais adota padrões de superconsumo. Estima-se que na Índia esse grupo chegue a mais de 1 milhão de famílias. Em 2002, a classe consumidora global consistia de 1,7 bilhão de pessoas, número que deve subir para 2 bilhões em 2015 – com quase metade do aumento ocorrendo nos países em desenvolvimento.[35]

A seguir está uma lista de quantos planetas precisaríamos em termos de biocapacidade se tornássemos globais os padrões de consumo dos seguintes países:

Estados Unidos: 5,4
Canadá: 4,2
Inglaterra: 3,1
Alemanha: 2,5
Itália: 2,2
África do Sul: 1,4
Argentina: 1,2
Costa Rica: 1,1
Índia: 0,4

A GFN também identificou o dia de cada ano em que "extrapolamos", ou seja, o dia além do qual passamos a consumir mais do que a Terra é capaz de regenerar naquele ano. O primeiro ano em que usamos mais do que o planeta poderia sustentar foi 1986. O Dia da Dívida Ecológica naquele ano foi 31 de dezembro. Menos de uma década depois, em 1995, a data em que alcançamos o limite havia recuado mais de mês: 21 de novembro. Na década seguinte, em 2005, o dia limite foi 2 de outubro.[36] Trata-se de uma trajetória insustentável!

Precisamos trilhar um caminho diferente, começando por desafiar a premissa de que a produção e o consumo de Coisas são, necessariamente, o motor da economia. O impulso para o consumo excessivo não pertence à natureza humana, e tampouco é um direito natural. Devemos contestar quando nos chamam de "nação de consumidores"; individual e coletivamente, somos muito mais do que isso. Para ajudar a ver uma saída para essa loucura consumista, é útil compreender quão deliberadamente a cultura e as estruturas que promovem o consumismo foram arquitetadas ao longo do último século.

A moderação através dos tempos

Fontes de sabedoria em todo o mundo, da Antiguidade à contemporaneidade, já indicaram formas de renunciar ao materialismo abraçando a suficiência como a forma correta de viver. Veja alguns exemplos:

Budismo: "Todo aquele que neste mundo supera seus anseios egoístas, suas aflições se apartam dele como gotas de água caem de uma flor de lótus." (Dhammapada, 336)

Cristianismo: "Pois de que adianta ao homem ganhar o mundo inteiro e perder sua alma?" (Marcos 8,36)

Confucionismo: "O excesso e a falta estão igualmente equivocados." (Confúcio, XI.15)

Hinduísmo: "Aquele que vive completamente livre de desejos, sem anseios... alcança a paz." (Bhagavad Gita, II.71)

Khalil Gibran: "A avidez por conforto mata a paixão na alma, e depois caminha sorridente em seu funeral." (*O profeta*)

Islamismo: "O melhor tipo de riqueza é abandonar os desejos desenfreados." (Imam Ali A.S.)

Judaísmo: "Não me dês nem a pobreza nem a riqueza." (Provérbios 30,8)

Teologia da Libertação: "A miséria do pobre não é o clamor para a ação generosa da caridade, mas uma exigência para que construamos uma ordem social diferente." (Gustavo Gutiérrez)

Adventista: "É uma dádiva ser simples." (Rev. Joseph Brackett)

Taoismo: "Aquele que compreende ter o bastante é rico." (*Tao Te King*)

A CONSTRUÇÃO DE UMA NAÇÃO CONSUMISTA

Há um século, a vida econômica, política e social dos Estados Unidos não era tão concentrada no consumismo. As pessoas compravam, porém isso era mais equilibrado com outras atividades e objetivos. O que motivou a virada para o superconsumismo? Assim explica o professor David Orr, do Oberlin College:

> O surgimento da sociedade de consumo não foi inevitável nem acidental. Pelo contrário, resultou da convergência de quatro forças: um conjunto de ideias que afirmam que a Terra existe para nosso usufruto; a ascensão do capitalismo moderno; a aptidão tecnológica; e o extraordinário acúmulo de riquezas pela América do Norte, onde o modelo de consumo massificado lançou raízes pela primeira vez. Mais diretamente, nosso comportamento consumista é resultado de propaganda sedutora, aprisionamento pelo crédito fácil, ignorância sobre as substâncias perigosas de muito do que consumimos, desintegração da comunidade, indiferença pelo futuro, corrupção política e atrofia de meios alternativos de subsistência.[37]

Em outras palavras, nos Estados Unidos havia muitos recursos para extrair, e nós achamos que era nosso direito tomá-los para nós e inventamos formas astutas de fazê-lo. Quando o capitalismo, com sua lógica de lucro, transformou-se no modelo econômico dominante, desenvolveu-se a cultura do consumismo para sustentá-lo.

TEMPO *VERSUS* COISAS

Quando os bens que eram feitos artesanalmente passaram a ser fabricados em linhas de montagem alimentadas por motores a vapor, após a Revolução Industrial, a produção de Coisas tornou-se, naturalmente, muito mais eficiente. Em 1913, um trabalhador levava 12,5 horas para fazer um chassi de automóvel; já em 1914, gastava apenas 1,5 hora.[38] E a capacidade de produzir sempre mais não parou de crescer. Assim, o custo da produção de um megabite em 1970 era de cerca de vinte dólares; em 2001, esse valor despencou para dois centavos.³⁹

Com a aceleração da produtividade, as sociedades industrializadas viram-se diante de uma escolha: continuar a produzir a mesma quantidade de Coisas e trabalhar menos, ou continuar a trabalhar o mesmo número de horas e produzir o máximo possível. Como Juliet Schor explica em *The Overworked American*, após a Segunda Guerra Mundial, os Estados Unidos escolheram a segunda opção: seguir trabalhando em tempo integral para manter o ritmo frenético de uma economia em constante expansão.⁴⁰ Confrontada com a mesma questão, a Europa se inclinou para a primeira opção: priorizar a saúde e o bem-estar.

Uma série de fatores históricos e culturais levou a caminhos tão distintos. Em pleno pós-guerra, grande parte da Europa estava devastada e precisava cuidar de sua população. Tanto os governos quanto os sindicatos, os partidos políticos e outros grupos civis – influenciados ainda por uma filosofia mais orientada para o social – privilegiavam benefícios públicos em detrimento de interesses comerciais. Enquanto isso, nos Estados Unidos, as fábricas produziam num pico recorde, gerando empregos, incentivando o moral nacional e desencorajando o desenvolvimento de outros pontos de vista econômicos, sobretudo o comunismo, através de slogans como "Melhor morto que vermelho".

Ao visitar amigos na Europa, noto que eles têm casas, geladeiras e carros menores. Eles usam muito mais o transporte público do que os americanos. Têm varais retráteis bem-projetados, que são pendurados sobre as portas, e usam aquecedores para secar as roupas. Possuem menos TVs, e menores, que exibem menos comerciais. A comida é mais fresca, de produção local, e, portanto, com menos necessidade de embalagens, e não raro ela é comprada de alguém com quem eles conversam, já que não estão numa pressa desenfreada. Pagar por educação universitária e assistência médica na Europa não é tão dispendioso como nos Estados Unidos. A maioria dos países europeus tem uma pegada ecológica menor e uma qualidade de vida maior.

Seriam os europeus infelizes por viverem em casas menores, dirigir carros menores e possuir menos Coisas? Segundo os números, não. Com uma sociedade menos direcionada para o consumo, acumular Coisas não é o objetivo principal. Então, no lugar de passar horas vendo TV, os europeus passeiam em locais públicos, relacionando-se com amigos e vizinhos.[41] Quando fui à Turquia, no ano passado, para um encontro em que o vídeo *A história das Coisas* seria projetado, passei muitas horas em animadas conversas em cafés de rua. Comentei como é triste não ter uma cultura de cafés nos Estados Unidos, onde poderíamos nos reunir e debater política, arte, amor e fazer planos para tornar o mundo um lugar melhor. E me dei conta de que somos ocupados e estressados demais para sentar à beira da calçada e simplesmente conversar.

Pouco tempo atrás, fui a uma palestra sobre alimentação. Um dos oradores era Mollie Katzen, autora de *Moosewood Cookbook*, a bíblia da cozinha para universitários. Ela explicou que partilha conselhos culinários e elabora receitas há mais de vinte anos, e que testemunhou uma mudança tremenda na relação com o preparo da comida. Há alguns anos, ela recebia perguntas fascinantes sobre o que fazer com certos temperos ou vegetais exóticos. Hoje, a demanda é por receitas rápidas e fáceis de preparar. É isso que ganhamos por trabalhar tanto? Estresse e *fast-food*?

Um grupo cada vez maior de pessoas em diversos países combate o implacável círculo vicioso de trabalhar-assistir-gastar: nós nos exaurimos no trabalho, baixamos a pressão na frente da TV, que alardeia comerciais dizendo que precisamos comprar, e então trabalhamos mais ainda para adquirir mais Coisas. A atitude desse grupo – conhecida como "desaceleração" (*downshifting*), "suficientismo", ou "simplicidade voluntária" – envolve mudanças de hábitos quanto ao trabalho e ao consumo. Os *downshifters* escolhem priorizar o lazer, o fortalecimento da comunidade, o desenvolvimento pessoal e a saúde, em detrimento do acúmulo de Coisas. Alguns fazem pequenas adaptações em seu dia a dia, como comprar roupas usadas, cultivar parte dos alimentos e ir para o trabalho de bicicleta. Outros dão passos maiores, como ajustar os gastos para viver bem com menos dinheiro, de modo a trabalhar apenas meio expediente. Alguns dividem o aluguel da casa, o uso do carro e de outros itens dispendiosos com outras pessoas. O foco não está em viver sem, mas em realçar aspectos não materiais de suas vidas. Como explica Duane Elgin, autor de *Simplicidade voluntária*: "O objetivo não é viver dogmaticamente com menos, mas ... com equilíbrio, de maneira a encontrar maior propósito, realização e satisfação."[42]

Em geral, os *downshifters* conseguem operar essa grande mudança em suas vidas pelo fato de serem socialmente privilegiados, e por não perceberem isso nem terem o hábito de se engajar politicamente muitas vezes são criticados. Eles têm melhor formação (muitas vezes de nível superior), bons contatos e confiança em sua habilidade de transitar pelo "sistema", ou seja, tudo os separa dos mais pobres, que, *involuntariamente*, vivem com menos. Eu argumentaria, como o professor Michael Maniates em *Confronting Consumption*, que uma parcela do tempo que os *downshifters* resgatam deveria ser dedicada à "luta coletiva para transformar instituições que estimulam o consumismo e o consumo excessivo".[43] Algumas das batalhas políticas a serem travadas em nome de uma sociedade desacelerada incluem benefícios para o trabalho em meio expediente, limites para as altas gratificações dos diretores de empresa (remanejando o dinheiro para aumentar os salários mais baixos), semana de trabalho mais curta e reinvestimento em espaços sociais: parques, livrarias, transporte e outras instalações públicas que possam dar acesso a Coisas de que as pessoas necessitam sem que tenham que comprá-las.

FORJANDO UMA CLASSE CONSUMIDORA

Quando a capacidade de produzir bens de consumo acelerou, a maior parte da população não tinha renda suficiente para adquiri-los. Então foi preciso desvencilhar um nó: como vender mais Coisas?

O empresário Henry Ford, que aperfeiçoou e padronizou a linha de montagem industrial, sabia que o sucesso de seu empreendimento, a fábrica de carros Ford, não dependia apenas de continuar a fabricar produtos confiáveis do modo mais rápido e barato possível. Era preciso ajudar a criar uma classe consumidora, formada por um público mais abrangente que pudesse comprar os carros que ele fabricava. Em 1914, o empresário deu um passo inédito ao dobrar o salário de seus funcionários para cinco dólares ao dia (o equivalente a pouco mais que cem dólares em valores de 2008). Também reduziu a jornada de trabalho de nove para oito horas. A recompensa: menor rotatividade de pessoal, possibilidade de operar três turnos por dia em lugar de dois e melhores vendas, já que os operários passaram a fazer parte da base de clientes. Outras empresas seguiram o exemplo de Ford, colaborando para fundar o consumo de massa.[44]

Mas ainda faltava algo: a motivação para que as pessoas realmente passassem a comprar sem parar. Pouco após o término da Segunda Guerra Mundial, o analista de varejo Victor Lebow descreveu o que era necessário para fazer a população consumir:

> Nossa economia altamente produtiva ... exige que transformemos o consumo em nosso modo de vida, que convertamos a compra e o uso de bens em rituais, que busquemos nossa satisfação espiritual, nossa satisfação egoica, no consumo. ... Precisamos que as coisas sejam consumidas, gastas, substituídas e descartadas num ritmo cada vez mais acelerado.[45]

Para atingir essa meta, as empresas foram desenvolvendo um conjunto de estratégias, entre elas:

- passar lojas locais para shopping centers, criar redes de varejo (on-line, nos dias de hoje);
- permitir que os consumidores paguem mais tarde (com juros), através de cartões de crédito;
- sistematizar e normatizar os conceitos de obsolescência planejada e percebida (que serão descritos em seguida);
- eliminar práticas autossuficientes e/ou comunitárias para atender às necessidades básicas (um exemplo foi a deliberada eliminação do sistema de bondes pelos grandes fabricantes de carros);

- fundir intencionalmente a noção de identidade, status e consumo (ou seja: "você é o que compra");
- desenvolver a indústria da publicidade, a cereja do bolo.

Existe uma vasta literatura sobre todas essas ferramentas, então, comentarei aqui apenas as duas mais insidiosas: a estratégia da obsolescência planejada e o desenvolvimento da publicidade.

DOIS MACETES DO MERCADO

1. Obsolescência planejada

À medida que a produção de Coisas crescia, uma das primeiras mensagens que passaram a ser transmitidas aos consumidores era a de que seria melhor possuir mais de uma unidade de cada produto. Por exemplo, ter um segundo (e depois terceiro, quarto e quinto) maiô, quando a regra anterior era passar muito bem com apenas um. Um segundo carro. E, finalmente, uma segunda casa, com todo um conjunto de objetos novos para preenchê-la.

O ponto fraco desse raciocínio é que, em algum momento, todos teriam sapatos, torradeiras e carros em quantidade mais do que suficiente e esses bens encalhariam nas fábricas. Quer dizer, há um limite para o quanto as pessoas podem consumir. Por isso foi criada uma nova estratégia para manter os clientes comprando: a da obsolescência planejada, segundo a qual alguns bens devem ser "programados para o lixo". Brooks Stevens, desenhista industrial americano a quem se atribui a popularização dessa expressão nos anos 1950, explica que se trata de "instigar no comprador o desejo de possuir algo um pouco mais novo, um pouco melhor e um pouco mais rápido que o necessário".[46]

A obsolescência planejada é diferente da obsolescência tecnológica, que ocorre quando alguns avanços da tecnologia tornam a versão anterior de fato ultrapassada – caso do telefone, que substituiu o telégrafo.

E isso é mais raro do que imaginamos. Os celulares de hoje, que têm uma vida útil média de apenas um ano, quase nunca estão tecnicamente obsoletos quando os descartamos e os substituímos por novos. Trata-se simplesmente da ideia de "obsolescência planejada" em ação. Tal estratégia ganhou força entre os anos 1920 e 1930. Em 1932, o corretor de imóveis Bernard London chegou a distribuir o infame livreto *Acabando com a Depressão através da obsolescência planejada*, em que defendia a criação de uma agência governamental encarregada de definir as datas de morte de alguns produtos, momento em que os consumidores seriam convocados a entregar essas Coisas e substituí-las, ainda que funcionassem. O sistema, explicou London, manteria nossas fábricas funcionando sem parar.[47]

Alguns produtos foram programados para ter uma obsolescência mais do que rápida, *instantânea*: é o caso dos bens descartáveis. As primeiras experiências na área foram as fraldas e os absorventes higiênicos. Mas logo começaram a nos ser oferecidas panelas e churrasqueiras descartáveis, que não precisavam ser transportadas do parque para casa, na volta do piquenique. Agora temos câmeras descartáveis, esfregões, capas de chuva, lâminas de barbear, pratos, talheres e escovas sanitárias (que podem ser jogadas no vaso!), todos descartáveis.

Eu cresci com o mesmo telefone, a mesma geladeira e o mesmo relógio na cozinha; nenhum deles foi substituído por minha mãe ao longo dos anos, até que a geladeira deixou de funcionar e o telefone de disco foi trocado por um modelo com secretária eletrônica. O relógio ainda é o mesmo. Mas hoje eletrodomésticos e aparelhos eletrônicos, embora não sejam anunciados como descartáveis, são tratados dessa forma. E há vários fatores que colaboram para sermos receptivos a essa ideia. Primeiro, o custo do conserto costuma ser semelhante ou mais alto do que a substituição do artigo por um novo. Peças de reposição às vezes são difíceis de encontrar. Outras vezes os produtos não são compatíveis com equipamentos mais novos. Além disso, a aparência das Coisas está sempre mudando, o que é um estímulo para se jogar um modelo velho fora, mesmo que ainda funcione.

Essa última característica é o que conhecemos por "obsolescência percebida". Nesse caso, o item não apresenta defeito nem é realmente obsoleto; apenas o percebemos assim. Alguns chamam a isso "obsolescência de desejabilidade" ou "obsolescência psicológica". É quando o gosto e a moda entram em cena. O comprimento sempre em mutação na barra das saias e nos vestidos; os saltos largos que estão em voga e logo são substituídos por escarpins finíssimos na temporada seguinte; a largura das gravatas masculinas; a cor da moda para celulares, iPods, torradeiras, batedeiras, sofás e até armários de cozinha: todos esses produtos funcionam com obsolescência percebida em ação.

De modo intencional e manipulador, a obsolescência planejada foi concebida para manter o motor da economia em funcionamento. Já em 1960, o crítico social Vance Packard registrava, em seu livro *The Waste Makers*, os primeiros debates sobre o tema. Embora alguns indivíduos se opusessem à estratégia, preocupados com ética e credibilidade profissional, outros a reconheciam como forma legítima de garantir mercados intermináveis para todos os produtos. Packard cita Brooks Stevens, que descaradamente explicou:

> Nós temos bons produtos, induzimos as pessoas a comprá-los e, no ano seguinte, nós deliberadamente apresentamos outro, que tornará aqueles produtos antiquados, fora de moda e obsoletos. ... Não é desperdício organizado. É uma contribuição sadia para a economia americana.[48]

Por trás do sucesso dessa e de outras táticas de venda, uma indústria trabalha duro e investe bilhões de dólares na criação de formas de nos induzir a comprar sem parar: a publicidade.

2. Publicidade

Uma criança americana assiste a 110 comerciais de TV por dia.[49] Quando chega aos vinte anos, esse indivíduo foi exposto a quase 1 milhão de mensagens publicitárias. Segundo o Center for a New American Dream, a lealdade a marcas pode ser observada em crianças de apenas dois anos;

na época em que vão para a escola, já conseguem identificar centenas de logomarcas.[50]

Dois terços dos espaços nos jornais são ocupados com anúncios; 40% das correspondências que recebemos em casa são constituídas por propagandas.[51] Em 2002, os gastos globais com publicidade alcançaram 446 bilhões de dólares, um aumento de quase nove vezes em relação a 1950.[52] A China gastou 12 bilhões de dólares em 2006 com o setor, e estima-se que alcance 18 bilhões de dólares em 2011, tornando-se o terceiro maior mercado publicitário do mundo.[53] Em 2007, os três maiores fabricantes de carros dos Estados Unidos (General Motors, Ford e Chrysler) direcionaram mais de 7,2 bilhões de dólares para anúncios.[54] Em 2008, a Apple dispendeu 486 milhões de dólares em propaganda.[55] Esses números espantosos não prestam qualquer serviço à humanidade.

Atualmente, publicitários atuam em conjunto com psicólogos, neurocientistas e consumidores bem-informados. O objetivo principal: causar-nos mal-estar com o que temos ou com o que nos falta, e estimular o desejo de comprar para nos sentirmos melhor. Lembro que os anúncios da minha juventude se concentravam em explicar por que um determinado produto era melhor que o dos concorrentes: por exemplo, um detergente tinha ingredientes especiais que faziam nossos copos brilharem; ou um sabão em pó eliminava um encardido embaraçoso no colarinho. Mas, hoje, com os milhares de marcas no mercado, não é possível diferenciar as vantagens de um artigo apenas com as informações sobre eles. Assim, os anunciantes nem se importam mais em descrevê-los, preferindo associá-los a uma imagem, a um estilo de vida e a status social: se queremos ser como aquela pessoa do comercial (magra, feliz, amada, cercada por outras pessoas bonitas etc.), precisamos daquele produto que ela usa. Certa marca de TV conclama, de modo direto: "Mude sua TV, mude sua vida."[56]

Além de se tornar mais sofisticada, a propaganda está mais invasiva. Parece estar por todos os lados, até nos lugares que gostaríamos que fossem preservados de apelos comerciais. Quando deixava o hospital com minha filha recém-nascida, uma enfermeira me entregou um pacote com materiais "educativos", que, no fim das contas, incluía formulários de cartões de crédito e anúncios de produtos para bebês. Quando atravessei a fronteira do Paquistão com a Índia, passei sob um pórtico em que se lia: "Bem-vindo à Índia – Beba Pepsi."

Uma engenhosa empresa chamada Hanger Network desenvolveu cabides de roupas cobertos com papelão em que propagandas são impressas. Ela distribui a peça gratuitamente para lavanderias em todo o país. Dirigentes da empresa afirmam que seus cabides são mais eficazes que mala direta. Primeiro, porque cliente de lavanderia em geral tem renda alta, o que o torna um alvo certeiro. Segundo, porque a maioria das pessoas pendura as roupas que chegam da lavanderia diretamente nos armários, ao invés de jogar os cabides fora, como fazem com a correspondência publicitária, antes mesmo de abri-la. Assim, as pessoas acabam vendo os anúncios todas as vezes que abrem o armário, ao longo de semanas ou até meses, o que faz de cada cabide "um outdoor permanente em (seus) quartos".[57]

E há invasões ainda mais ousadas. Algumas empresas pagam centenas ou milhares de dólares para que as pessoas tatuem seus logotipos no corpo. Em 2005, Kari Smith, de Utah, colocou à venda no eBay o espaço de sua testa, de modo a que pudesse pagar pela educação particular do filho, que tinha problemas na escola pública. Um site canadense de apostas pagou a Smith 10 mil dólares pela tatuagem de seu endereço virtual na testa.[58] Esportistas de renome são obrigados a portar permanentemente a imagem da marca que o patrocina estampada na roupa ou em um acessório para que a associemos à sua pessoa. Há ainda o merchandising desenfreado, exibido, como se fosse casualmente, em cenas de seriados de TV e em filmes (um laptop da Apple na mesa, uma lata de Pepsi no balcão).

O pior de tudo é que os publicitários já identificaram as crianças como seu alvo principal. E eles são bem-sucedidos não apenas em incitá-las a influenciar as compras dos pais, como também em direcionar os gastos infantis, que não são nada insignificantes. Nasce uma nova geração de consumidores leais a marcas. De forma insólita, escolas em dificuldades financeiras chamam os anunciantes para dentro de suas salas de aula. Assim, agora temos logotipos de empresas em uniformes esportivos, pôsteres educativos e capas de livros. As lições de matemática já vêm com merchandising (12 M&M's + 24 M&M's = quantos M&M's?) e há anúncios de marcas nos cardápios dos refeitórios.

Até ter minha filha, eu nunca tinha sentido como a propaganda direcionada às crianças é implacável. Os publicitários defendem suas ações alegando que proteger os filhos contra o marketing excessivo é responsabilidade da família. Mas, pela minha experiência, é impossível evitar que os anúncios os influenciem. Creio que a publicidade mais difícil de ser neutralizada é a veiculada simultaneamente em plataformas diversas. Dora, a Aventureira, com quem minha filha se parecia quando mais nova, era minha maior inimiga. Dora aparecia em todos os lugares – na TV, em escovas de dente, xampu, mochilas, jogos eletrônicos, conjunto de lápis, roupas de baixo, bicicletas, moletons, brindes em festas de aniversário, sorvete e até no cereal do café da manhã. Eu notei que minha filha, que tinha cerca de três anos na época, reagia a Dora como se visse uma amiga. "Olha a Dora!", ela gritava na seção de artigos de higiene do supermercado. Comprar a pasta de dente era sinônimo de levar uma amiga para casa. E quem não quer uma amiga?

LIVRES PARA SER QUEM SOMOS

Em *The Bridge at the End of the World*, Gustave Speth explica de forma bastante clara que a compulsão para comprar Coisas mais novas e mais modernas tem tudo a ver com a pressão para expressar identidade ou status:

> Os psicólogos veem nos indivíduos um condicionamento para encontrar segurança tanto "se destacando" como "se inserindo". O consumo serve a ambos os objetivos; a cultura do capitalismo e do comercialismo enfatiza tanto o "destacar-se" quanto o "inserir-se", através das posses e de sua exibição.[59]

Não à toa somos propensos a gastar de maneira mais extravagante em itens visíveis, como casa, carro e roupas – o "triângulo visível" do consumismo, segundo a economista Juliet Schor. Já com as Coisas que os outros não veem gastamos menos – as mulheres gastam muito mais em batom, que é aplicado e usado em público, do que em cremes de limpeza para a pele, usado em casa.⁶⁰ Em grande parte, o fenômeno se baseia em comparações sociais. Ao lado de outros economistas, Schor registrou como nosso sentido de riqueza e bem-estar material é percebido: se convivemos com pessoas que gastam demais, nos sentimos pobres; se convivemos com gente que se encontra abaixo de nós na escala econômica, nos sentimos ricos. O ditado *"keeping up with the Joneses"*,* inspirado em uma tira cômica do começo do século XX, se refere à tendência de comparar nosso bem-estar material ao dos vizinhos. Naquela época, era mais provável que se comparasse a mobília da sala com a das pessoas do círculo de convivência, que serviam de referência. Mas tudo mudou com o advento da televisão.

Em 1950, apenas 5% dos americanos possuíam televisão. Uma década mais tarde, elas estavam em 95% das casas.⁶¹ Em média, os lares americanos agora têm mais TVs do que pessoas. Em 2008, o americano médio bateu o recorde, ao passar cerca de cinco horas por dia diante do aparelho, ou 151 horas por mês, um número 3,6% acima das 145 horas atingidas no ano anterior.⁶² Em *The Overspent American*, Juliet Schor explica a ligação entre ver televisão com consumo e dívidas; cada cinco horas de televisão assistidas por semana levava a mil dólares a mais nos gastos anuais.⁶³

Cada cidadão americano é bombardeado por até 3 mil propagandas por dia, incluindo comerciais de televisão, outdoors, merchandising, embalagens, entre outros veículos. Em programas de TV, as pessoas são incrivelmente ricas, magras e estilosas. Assim, de uma hora para outra, em vez de se comparar com a "família Jones", da casa ao lado, a referência são milionários e celebridades. É por isso que, quanto mais TVs assistem, mais as pessoas supervalorizam a riqueza dos outros, e se sentem mais pobres.⁶⁴ Quanta pressão! Minhas roupas, minha casa e meu carro não apenas têm de ser iguais aos dos meus colegas e outros pais da escola

---

* "Não ficar atrás dos Jones." (N.T.)

da minha filha; eles devem ostentar o estilo de vida luxuoso de Jennifer Aniston e Beyoncé. Juliet Schor chama o fenômeno de "expansão vertical do nosso grupo de referência".[65]

Assim que li sobre o conceito lembrei-me das inúmeras vezes em que caí nessa armadilha. Por vários anos, meu trabalho exigiu muitas viagens ao exterior. Percebi que, usando a mesmíssima roupa, eu me sentia estilosa e confiante em Daca, mas desalinhada e fora de moda em Paris. Em Berkeley, onde moro, felizmente não existe grande pressão para estar na moda. Uso minhas sandálias e tamancos quase todos os dias, e fico tranquila, pois um bom número de pessoas com quem me encontro usa as mesmas Coisas. Mas, por muitos anos, todas as vezes que ia a Manhattan, eu via mulheres com magníficos sapatos de grife por todo lado. Eu *tinha* de comprar sapatos, mesmo que não precisasse. Era irresistível. Então li o livro de Schor. Pela minha experiência, um jeito perfeito de se livrar de uma força que não faz bem é chamando-a pelo nome. Agora, quando estou em Manhattan e sinto aquela vontade de comprar sapatos, apenas exclamo: "Lá vem novamente a expansão vertical do meu grupo de referência; só tenho que me aguentar até chegar em casa", e consigo passar direto pelas vitrines!

Considero-me mais livre por ser capaz de não ceder à pressão. Mas o que é a livre escolha dentro da mentalidade consumista? Vejamos a seguir.

A ESCOLHA DO CONSUMIDOR

No momento, temos uma grande ilusão quanto à liberdade de escolha. Ao entrar em um supermercado, vemos milhares de produtos. Os fabricantes oferecem diferentes condicionadores para cabelos secos, fracos e tingidos, mas será que consigo encontrar algum livre de substâncias tóxicas? Posso escolher à vontade minha mobília para a sala de estar, mas não consigo encontrar uma que não seja tratada com fogo-retardantes tóxicos, porque esse tratamento ainda é exigido por lei. Se quero uma xícara de café, posso escolher grande, extragrande, simples, dupla; forte, fraco, com espuma, de soja, descafeinado etc. No entanto, as decisões que importam sobre o café referem-se a onde e como foi cultivado, transportado, processado e vendido, e não às decisões tomadas no balcão.

Em 2002, milhares de moradores de Berkeley assinaram uma petição por um plebiscito sobre uma medida que exigia que todo café vendido na cidade fosse orgânico, cultivado à sombra e certificado pelo comércio justo – elementos que trazem enormes benefícios para os produtores e a natureza. A medida não foi implementada, mas toda a movimentação em torno do assunto foi emocionante: essa sim foi uma tentativa de colocarmos em prática nosso direito de escolha. O projeto sofreu forte oposição dos que não abriam mão de beber o que quisessem, ainda que fosse um produto mais destrutivo. Integrantes do setor empresarial também se opuseram à proposta. John DeClercq, presidente da Câmara do Comércio de Berkeley, argumentou: "É uma restrição imprópria aos negócios, contra a livre escolha. Se o café pode ser restringido, teremos também chocolate, carne, legumes politicamente corretos? Não haverá fim para isso."[66]

A voz do consumidor, inflamada pelos engenhosos arquitetos de nossa economia de consumo, exige um número ilimitado de possibilidades de escolhas sob a alegação de que qualquer restrição cerceia a liberdade. Mas esta não seria uma noção bastante infantil de liberdade? No livro *Consumido*, Benjamin Barber afirma de modo bastante convincente que o consumismo mantém os adultos num estado mental infantilizado em que é de praxe exigir: "Me dê isso!" O consumismo pressupõe: impulso acima de ponderação; satisfação imediata; narcisismo em detrimento de sociabilidade; direito acima de responsabilidade.[67]

Se pretendemos agir como adultos em questões que envolvem bens de consumo, precisamos reconhecer que temos responsabilidades. Em um mundo complexo e interligado, toda compra traz consequências. Sob esse ponto de vista, faz sentido preferir a produção de café que não esgota o solo, não lança pesticidas na água, no ar e em nossos corpos e reconhece que o trabalhador tem direito a um salário digno e a um ambiente de trabalho saudável. De um ponto de vista infantil, eu quero o café mais barato, mais rápido e melhor. De um ponto de vista adulto, quero o café que torne o mundo mais seguro, saudável e justo.

Barber escreve:

> Somos seduzidos a pensar que o direito de escolher em um cardápio é a essência da liberdade, mas, em termos de resultados relevantes, o verdadeiro poder – e, portanto, a verdadeira liberdade – está na determinação do que se encontra no cardápio. Poderosos são aqueles que definem a pauta, e não aqueles que escolhem entre as alternativas que ela oferece.[68]

Estaremos de fato exercendo nosso direito de escolha quando estivermos determinando a pauta da prefeitura de nossa cidade, das assembleias, dos gabinetes de políticos, dos editoriais de jornais – e não em corredores de mercados ou balcões de cafeterias.

PERSONALIDADE CONSUMIDORA, PERSONALIDADE CIDADÃ

É difícil precisar a quantidade de vezes em que, ao dialogar com uma comunidade, alguém da plateia me pergunta: "Está bem, então o que DEVO comprar?"

Cheguei à conclusão de que cada um de nós tem duas personalidades: uma consumidora, outra cidadã ou comunitária. Em nossa sociedade, a parte consumidora recebe atenção e é alimentada desde que nascemos. Assim, nos tornamos especialistas em consumo: sabemos onde, como e quando encontrar os melhores preços. Sabemos quanto tempo esperar até que a cobiçada camiseta vá para a prateleira de liquidação. Sabemos como navegar na internet para conseguir quase de imediato o que desejamos. Nossa personalidade consumidora é tão desenvolvida que soterrou a outra, a que deveria constituir nossa personalidade central, na condição de pais, estudantes, vizinhos, profissionais, eleitores etc. Assim, falta-nos uma compreensão básica de como empregar o músculo da cidadania.

Diversas pesquisas mostraram a mercantilização cada vez maior de nossa cultura. O Intercollegiate Studies Institute, por exemplo, testa anualmente o conhecimento cívico dos americanos. O relatório elaborado pela entidade em 2008 atestou que mais da metade da população americana é incapaz de nomear os três poderes, e que quanto mais veem TV, mais baixo é seu nível de educação cívica.[69] Adolescentes passam mais tempo em shopping centers do que lendo ou fazendo exercícios, enquanto metade dos adultos não se preocupa em votar regularmente, e menos de 15% já compareceu a alguma audiência pública.[70]

De todos os dados alarmantes sobre a situação do planeta, o que mais me preocupa é esse definhamento da personalidade comunitária/cidadã. As mensagens vindas do mercado nos reafirmam como consumidores, isso nos reconforta, supostamente nos dá identidade e paramos aí, acomodados. Como meu amigo Peter Fox diz: "Às vezes, estamos tão atrelados a um hábito que o vemos como uma regra." Dito de outra forma: um beco sem saída conhecido é muitas vezes mais atraente que uma estrada desconhecida.

Consumo consciente

Muitos acreditam ou esperam que, se nosso consumo for mais "verde", tudo ficará bem. Sinto muito ser a desmancha-prazeres, porém precisamos de mais que isso. Não me animo com toda a badalação em torno da mais nova linha de produtos "verdes" ou dos guias de compras "verdes". Os céticos chamam isso de "consumismo verde", ao passo que os defensores chamam de "consumo consciente". Trata-se de produzir um novo nível de consciência quanto ao consumo. Na prática, significa dar preferência a produtos menos tóxicos, exploratórios e poluentes – e passar longe daqueles associados à injustiça ambiental, social e de saúde.

É claro que, quando compramos, deveríamos escolher o produto menos prejudicial – e graças ao GoodGuide podemos saber, melhor e mais rápido, quais são eles. Mas ser um consumidor informado, consciente, não substitui ser um cidadão atuante, engajado. A pergunta "o que devo comprar?" me preocupa porque mostra quanto nossa personalidade cidadã e comunitária está adormecida.

DESPERTANDO O CIDADÃO INTERIOR

1. Uma comunidade forte e vibrante torna as pessoas mais felizes e saudáveis

Há evidências de que a principal contribuição para a nossa felicidade é a qualidade de nossas relações sociais.[71] Comunidades sólidas também ostentam índices de criminalidade mais baixos e resistem melhor a eventualidades, porque os vizinhos são mais propensos a ajudar uns aos outros e levantar a voz quando observam uma injustiça ou um problema em potencial.

Um exemplo: a cineasta ambientalista Judith Helfand está rodando um filme sobre as consequências de uma onda de calor intensa ocorrida em Chicago, em 1995, que matou cerca de seiscentas pessoas.[72] Ela explica que o denominador comum entre as vítimas era o isolamento social: não tinham amigos ou família e nem contavam com vizinhos para notar se deixavam de sair de casa, ou alertá-los de que seu condicionador de ar não estava funcionando direito.[73] Na verdade, três quartos dos americanos não conhecem os vizinhos.[74] Judith argumenta que a melhor maneira de impedir novas mortes em futuras ondas de calor não é implementando uma política de cupons de desconto para a compra de ar-condicionado, e sim promovendo atividades que fortaleçam as comunidades.

2. A vida em comunidade reduz o consumo no planeta

Ter comunidades locais fortes significa comprar menos Coisas, usar menos energia e recursos, porque podemos partilhar. Quanto mais recursos conseguirmos localmente – de vegetais a ferramentas emprestadas –, menos energia será gasta com transporte de Coisas mundo afora.

3. A cidadania estimula a participação política
e gera soluções coletivas

Quando agimos com nossa personalidade cidadã, consideramos os impactos de nossas ações e, mais importante, ampliamos nosso pensamento sobre estratégias para provocar mudanças. Vamos além da esfera limitada da ação de consumidor, já que as soluções de que necessitamos não estão em liquidação de loja! Richard Layard, economista e precursor nos estudos sobre satisfação, diz que "a maior felicidade vem do engajamento em um objetivo maior".[75]

IGUALANDO O CONSUMO

Segundo o relatório *State of the World 2004*, o crescimento global do consumo encobre gigantescas disparidades. Doze por cento da população mundial que vive na América do Norte e na Europa ocidental é responsável por 60% dos gastos pessoais do planeta,[76] enquanto um terço que vive no sul da Ásia e na África subsaariana responde por apenas 3,2%.[77] Em termos globais, 20% da população que reside nos países de maior renda efetua 86% dos gastos pessoais; os 20% mais pobres abocanham míseros 1,3%.[78] Detalhando:

- Os 20% mais ricos do planeta consomem 45% de toda a carne e peixe; os 20% mais pobres consomem 5%.
- Os 20% mais ricos consomem 58% da energia gerada no mundo; os 20% mais pobres consomem menos de 4%.
- Os 20% mais ricos são donos de 74% das linhas telefônicas; os 20% mais pobres, de 1,5%.
- Os 20% mais ricos consomem 84% do papel; os 20% mais pobres, 1,1%.
- Os 20% mais ricos são donos de 87% da frota de veículos do planeta; os 20% mais pobres, menos de 1%.[79]

PARCELA EM CONSUMO PARTICULAR GLOBAL, 2005

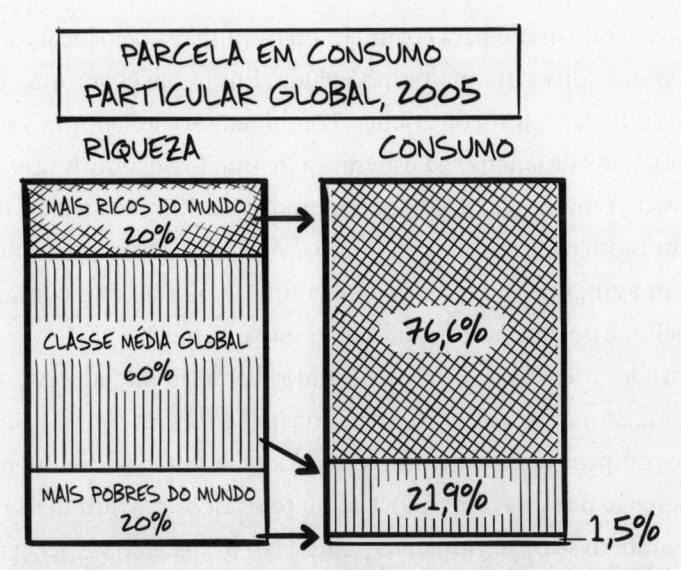

RIQUEZA | CONSUMO
- MAIS RICOS DO MUNDO 20% → 76,6%
- CLASSE MÉDIA GLOBAL 60% → 21,9%
- MAIS POBRES DO MUNDO 20% → 1,5%

Fonte: Indicadores de Desenvolvimento do Banco Mundial, 2008.

Em junho de 2009, um sexto da população do planeta, ou seja, mais de 1 bilhão de pessoas, estava vivendo sob regime de fome severa, consumindo menos do que 1.800 calorias por dia.[80] Para os mais abastados, é difícil imaginar o que significa viver sem nada. No ano passado, em um encontro que iria durar o dia inteiro, me virei para a mulher a meu lado, que havia passado muitos anos no Haiti, e disse: "Espero que isso acabe logo. Estou morrendo de fome." Ela se voltou para mim e, educadamente, me fez lembrar: "Querida, você *não* está morrendo de fome."

Outro episódio que jamais esquecerei aconteceu em Cité Soleil, favela com mais de 250 mil habitantes nos arredores de Porto Príncipe, onde há valas abertas com lixo podre e o esgoto corre por toda a comunidade. As casas, que têm um cômodo apenas e são construídas com restos de metal ou plástico, muitas vezes não contam com um único móvel sobre o piso de terra batida. Não existem lojas por perto, nem água limpa ou eletricidade. Poucos moradores vivem até os cinquenta anos.

Lembro-me de uma mulher, nessa favela, cuja situação me revelou o significado da pobreza desoladora. Ela segurava um bebê de sete ou oito meses com uma queimadura feia na testa, pois havia caído sobre o fogo que estava sendo usado para cozinhar. Eu caminhava pelo local e a mulher veio na minha direção, implorando ajuda. Era possível ver uma enorme mancha azulada na testa da criança, combinada ao hematoma. Perguntei o que era aquela mancha, na esperança de que fosse algum tipo de iodo. Nada disso. A mãe havia ficado desesperada para limpar a ferida, mas não tinha antibióticos, gaze ou água limpa. Assim, acabou quebrando uma caneta, imaginando que a tinta fosse a única coisa ali não contaminada pela sujeira, e derramou o líquido na testa do bebê.

Contudo, mesmo nos Estados Unidos há desigualdade. Até a vergonhosa crise econômica de 2008, economistas adoravam contar histórias de sucesso, comprovadas pelo aumento da riqueza gerada anualmente. Mas os números não revelavam tudo: enquanto os ricos ficavam mais ricos, os pobres também se tornavam mais pobres. No livro *Luxury Fever*, publicado em 1999, Robert Frank calculou que, de meados da década de 1970 a meados de 1990, 1% dos mais ricos haviam ficado com 70% do crescimento total.[81] O ciclo se perpetua, pois estes, sempre representados em noticiários, filmes e programas de TV, continuam a estabelecer os padrões de consumo.

Só que não há o bastante para que todos consumam em ritmo tão intenso. Se fizermos a escolha egoísta e imoral de continuar nesse caminho, teremos de construir muros e cercas como trincheiras, porque a situação vai piorar. Nas palavras de um integrante do Programa Mundial de Alimentos da ONU, "um mundo com fome é um mundo violento. Sem comida, as pessoas só têm três opções: revolta, emigração ou morte. Nenhuma das opções é aceitável".[82]

CONSUMO, CLIMA E JUSTIÇA

Sempre ouvimos falar do quanto precisamos reduzir as emissões de CO_2 para a manutenção do clima. O CO_2 é produzido em cada estágio da história das Coisas, da perfuração dos poços de petróleo à alimentação das fábricas e o transporte dos produtos pelo planeta. Quanto mais consumimos, mais CO_2 lançamos na atmosfera. Aqui está o dilema: os níveis de CO_2 já ultrapassaram o limite previsto para uma mudança climática catastrófica, como atestam renomados cientistas; por outro lado, um grande número de pessoas ainda precisa aumentar seu consumo de modo a atender às necessidades mais primárias.

Esse impasse se apresenta como o grande obstáculo nas negociações internacionais sobre o clima. As nações ricas não se comprometerão com reduções significativas de CO_2, a menos que os outros países o façam, sobretudo a Índia e a China, a caminho de integrarem o bloco dos grandes emissores de CO_2. No entanto, os países em desenvolvimento não são muito simpáticos à ideia de limitar seu crescimento econômico, já que, historicamente, pouco contribuíram para a crise ecológica, ao contrário das nações mais ricas. Uma diplomata brasileira presente na Conferência de Kyoto de 1997 resumiu de forma irônica as negociações sobre o clima do ponto de vista de um país em desenvolvimento: "Eles convidam para um cafezinho depois do jantar e depois pedem que você divida a conta, mesmo sem ter comido nada."[83]

Pesquisadores da Universidade Norueguesa de Ciência e Tecnologia e do Centro de Pesquisa em Clima e Meio Ambiente de Oslo divulgaram uma comparação inédita entre as pegadas de carbono de vários países. Como era de esperar, o estudo mostrou que quanto mais altos os gastos com consumo *per capita* em um país, maior sua pegada. As pegadas nacionais *per capita* variavam de uma tonelada de CO_2 por ano, em países africanos como Malawi e Moçambique, a trinta toneladas em nações industrializadas, como nos Estados Unidos e em Luxemburgo. A análise também apontou que, nas regiões mais pobres, os alimentos e os serviços são os grandes responsáveis pela pegada de carbono, enquanto o transporte e o consumo de bens manufaturados respondem pela maior parte das emissões de gases do efeito estufa nos países ricos.[84]

Uma das principais inovações da pesquisa é associar a pegada de carbono das importações ao país importador – e não ao produtor. Essa abordagem é importante porque permite identificar os verdadeiros custos em carbono dos bens quando as empresas terceirizam sua fabricação em nações onde os limites de emissão são menos restritivos.

REDISTRIBUIÇÃO INTELIGENTE

Como vemos, problemas relativos a miséria e meio ambiente estão interligados e associados a consumo. É preciso repensar e redesenhar nosso modo de vida, a fim de produzir e consumir menos e partilhar cada vez mais os recursos e as Coisas que já temos. Urge abrir espaço à mesa àqueles que ainda não têm um lugar. Segundo Duane Elgin, autor de *Simplicidade voluntária*, "se a sociedade adotar um padrão de vida moderado, há a estimativa de que o mundo alcance um nível sustentável de atividade econômica equivalente em confortos materiais à Europa".[85] Isso não me parece nada ruim; na prática, parece o caminho certo a trilhar. Eu gosto da visão poética de Alan Durning para padrão de consumo:

> Aceitar e viver com o suficiente e não com o excesso significa um retorno ao que é, culturalmente falando, a moradia do homem: a ordem ancestral da família, a comunidade, o trabalho digno e a vida decente; a uma reverência pela habilidade, a criatividade e criação; a um ritmo diário que nos permita contemplar o pôr do sol e passear pela beira-mar; a comunidades em que vale a pena passar a vida; e a locais que preservem a memória das gerações passadas.[86]

5. DESCARTE

"Nossas casas são basicamente centros de processamento de lixo", satirizou uma vez o comediante Jerry Seinfeld.[1] De fato, algo curioso acontece com a maior parte das Coisas que compramos. Primeiro, o objeto é exibido como se fosse um troféu; depois, vai para uma estante, gaveta ou prateleira; e, por fim, fica jogado em algum canto, até ser transformado em lixo.

Os economistas têm um nome para essa transformação sofrida pelas Coisas: "depreciação." Obviamente, nem tudo é depreciado: obras de arte, artigos de colecionador, joias e tapetes luxuosos são adquiridos, em geral, na expectativa de que valham mais com o passar do tempo. Contudo, as Coisas comuns que entopem nossas casas se desvalorizam que nem boia de PVC perdendo o ar. O exemplo clássico é o do carro zero quilômetro, que, tão logo é comprado, já sai da concessionária valendo 10% a menos.[2]

Contadores fazem cálculos complexos para determinar como o valor dos objetos diminui, devido a uso, desgaste, deterioração, obsolescência tecnológica ou inadequação à moda. Mas há um fator que não entra nessa contabilidade e que, na verdade, produz um impacto tremendo na forma como valorizamos ou não as nossas Coisas: quando a mídia diz que elas já não são tão boas para nós e que precisamos de outras, é como se uma varinha de condão passasse por elas e as transformasse imediatamente em lixo.

Há um exercício que faço sempre que dou palestras em escolas. Pego uma lata vazia de refrigerante e a coloco sobre a mesa. "Alguém poderia me dizer o que é isto?", pergunto. "É uma lata!", as crianças gritam. Depois, pego uma cesta de lixo, ponho outra lata vazia dentro e pergunto de novo: "E isto aqui?" "É lixo", elas respondem. Então, tiro a lata da cesta e a coloco junto da outra, na mesa. "E agora?" "É uma lata." Não existe diferença entre as duas: elas são iguais! Portanto, a segunda lata é considerada lixo não pelo que é em si, mas por conta do local em que foi colocada. Ou seja, a ideia de lixo tem a ver com contexto, e não com conteúdo propriamente.

Minha estratégia em sala de aula é a mesma de Paul Connett, professor de química da Universidade St. Lawrence, cujo fascínio por dejetos talvez supere o meu. Nos últimos 25 anos, Connett fez mais de 1.200 palestras sobre o tema para estudantes, urbanistas, comunidades e políticos.[3] Em suas apresentações, ele pega uma cesta de lixo e despeja seu conteúdo sobre a mesa: uma folha de papel, uma garrafa de vidro, uma caneta sem tinta, um saco plástico, às vezes uma casca de banana. Então pede aos ouvintes que identifiquem cada item. "Alguma dessas coisas se chama *lixo*? Não... tudo isso significa *recursos* no lugar errado. Lixo é o que fazemos quando os misturamos. Separados, eles são recursos: juntos, nós os destruímos."

Concordo com Connett, os objetos são recursos – exceto os malprojetados ou produzidos com componentes tão tóxicos que jamais deveriam ter sido concebidos, como cortinas de banheiro de PVC, aromatizador de ar descartável e embalagens de plástico rígido, aquelas usadas para acondicionar aparelhos eletrônicos. Todas essas Coisas representam um desperdício – de materiais, de energia e de engenhosidade humana, que poderia ter sido direcionada para atender às necessidades das pessoas de maneira saudável.

Nas comunidades que possuem menos Coisas, os limites entre o que é considerado lixo ou recurso são mais fluidos. Percebi isso no sul da Ásia. Lá, objetos quebrados, antiquados ou vazios são vistos como materiais potencialmente úteis, e não como descartáveis. Quando cheguei em Daca, Bangladesh, os bengaleses com quem fui morar arrumaram um quarto para mim com especial cuidado, limpo e modestamente mobiliado. Como não havia lata de lixo no aposento, na minha primeira ida ao mercado comprei um cestinho simples. Entretanto, logo descobri que quase tudo o que eu ali colocava reaparecia nas redondezas com uma nova função. O frasco de desodorante azul-claro foi parar na prateleira da sala de uma vizinha, transformado em vaso de flores. O recipiente de meu condicionador de cabelos virou carrinho de brinquedo: alguém o atravessou com varetas e acrescentou rodas, e um menino da vizinhança o puxava com barbante.

Nos Estados Unidos e em outros países ricos, a ideia de reaproveitamento dos objetos é vista com preconceito. Mas e se as Coisas de segunda mão passarem a significar uma opção atraente, e não uma necessidade imposta pela pobreza? Ao longo de toda a história americana, quando os tempos eram difíceis a resposta sempre foi gastar menos, partilhar mais e conservar melhor as Coisas. A crise financeira de 2008 voltou a estimular esse pensamento. Coletoras de lixo em todo o país registraram desde então uma sensível diminuição de material descartado nas portas das casas, assim como uma mudança em seu conteúdo: menos embalagens e menos itens descartáveis, já que as pessoas compraram menos e buscaram alternativas para reduzir o desperdício.[4]

Já para a milionária indústria que lida com lixo, quanto mais dejeto para gerenciar, melhor. Essa indústria divide os resíduos em categorias baseadas em sua origem, sua composição e modo de descarte. As principais são: lixo industrial; urbano; de construção e demolição. Há ainda o hospitalar e o eletrônico, que geralmente são manuseados separadamente por conterem componentes nocivos específicos.

RESÍDUO INDUSTRIAL

Os resíduos industriais são as sobras dos processos envolvidos nos vários estágios da extração e da produção de Coisas: sintetização, modelagem, compressão, soldagem, forja, fundição, destilação, purificação, refino etc. Tais processos implicam o uso de substâncias perigosas, como removedores, solventes, tintas, pesticidas, aditivos químicos.

De acordo com a Agência de Proteção Ambiental (EPA),[5] as indústrias geram, por ano, 7,6 bilhões de toneladas de lixo, número que chega a 13 bilhões de toneladas, segundo outras fontes![6] E todas essas estatísticas deixam de fora o desperdício agrícola, as emissões de gases do efeito estufa e a poluição da água e do ar, que também poderiam ser computados.[7] Contudo, como não costumamos ver nem a produção nem o descarte dos resíduos industriais (exceto se trabalhamos com eles ou moramos perto de uma fábrica ou de um lixão), não nos lembramos de sua existência. De acordo com o guru da indústria sustentável Joel Makower,

> É só uma questão de tempo até que a história do Lixo Nacional Bruto seja contada e o público reconheça que, para cada quilo que vai parar nos aterros municipais, no mínimo vinte quilos a mais são criados na fonte pelos processos industriais. E grande parte desse resíduo é muito mais perigosa para a saúde humana e ambiental do que jornais e restos de grama.* Neste ponto, o foco de preocupação deveria se transferir dos recipientes de bebidas, sacolas e outros resíduos da vida diária para o que acontece nos bastidores – a produção, o empacotamento, o armazenamento e o transporte daquilo que compramos e usamos.[8]

Segundo Makower, esta seria a estatística do Lixo Nacional Bruto dos Estados Unidos:

---

* Embora Makower calcule que o lixo criado na fonte seja quarenta vezes maior que o produzido em residências, estimativas anteriores apontaram taxas mais elevadas, de até setenta vezes. Essa é a informação veiculada no filme *A história das Coisas* e baseada em números levantados por Brenda Platt, analista de resíduos ligada ao Institute for Local Self-Reliance. Seu relatório, *Wasting and Recycling in the United States 2000*, feito em coautoria com Neil Seldman, demonstra que "para cada tonelada de lixo municipal descartado, cerca de 70 toneladas de resíduos de produção, mineração, exploração de petróleo e gás, agricultura, queima de carvão, entre outros, são produzidos". Em todo caso, a questão é: se realmente queremos mudar o modo de produção de nosso lixo, temos que prestar atenção à fonte, onde o maior volume é gerado.

RESÍDUO NACIONAL BRUTO

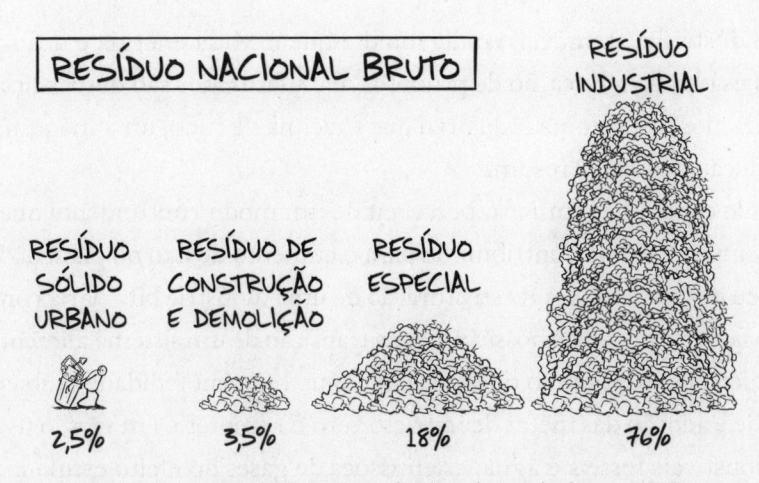

RESÍDUO SÓLIDO URBANO	RESÍDUO DE CONSTRUÇÃO E DEMOLIÇÃO	RESÍDUO ESPECIAL	RESÍDUO INDUSTRIAL
2,5%	3,5%	18%	76%

Fonte: J. Makower, 2009. Nota: Definida pela Lei de Conservação e Recuperação de Recursos de 1976, a expressão "lixo especial" se refere às sobras da mineração, da produção de combustível e do processamento de metais. Em outras palavras, é resíduo industrial.

Embora sejam exceções, há indústrias que estão tentando reduzir seus resíduos. Algumas por perceberem que aumentarão os lucros se comprarem menos material de reposição e pagarem menos por descarte; outras porque seus diretores se preocupam de verdade com o planeta; outras ainda porque a iniciativa se traduz em boas relações-públicas. Para a população em geral, não importa muito o motivo que as estimula, e sim a diminuição substancial do impacto ambiental. Infelizmente, existem empresas que apenas fingem reduzir resíduos, ou alardeiam restrições que na verdade são mínimas somente para melhorar a imagem de seus negócios – uma prática chamada de *greenwashing* ("lavagem verde"). Notícias falsas ou distorcidas são um problema grave, pois não apenas minam a credibilidade de empresários bem-intencionados, como contribuem para adiar ações governamentais que imponham padrões mais rígidos quanto à preservação da saúde humana e do meio ambiente.

Meu herói na redução do resíduo industrial é o presidente da fábrica de carpetes Interface, Ray Anderson. Sua companhia é a maior produtora mundial de forro para pisos de ambientes comerciais, respondendo por cerca de 40% dos carpetes usados no setor em todo o mundo.[9] Pioneiro da indústria sustentável, Anderson diz que 97% da energia e dos materiais usados na fabricação de produtos manufaturados são desperdiçados. "Operamos um sistema industrial que é, acima de tudo, uma máquina de produção de lixo",[10] resume.

Ele conta que, em 1994, percebeu de um modo contundente quanto sua empresa estava contribuindo para o aumento de lixo no planeta. E resolveu buscar saídas. A reestruturação de uma indústria bilionária como a Interface provou que é possível fazer a transição de um sistema alimentado por petróleo para outro que leve em conta a sustentabilidade ambiental. Desde a adoção das metas de impacto zero na empresa, em 1995, o uso de combustíveis fósseis e água, as emissões de gases do efeito estufa e a geração de resíduos caíram drasticamente, enquanto as vendas aumentaram 65% e os lucros dobraram.

Setenta e quatro mil toneladas de carpetes usados deixaram de ir para aterros sanitários, já que mais de 25% dos materiais hoje utilizados pela empresa são renováveis ou recicláveis, margem que Anderson afirma estar em crescimento. Os 400 milhões de dólares que a Interface economizou com a nova meta pagaram todos os custos com a remodelação de suas instalações e práticas.[11] Anderson destaca que

> o projeto de sustentabilidade provocou um surto inesperado de inovação; as pessoas estão entusiasmadas com o objetivo coletivo maior, bons profissionais procuram vagas na empresa e os mais capacitados permanecem, trabalhando com motivação. ... a imagem gerada por nosso foco em sustentabilidade superou de longe aquela que poderia ser alcançada com marketing.

Ainda segundo Anderson, o exemplo da Interface exorciza o mito da falsa escolha entre meio ambiente e economia. "Se nós – uma empresa no passado consumidora de petróleo – pudemos fazer essa mudança, qualquer um pode. E se qualquer um pode, o fato é que todos podem."[12] Hoje Anderson defende que matérias-primas virgens precisam ser substituídas por materiais reciclados; o sistema linear de "extrair-produzir-descartar" tem de fazer a transição para um processo cíclico de "cadeia fechada" (em que os materiais são infinitamente reutilizados ou adaptados para que o desperdício seja eliminado); a energia de combustíveis fósseis deve ser substituída por energia renovável; processos dispendiosos precisam alcançar a meta do desperdício zero; e a produtividade de mão de obra deve ser substituída por produtividade de recursos.[13] Em poucas palavras, essa é a direção da próxima revolução industrial – ao menos a parte dela que envolve os materiais.

Especialistas em comércio "verde" observam um dado positivo no impressionante poder das grandes empresas hoje. Se uma delas exigir padrões mais "verdes" – por exemplo, a eliminação de PVC nas embalagens –, pode ocorrer um efeito propagador, quando os fornecedores correrem para atender, nos quatro cantos do mundo, às suas exigências. Os defensores da indústria "verde" também apontam que as multinacionais podem ajustar suas economias de escala para financiar melhorias ambientais, assim como a Nike, a Whole Foods e o Wal-Mart acabaram fazendo. Contudo, o que essas considerações não levam em conta é que o objetivo fundamental do comércio continua a ser tão somente produzir e vender mais – e isso implica um ritmo acelerado de descarte de Coisas já existentes. O que me entusiasma na Interface é justamente o fato de a empresa estar tentando modificar esse paradigma.

A Interface foi construída a partir de um modelo convencional: os clientes compravam carpete e, quando ele ficava gasto, o retiravam e adquiriam um novo. Ray Anderson percebeu que todos os anos milhares de tapetes usados eram jogados nos aterros sanitários ou nos incineradores, mesmo que o desgaste se concentrasse em apenas 20% de sua área. O executivo constatou ainda que o consumidor de carpete para ambiente comercial não tem necessidade de trocar o produto periodicamente, pois, em geral, utiliza-o apenas para abafar ruídos e embelezar os espaços. Então teve uma ideia: se os carpetes fossem modulares, feitos de quadrados intercambiáveis, apenas a parte gasta seria substituída. Dessa maneira, começou a fabricar "lajotas" e a alugá-las, da mesma forma que um fabricante de copiadora é proprietário da máquina e oferece o serviço de aluguel a usuários.[14]

Em 1995, a Interface lançou o programa Evergreen Lease, com o objetivo de vender o serviço de cobertura de pisos, e não os carpetes em si. Em vez de fazer uma única e dispendiosa compra, os clientes podiam pagar uma taxa mensal pelo uso dos tapetes com direito a assistência técnica. Quando a vida útil do produto chegava ao fim, o escritório não precisava se preocupar com seu destino – a Interface se responsabilizaria por seu recolhimento, levando-o para a reciclagem e fechando o ciclo da cadeia.[15]

Trata-se de uma importante inovação para reduzir o lixo que parte do universo dos ajustes e atinge o da transformação, com tremendas vantagens ambientais e econômicas. Mas ela ainda não se disseminou. Há centenas de procedimentos contábeis e leis fiscais, barreiras institucionais e subsídios para matéria-prima virgem (sobretudo petróleo) que dificultam a aplicação do modelo de contratação de serviços. Mas Anderson tem confiança de que suas ideias se propagarão quando o preço do petróleo e de outras matérias-primas virgens subir.[16]

Imagine se a rede Wal-Mart, ao invés de vender aparelhos de DVD, apenas alugasse, e quando apresentassem defeito, a própria rede de lojas providenciasse o reparo (afinal, você não precisa ser proprietário de um, você só quer poder assistir aos filmes...). Que tal? Nesse sistema, as empresas receberiam um incentivo financeiro para projetar bens modulares, que poderiam ser consertados e atualizados, ao invés de simplesmente descartados. Imagine como essa mudança afetaria o conteúdo do lixo que jogamos na calçada toda semana!

RESÍDUO SÓLIDO URBANO

Tudo o que colocamos em sacos de lixo – embalagens, Coisas velhas ou quebradas, comida estragada, material reciclável – compõe, coletivamente, o que é conhecido como resíduo sólido urbano, ou RSU. Fazem parte desse conjunto todos aqueles componentes perniciosos que integram diversos bens de consumo – de mercúrio e chumbo a fogo-retardantes, pesticidas e mais de 8 mil outras substâncias químicas.

Algumas pessoas na indústria de reciclagem e reutilização destacam que a expressão "resíduo sólido urbano" não leva as pessoas a perceber que jogam fora bens valiosos. Dan Knapp, cofundador da Urban Ore, o principal centro de reutilização de Berkeley, Califórnia, há muito defende o uso de um conceito alternativo: "suprimento municipal de descartados", ou SMD. Segundo Knapp, essa expressão não carrega a conotação negativa da palavra "lixo".[17] Eu concordo – afinal, só porque algo foi descartado, não significa que não tem valor. Ainda assim, usarei RSU aqui porque me baseio amplamente nas informações veiculadas pela Agência de Proteção Ambiental (EPA) e em dados industriais que ainda usam o termo.

Em 1960, foram produzidos 88 milhões de toneladas de RSU nos Estados Unidos – o equivalente a 1,22kg por pessoa, a cada dia. Em 1980, o número subiu para 1,66kg. Em 1999, quando a palavra "reciclagem" já estava em voga, estávamos com 2,06kg, um pouco abaixo dos nossos níveis atuais.[18] Segundo a EPA, os americanos produziram 254 milhões de toneladas de RSU em 2007. Isso totaliza 2,09kg diários por pessoa![19] Já a média canadense é de 0,81kg ao dia; a norueguesa, de 1,04kg; a japonesa, de 1,17kg; e a australiana, de 1,22kg. Na China, são apenas 0,32kg por dia.[20]

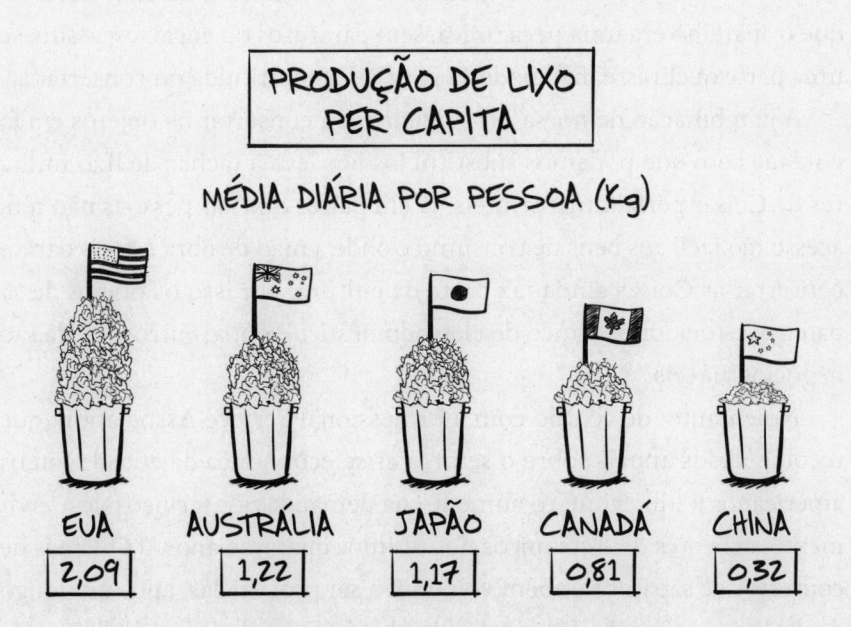

PRODUÇÃO DE LIXO PER CAPITA

MÉDIA DIÁRIA POR PESSOA (Kg)

EUA	AUSTRÁLIA	JAPÃO	CANADÁ	CHINA
2,09	1,22	1,17	0,81	0,32

Fonte: Divisão de Estatísticas das Nações Unidas, Departamento de Estatísticas do Canadá e Index Mundi.

Segundo a EPA, quase três quartos do resíduo sólido urbano nos Estados Unidos é composto de Coisas que são projetadas, produzidas e comercializadas, onde se incluem recipientes e embalagens, bens não duráveis (com uma vida útil de menos de três anos) e bens duráveis.[21] Mas nem sempre foi assim. Há cem anos, ou mesmo sessenta, a maior parte do lixo municipal era composto de sobras de comida e cinzas de carvão, usado em calefação e na preparação de alimentos. Ao longo do século XX, a quantidade de lixo aumentou mais de dez vezes, de 42kg a 563kg por pessoa ao ano.[22]

O aumento de produtos manufaturados no lixo não é surpresa. Os bens de consumo são tão onipresentes e baratos que é mais fácil e econômico substituí-los do que consertá-los. Quando meu videocassete deixou de funcionar, gastei cinquenta dólares só para que o técnico desse uma olhada, enquanto um aparelho novo custava apenas 39 dólares. Paguei 35 dólares para consertar o zíper de meu casaco de lã, valor com o qual eu poderia facilmente ter comprado um outro agasalho. Quando os fones de ouvido de 4,99 dólares do meu rádio apresentaram defeito, descobri que o aparelho era uma peça única, sem parafusos ou encaixes; assim, se uma parte quebrasse, não poderia jamais ser substituída ou consertada.

A combinação de nossa dificuldade para consertar os objetos e a facilidade com que podemos substituí-los nos leva a tachar de lixo milhares de Coisas perfeitamente úteis. Já em países onde as pessoas não têm acesso tão fácil aos bens de consumo e onde a mão de obra é mais barata, consertar as Coisas ainda faz parte da cultura, por isso os ofícios de sapateiro, estofador e técnico de eletrodomésticos, entre outros, ainda são negócios viáveis.

No entanto, de acordo com a Professional Service Association, que recolhe dados anuais sobre o setor, a crise econômica de 2008 levou os americanos a um primeiro aumento na demanda por serviços de atendimento a clientes de eletrônicos nos últimos quatorze anos.[23] Oficinas de consertos de sapatos também voltaram a ser procuradas, após um longo declínio (no início da década de 1930, havia cerca de 120 mil oficinas de sapateiros nos Estados Unidos; hoje, há apenas 7 mil).[24] Em 2009, Rhonda

Jensen, proprietária da loja de consertos de sapatos Reuter, em Topeka, Kansas, relatou um aumento de cerca de 35 consertos para cinquenta ao dia. "Quando a economia fica ruim, as pessoas, ao invés de jogar os sapatos fora, mandam consertar",[25] resume com simplicidade.

Embalagens

A mais volumosa categoria de produtos que estamos descartando nos Estados Unidos, e talvez a mais irritante, é a de embalagens e recipientes. Talvez você esteja surpreso por eu chamá-los de "produtos", mas faz sentido, porque, na prática, funcionam como tal. Com certeza o que você deseja é o creme de amendoim e não o pote; o aparelho de mp3, e não a caixa de plástico; a espuma de barbear, e não o tubo de metal. Só que, muitas vezes, é tão somente a embalagem que diferencia as marcas concorrentes. Claro que, no caso de alguns alimentos e itens delicados, o invólucro desempenha a importante função de conservá-los intactos, porém, isso não altera o fato de que ele foi concebido como um produto individualizado que estimula a compra.

Exemplos particularmente perniciosos de embalagens são os frágeis sacos plásticos usados para embalar as Coisas e os recipientes descartáveis de bebidas. Quanto aos primeiros, em todo o mundo, felizmente, os governos começam a apertar o cerco: na China e na África do Sul, há proibições explícitas; na Irlanda, na Itália, na Bélgica e em Taiwan, foi estabelecida uma taxa para a sua utilização.[26] Na Irlanda, seis meses após a implementação do imposto, em 2002, a disseminação dos sacos plásticos havia declinado 90%.[27]

Quanto aos recipientes descartáveis de bebidas, ainda há um longo caminho a percorrer. Diariamente, os americanos usam mais de 150 milhões de unidades e mais de 320 milhões de copos descartáveis.[28] Garrafas descartáveis (ou *one-way*) são um fenômeno relativamente novo no país. Durante décadas utilizamos garrafas de vidro retornáveis, lavadas e reabastecidas localmente. Em 1960, apenas 6% dos refrigerantes eram distribuídos em recipientes descartáveis; em 1970, o número aumentou para impressionantes 47%; hoje, menos de 1% é comercializado em garrafa retornável.[29] À exceção de Berkeley – onde caminhar com uma garrafa descartável de água é tão vergonhoso quanto portar um casaco de pele –, o uso de descartáveis continua aumentando em todas as cidades. Analistas da indústria estimam que a demanda americana por recipientes do gênero continuará a crescer 2,4% ao ano, alcançando 272 bilhões de unidades em 2012.[30]

A regulamentação sobre o uso de vasilhames retornáveis determina que o consumidor pague uma taxa entre cinco e dez centavos de dólar sobre cada garrafa de bebida, valor que lhe é devolvido quando ele retorna com o recipiente vazio. Essa lei simples já comprovou ser singularmente eficaz na redução do descarte de garrafas, uma vez que estimula a produção de vasilhames retornáveis e a reciclagem, preserva matérias-primas, economiza energia e gera empregos. Apesar da oposição ferrenha da indústria, a lei está em vigor em onze estados americanos, oito províncias canadenses e vários países, como Dinamarca, Alemanha, Holanda e Suécia.[31] Devido à sua efetividade, quando há uma tentativa de expandi-la a outras regiões, os industriais se lançam em enfurecida oposição. Entre 1989 e 1994, foram gastos 14 milhões de dólares em publicidade com o objetivo de impedir que fosse instituída uma lei nacional nos Estados Unidos sobre o assunto.[32] Os oponentes argumentam que reutilizar garrafas é uma ameaça à saúde pública e que os benefícios advindos do depósito não são maiores que os obtidos com a reciclagem. Tais argumentos são uma balela. Tudo se trata de dinheiro: são as indústrias de bebidas que irão arcar com os custos de recolhimento e de reabastecimento das garrafas.

O Container Recycling Institute, que acompanha o andamento da lei, informa que: "Os mais ferrenhos adversários do depósito por vasilhame são quase exclusivamente os grandes fabricantes de bebidas. Coca-Cola Company, PepsiCo, Anheuser-Busch e seus engarrafadores e distribuidores combatem a lei o tempo todo."[33] As empresas citadas são as mesmas que se orgulham de apoiar a reciclagem em propagandas e material de divulgação. Claro, eles adoram a reciclagem, contanto que não haja leis sobre o uso de vasilhames!

Na busca de melhores embalagens

Até agora, a iniciativa mais séria para reduzir os despojos de embalagens foi tomada pela Alemanha. Em 1991, o governo aprovou uma lei sobre o tema cujo fundamento reside na crença de que as empresas que projetam, produzem, utilizam e lucram com embalagens devem ser financeiramente responsáveis por elas – uma ideia conhecida como responsabilidade estendida do produtor.[34] Um conceito e tanto!

A lei obriga as empresas a pagar tributo de acordo com o tamanho e o tipo de embalagem utilizada, o que é um incentivo não apenas para a sua redução, como para o emprego de materiais mais seguros. Um total de 72% das garrafas deve ser obrigatoriamente retornável![35] Para simplificar a logística de modo a cumprir as exigências, algumas empresas se reuniram e criaram o Duales System Deutschland (DSD). Elas pagam ao DSD de acordo com os vasilhames que usam, e o dinheiro é empregado para recolher, reutilizar, reciclar ou descartar de forma segura as embalagens jogadas fora. O DSD é chamado de programa Ponto Verde, porque os produtos das empresas participantes do sistema colocam um ponto verde (semelhante ao símbolo de yin-yang) em suas embalagens.[36]

Antes da lei, o descarte de embalagens na Alemanha crescia a uma taxa de 2% a 4% ao ano. Entre 1991 e 1995, caiu 14%, enquanto os americanos, no mesmo período, jogaram fora 13% a mais de embalagens. Após a impressionante redução observada nos primeiros anos de vigência da lei, as taxas desaceleraram. Em 2001, o programa se concentrou em promover a coleta eficiente e a recuperação de embalagens em indústrias de reciclagem, permitindo taxas de reaproveitamento entre 60% e 90% para vidros, papel, papelão, embalagens, metais e biodegradáveis.[37]

O sistema alemão não é perfeito. Contudo, ao transferir a responsabilidade para os fabricantes, mostra que é possível administrar o problema. A iniciativa inspirou a União Europeia a adotar, em 1994, uma diretriz sobre embalagens e seus despojos abrangendo todo o continente,[38] o que prova que a quantidade absurda de embalagens nas latas de lixo dos Estados Unidos não é, de maneira alguma, inevitável.

RESÍDUO DE CONSTRUÇÃO E DEMOLIÇÃO

O resíduo de construção e demolição é considerado um subproduto do RSU, mas ocupa tanto espaço em aterros sanitários que muitas vezes é mencionado como uma categoria separada. Abrange concreto, madeira, gesso, metal, tijolos, vidro, plásticos e componentes de construção como portas, janelas, banheiras, canos, enfim, tudo o que se compra para construir ou fazer uma reforma em um prédio ou uma casa, e tudo o que sobra em uma demolição. A forma mais fácil de livrar-se de uma parede, de uma sala ou de um prédio é derrubando-os. Os materiais destruídos e misturados formam uma grande pilha de dejetos e poeira; separados, são materiais de construção reutilizáveis. A Associação de Reciclagem de Materiais de Construção estima que mais de 325 milhões de toneladas de resíduos dessa natureza são produzidos nos Estados Unidos a cada ano.[39] Grande parte poderia ser reutilizada, o que reduziria não apenas a quantidade de lixo como o corte de árvores e a extração de metais.

Felizmente, os custos operacionais do descarte e as crescentes restrições a essa prática, além do desejo de evitar o desperdício e criar empregos, estimularam o surgimento de empresas "de desconstrução", conforme se autodenominam, voltadas para a recuperação desses valiosos recursos. Ainda que o reaproveitamento eventual de certos elementos de velhas edificações, sobretudo portas, janelas e estruturas de metal, seja uma prática antiga em demolições, na indústria "verde" a desconstrução pressupõe um planejado e meticuloso desmonte, de forma a preservar o máximo possível seus diversos materiais. De Berkeley ao Bronx, empresas desse tipo estão gerando empregos locais que não podem ser terceirizados.

Não muito longe da minha casa, a Urban Ore, uma das precursoras do setor, recupera materiais e os vende para reutilização. Lá encontrei, por preço baixo, minha pia do banheiro, a mesa do escritório, o painel de luz da garagem e as estacas de metal que seguram minha cerca de jardim, cujo destino certamente teria sido o aterro sanitário. A Urban Ore defende o reuso no lugar da reciclagem porque a reutilização conserva, além do objeto, a energia e o trabalho embutidos em sua produção. E quando eles vendem uma torneira de latão ou uma porta de estilo inglês, lucram mais do que se vendessem as mesmas peças para reciclagem.

Do outro lado do país, em Nova York, no South Bronx, bairro assolado pelo desemprego e pela degradação ambiental, com pilhas de dejetos por todos os lados e níveis alarmantes de asma e câncer, foi inaugurada em 2008 a cooperativa Rebuilders Source. O grupo recolhe parte das 2 mil toneladas de entulho que chega diariamente às unidades de coleta no bairro e a revende em seu galpão. O lema da cooperativa é: "Trabalhar para gerar empregos remunerados ao reciclar e reutilizar materiais de construção. Trabalhar para criar alternativas aos aterros sanitários. Defender oportunidades iguais e justiça econômica e ambiental."[40] Trata-se de um modelo excelente por apresentar saída, a um só tempo, para questões que envolvem justiça, economia e meio ambiente.

RESÍDUO HOSPITALAR

As pessoas tendem a se apavorar com o lixo proveniente de instalações médicas por acreditarem que ele possa propagar doenças. Na verdade, a maior parte do resíduo hospitalar é idêntica à de um hotel, restaurante ou escritório. Glenn McRae, fundador do CGH Environmental Strategies, que desde 1990 vem revirando pessoalmente lixos hospitalares ao redor do mundo e defendendo a administração segura de resíduos médicos, afirma: "Uma ínfima parte é de fato perigosa e, dependendo da especialidade do hospital, se os despojos tiverem sido cuidadosamente separados, não mais que 5% a 10% são potencialmente infecciosos."[41] Entre estes incluem-se perfurantes (agulhas), produtos farmacêuticos, resíduos de baixa radiação e qualquer objeto descartável que tenha entrado em contato com um doente. Combinando essa estratégia de segregação a uma substituição gradativa dos objetos descartáveis (pratos, aventais, lençóis e equipamentos) por Coisas reutilizáveis, um hospital pode reduzir bastante o seu lixo.

E quanto ao lixo perigoso de fato? A melhor e mais econômica solução é a autoclave, máquina parecida com um lava-louça que esteriliza a vapor em alta temperatura. É uma alternativa mais segura do que a incineração, embora muitos hospitais recorram à prática da queima com o intuito de eliminar patógenos. O problema é que a incineração não extermina apenas os germes ou vírus, mas também o material em que eles estão depositados, em geral plásticos, cuja combustão gera emissões tóxicas que causam diversas doenças, entre elas câncer.[42] Não à toa ativistas na Índia queriam pendurar uma faixa com os seguintes dizeres em um hospital de Nova Delhi especializado em câncer e que mantinha em funcionamento um potente incinerador: "CÂNCER: causado e curado aqui."

RESÍDUO ELETRÔNICO

O lixo eletrônico, ou e-lixo, é o descarte mais tóxico. Abrange celulares, computadores, TVs, aparelhos de DVD, brinquedos, eletrodomésticos, controles remotos etc. É composto por substâncias químicas e metais prejudiciais à saúde, e seu volume aumenta três vezes mais rapidamente que o dos outros tipos de lixo municipal.[43] Segundo a Eletronics TakeBack Coalition, as razões mais comuns para o aumento de e-lixo são:

1. Atualização de celulares: as operadoras de telefonia costumam oferecer ao cliente celulares gratuitos ou a preços módicos quando da assinatura ou da renovação de contratos. Como recusar a oferta de um modelo mais moderno com diferentes toques, timbres e cores e arriscar que o velho apresente defeito no meio do contrato? O consumidor não resiste e lá vão milhares de celulares ainda em funcionamento para o lixo!
2. Conversão para TV digital: no maior plano governamental de obsolescência planejada, em 2009 testemunhamos o fim das transmissões de TV analógica, substituídas pela TV digital. Milhões de aparelhos perfeitos se tornaram inúteis sem o uso de um conversor especial.[44] Além disso, a dificuldade de obtê-lo acabou sendo um estímulo à compra de uma nova tela plana ou HDTV. E para cada TV descartada, cerca de dois a quatro quilos de chumbo foram depositados em aterros sanitários.[45]

3. Atualização de softwares: com frequência, novos softwares não rodam em máquinas velhas, pois lhes falta a memória ou a velocidade de processamento, o que inviabiliza o funcionamento de computadores antigos e perfeitamente funcionais. Por exemplo, quando a Microsoft lançou seu sistema operacional Vista, provocou um pico no fluxo de e-lixo.[46] A complexa mistura de plásticos, metais e vidros nos computadores os torna realmente difíceis de reciclar.

4. Problemas com bateria: às vezes é tão difícil acessar e trocar a bateria de um eletrônico que as pessoas simplesmente preferem comprar um aparelho novo. Minha filha adorava um livro da Vila Sésamo que incluía um telefone através do qual ela simulava ligar para os personagens para ouvir, como resposta, mensagens gravadas. Quando a bateria acabou, tive que pagar mais do que o custo original do livro por uma substituta. Os iPods da Apple apresentam os mais infames desafios em termos de bateria; a menos que você seja um mago da eletrônica, não consegue trocá-la sozinho. É preciso mandar a usada à Apple para receber outra, o que implica o pagamento de uma taxa e a perda de tudo que está armazenado no aparelho. Com o preço dos iPods declinando, por que ter tanto trabalho?

5. Impressoras descartáveis: elas custam tão pouco (às vezes menos que cartucho de tinta) que podem vir de graça na compra de um computador. E conseguir falar com um ser humano real no SAC do fabricante para perguntar como proceder diante de um defeito pode ser bem mais desgastante do que ir a uma loja e adquirir uma impressora nova.

"Compre um novo" é a resposta padrão quando eletrônicos deixam de funcionar. Como resultado, cerca de 400 milhões de unidades do gênero, boa parte em perfeitas condições, são descartados nos Estados Unidos a cada ano. Em 2005, o volume total de e-lixo atingiu 1,8 milhão de toneladas![47] Altamente tóxicos, os eletrônicos contêm mercúrio, chumbo, cádmio, arsênio, berílio e fogo-retardantes bromados, entre outras substâncias nocivas. Mesmo assim, em vez de segregá-los e administrá-los com responsabilidade, os americanos ainda jogam 85% do seu e-lixo em aterros sanitários,[48] ou pior, em incineradores.

Em 2009, visitei uma imensa instalação de reciclagem de e-lixo em Roseville, Califórnia. O primeiro galpão parecia uma loja, com prateleiras do chão ao teto cobrindo todas as paredes, só que, ao invés de objetos para vender, elas estavam tomadas por produtos esperando para serem destruídos. Havia impressoras, televisões e caixas de papelão gigantes, cheias de telefones, aparelhos de mp3 e Blackberries, muitos ainda com o filme protetor sobre a tela, conforme saem da fábrica.

Cada produto estava ali para ser desmontado. Alguns eram destroçados primeiro à mão, por operários com marretas e martelos. Eu vi uma série de impressoras idênticas entrando na linha de montagem, todas com aquelas etiquetas azuis que você tem que puxar antes do primeiro uso. Perguntei a uma das guias qual era a percentagem de produtos novos. "Cerca de metade", ela respondeu. Fiquei perplexa. Que tipo de sistema econômico torna mais sensato destruir eletrônicos úteis no lugar de vendê-los ou partilhá-los? A guia explicou: "Os fabricantes não querem que eles voltem por meio de seus programas de garantia, pois são obrigados a se responsabilizar por eles. Por isso, é mais fácil destruir." Que desperdício!

Os aparelhos viajam por uma série de esteiras rolantes e passam por outros trabalhadores que removem suas baterias de modo a descartá-las separadamente – e essa é uma das características que revelam a excelência do descarte nas instalações de Roseville. Esse passo não é exigido por lei, mas é vital para que as substâncias tóxicas não contaminem os restos de material até o fim do processo.

Após a remoção da bateria, esteiras rolantes levam as Coisas até os trituradores no meio do galpão. As gigantescas máquinas de moer ocupam o espaço de um prédio de dois andares. Vi uma TV tão grande quanto meu sofá deslocando-se para seus ferozes dentes de metal, constantemente monitorados para evitar travas ou explosões.

Após serem mastigados e cuspidos pelos trituradores, os destroços são levados por mais esteiras através de um labirinto de plataformas móveis, ímãs e peneiras, como um imenso brinquedo de montar. Em seguida, são separados. Os plásticos caem em um determinado caixote; como estão misturados demais para serem reaproveitados, vão para aterros ou incineradores.

Os metais preciosos, único recurso recuperado que realmente vale algum dinheiro, vão para outro caixote. Daí viajam de trem por 4.800 quilômetros até a fundição de cobre Noranda, em Quebec, no Canadá, onde são fundidos e preparados para serem utilizados em outros produtos. Em seguida, o cobre segue para a China, onde é usado na fabricação de impressoras, computadores ou celulares que talvez retornem para os Estados Unidos.

Nos Estados Unidos, parte do e-lixo tem como destino as prisões federais, onde é separado para reciclagem. De 2003 a 2005, os presos processaram mais de 60 mil toneladas, muitas vezes sem usar qualquer equipamento protetor, mesmo sabendo-se que a destruição de eletrônicos libera compostos prejudiciais à saúde.[49] A Federal Prison Industries, que administra o processamento de e-lixo na prisão, é hoje alvo de uma investigação do Departamento de Justiça quanto às exposições tóxicas infligidas aos presos, mas a prática continua.

Embora cerca de 12,5% do e-lixo nos Estados Unidos seja supostamente recolhido para alguma forma de "reciclagem", a Basel Action Network (BAN) revelou que cerca de 80% desse número são encaminhados para descarte em países em desenvolvimento.[50] Uma parcela é processada da maneira mais insalubre que se pode imaginar: famílias inteiras abrem computadores para recuperar quantidades minúsculas de metais preciosos, queimando os fios de PVC para extrair o cobre e mergulhando os componentes em banhos de ácido, que depois contaminam a água dos rios. É um pesadelo tóxico de proporções gigantescas.

Alguns argumentam que a reciclagem de e-lixo gera empregos, mas, como diz Jim Puckett, diretor executivo da BAN, esse tipo de trabalho parece "uma escolha entre veneno e miséria".[51] E, na verdade, como rende muito pouco, as comunidades acabam ficando com ambos. No começo de 2009, a Dell anunciou que já não exportaria produtos eletrônicos para as nações em desenvolvimento tendo em vista reciclagem, reutilização, conserto ou descarte. "Embora as leis americanas não restrinjam a maior parte das exportações, a Dell decidiu ir além dessas regulamentações inadequadas", informou Puckett, acrescentando: "A empresa merece pontos por liderar o caminho da indústria responsável."[52]

O local mais efetivo para resolver problemas de e-lixo é na base da produção, onde se tomam as decisões sobre projetos e componentes. Os fabricantes de computadores e outros eletrônicos poderiam introduzir melhorias para torná-los mais duráveis, menos danosos e mais fáceis de atualizar e consertar (e, como última opção, reciclar). Algumas empresas começam a trilhar o caminho certo: Dell, HP e Apple hoje têm programas que permitem que os clientes devolvam computadores quando compram outros – mas eles só foram instituídos depois de grandes campanhas organizadas por entidades civis. Assim, precisamos de leis que obriguem os fabricantes a assumir a responsabilidade pelo resgate de seus produtos e por sua capacidade de reciclagem.

Felizmente, isso começa a acontecer. Recentemente, dezenove estados americanos aprovaram leis que exigem a reciclagem de e-lixo. Todas elas, exceto a da Califórnia, usam a abordagem de responsabilização do produtor, que tem que arcar com os custos da reciclagem.[53] Outro avanço importante é a expansão de programas de certificação que monitoram recicladores de eletrônicos e certificam aqueles que atendem a padrões de justiça ambiental e social. Essas empresas se comprometem a reciclar e-lixo (usando um processo semelhante àquele que testemunhei nas instalações de Roseville) e jamais enviá-lo para aterros sanitários, incineradores, prisões ou países em desenvolvimento.[54]

O MITO DA ELIMINAÇÃO

Pois bem, para onde vão as imensas pilhas de Coisas que jogamos fora? O lixo tem dois destinos principais: é enterrado ou queimado. E apenas uma pequena parte é reciclada. Mas existe outro aspecto importante: carregamentos marítimos de lixo americano são enviados a outras regiões do mundo, muitas vezes sob o disfarce de reciclagem. Além de ser antiético e imoral despejar dejetos contaminados em outras comunidades, no final, os danos à saúde e ao meio ambiente retornam, via ar, água e por meio dos alimentos.

DESCARTE EM ATERROS

Nos Estados Unidos, 64,5% do resíduo sólido urbano vai parar em uma grande cratera escavada no chão,[55] o lixão. Os lixões não ficam mais a céu aberto, contam com forração e sistemas para recolha do líquido que escorre do material (chorume), e aí temos o que se chama de "aterro sanitário". "Aterro sanitário" soa melhor que "lixão", mas é tudo a mesma coisa: apenas um buraco cheio de lixo que fede e expele líquidos.

O propósito de um aterro é enterrar o lixo de modo a que fique isolado dos lençóis freáticos, seja mantido seco e não entre em contato com o ar. Quando essas condições são atendidas (o que basicamente jamais acontece), não se decompõe tanto, e esta é a parte "sanitária" do processo. O aterro típico ocupa pelo menos diversas centenas de hectares de terra, dos quais talvez apenas um terço seja dedicado ao lixão propriamente dito.[56] A parte restante do terreno é usada para serviços de apoio: lagos coletores de vazamentos e de contenção de chorume, estações de recepção, estacionamento de caminhões.[57]

Eis os principais problemas dos aterros sanitários:

1. Todos vazam

Não importa quão bem-arquitetados são os aterros – a chuva se infiltra e se mistura aos líquidos presentes no lixo, que escorrem através dos dejetos secos e absorvem contaminantes (como os metais pesados de tinta de impressoras, corantes, pesticidas domésticos, desentupidores de pia). O resultado é o chorume, uma poção repugnante que pode infiltrar-se diretamente no solo, contaminando a água da superfície e do subsolo. Diferentemente da poluição que vemos a olho nu em rios e mares, esta não é visível, sendo, portanto, mais difícil de ser controlada. Nós também não deveríamos contaminar os rios, mas ao menos eles são regularmente renovados com água limpa. Já os aquíferos do subsolo, que contêm mais de cem vezes o volume de água doce encontrado na superfície da terra, leva milhares de anos para fazer o mesmo.[58]

Engenheiros desenharam sistemas coletores – redes de canos na parte mais baixa do aterro – na tentativa de desviar e recolher o chorume para que seja tratado como água servida (o que também é problemático). Mas dutos de coleta entupidos ou quebrados ou transbordamento de chorume pelo alto frequentemente impedem a eficiência do sistema.[59]

2. São sempre tóxicos

Nos Estados Unidos, as leis dissociam o lixo perigoso do comum, uma diferenciação mais baseada em aspectos legais do que reais.[60] Assim, aterros sanitários para dejetos perigosos são arquitetados e regulados com mais rigor, entretanto, o resíduo sólido urbano também inclui substâncias químicas altamente nocivas, contidas em Coisas do uso diário. Pesquisadores constataram que o chorume de aterros municipais é tão tóxico quanto o de aterros de dejetos perigosos. Não surpreende, portanto, que 20% dos locais contaminados detectados pelo Superfund (programa nacional de limpeza americano de resíduos tóxicos) e qualificados de máxima prioridade sejam antigos aterros sanitários municipais.[61]

3. Poluem o ar e contribuem para o caos climático

Quando o material orgânico descartado nos aterros apodrece, libera metano, um poderoso gás do efeito estufa que, embora se disperse rapidamente, é vinte vezes mais danoso do que o famoso dióxido de carbono.[62] Inflamável e inodoro, o metano é um composto orgânico volátil (COV). Os lixões produzem outros COVs – emanações de tintas, tíner, produtos de limpeza, colas, solventes, pesticidas e materiais de construção. Sintomas comuns da exposição a COVs concentrados são dores de cabeça, tonturas, irritação nos olhos, coceiras, problemas respiratórios e sinusite. Muitos estudos documentaram o aumento da incidência de câncer (especialmente leucemia e tumor na bexiga) e outros problemas de saúde em comunidades próximas a aterros sanitários.[63]

Compostagem

Se conservássemos todos os materiais orgânicos fora dos aterros sanitários, poderíamos praticamente eliminar o metano liberado por eles, o que reduziria o chorume significativamente e manteria o clima mais fresco. Em muitas cidades, restos orgânicos – alimentos, podas de jardim, papel usado – compõem um terço ou mais do lixo urbano.[1] Separar esses restos do lixo seco ainda dentro de casa (ou da empresa) e tratá-los pela compostagem é a melhor solução. Dessa forma, os recicláveis não estragam pelo contato com os materiais orgânicos, e estes não são contaminados pelos elementos tóxicos presentes nos bens de consumo. Além disso, o resultado é um substancioso fertilizante para o solo.

Acredito que a compostagem sofra de um problema de imagem. Para a maioria das pessoas, ela está associada a agricultores amalucados ou hippies. Mas, na verdade, a compostagem é uma medida simples que todos podem implementar para equilibrar melhor o fluxo de materiais domésticos. Em São Francisco, temos coleta de orgânicos. Os moradores conservam uma pequena lata verde na cozinha para armazenar os restos de comida, que, depois, é despejada em uma lata verde maior, onde ficam as sobras orgânicas do jardim, que, por sua vez, é esvaziada semanalmente. No primeiro programa de larga escala desse tipo no país, São Francisco enviou mais de quatrocentas toneladas por dia de material para compostagem, e não para aterragem.[2]

Caso sua cidade não tenha um programa de compostagem municipal, você pode adotar um sistema caseiro. Eu mesma tenho um: mantenho quatro latinhas pretas do lado de fora da casa cheias de minhocas. Elas comem todos os resíduos da preparação de alimentos, restos de refeições, despojos de jardim e papel molhado, e os transformam em um rico fertilizante. Quando visitei meu amigo Jim Puckett em seu pequeno apartamento de Amsterdam, ele tinha uma simpática caixa de madeira logo atrás da porta da frente. Parecia um banco comum, mas, quando se levantava o assento, viam-se as minhocas lá dentro, "trabalhando" sobre o jantar da noite anterior. Em Nova Delhi, Índia, e em Cidade Quezon, nas Filipinas, vi programas de bairro que usam velhos barris ou apenas covas longas, cheias de minhocas, onde os moradores jogam seu lixo orgânico. Do Cairo até Calcutá, organizações comunitárias e funcionários municipais progressistas desenvolvem programas desse tipo.

Onde vivo, a agência de limpeza pública municipal subsidia recipientes de compostagem para moradores, vendendo-os com desconto de 60%. Eles não se importam de arcar com esse custo porque poupam muito mais deixando de recolher o pesado lixo orgânico. Desde o início do programa, em 1991 (e até julho de 2009), eles venderam mais de 72 mil latas de compostagem e minhocas, o que, segundo suas estimativas, evitou a remessa de mais de 110 mil toneladas de lixo orgânico aos aterros sanitários.[3]

Em 1999, a União Europeia estabeleceu uma diretriz para reduzir o lixo orgânico nos aterros ao longo dos vinte anos seguintes. Em 1998, a região de Nova Escócia, no Canadá, adotou uma proibição radical de aterragem ou incineração de orgânicos, o que impulsionou o desenvolvimento de uma impressionante infraestrutura de compostagem.[4] Até agora, 21 estados americanos proibiram a aterragem de despojos de jardim,[5] o que é um bom começo, pois, uma vez que os sistemas de compostagem de jardim são instalados, não é difícil adicionar ali o lixo de cozinha e de restaurantes. Qualquer método de compostagem é menos dispendioso e mais inteligente do que construir aterros sanitários ou incineradores de alta tecnologia.

1. "Organic materials", Agência de Proteção Ambiental (epa.gov/osw/conserve/materials/organics/index.htm).
2. "Zero waste: Composting", SFEnvironment (sfenvironment.org/our_programs/topics.html?ti=6).

3. Correspondência pessoal com Robin Plutchok, gerente do programa no Stopwaste.org, ago 2009.

4. "Managing MSW in Nova Scotia", *BioCycle*, fev 1999, vol.40, n.2, p.31.

5. "The State of Garbage in America" *BioCycle*, vol.47, n.4, abr 2006, p.26 (jgpress.com/archives/_free/000848.html).

---

4. Consomem recursos

De que forma os aterros consomem recursos? Para começar, há vastas extensões de terra em excelente estado tomadas por aterros. Depois de lotados, geralmente eles são recobertos por terra e em seguida replantados. Muitos são transformados em parques, estacionamentos ou shopping centers, mas são áreas condenadas. O lixo se acomoda com o passar do tempo, tornando o terreno instável, e, assim, as estruturas aí erguidas muitas vezes se deslocam e afundam. Quanto aos parques, eles atraem crianças – e ter nossos filhos correndo sobre uma pilha de lixo exalando COVs é uma péssima ideia.

Como explica Peter Montague, diretor da Environmental Research Foundation,

> No momento em que cessam os esforços humanos, a natureza assume e a desintegração começa. Muitos agentes trabalham para desmantelar um aterro sanitário: pequenos mamíferos, pássaros, insetos, répteis, anfíbios, minhocas, bactérias, as raízes das árvores, arbustos e vegetação rasteira, e mais o vento, a chuva, a erosão do solo. O conteúdo de um aterro se espalha no meio ambiente e, muitas vezes, contamina os suprimentos de água. Pode levar uma década ou mesmo meio século, mas, cedo ou tarde, o lixo enterrado numa cratera rasa escapa e se dissemina.[64]

O principal desperdício de recursos, no entanto, é a existência do próprio lixo. Considere o ciclo de vida das Coisas – em cada uma está embutida uma longa história, de extração em minas, colheita em campos ou florestas, produção em fábricas, transporte etc. É um absurdo trancar esses recursos no subsolo após todo o esforço despendido em extrair, produzir e distribuir as Coisas!

INCINERAÇÃO

Incineradores são grandes máquinas que queimam lixo. Em 1885, quando o primeiro aparelho do país foi construído, em Governors Island, Nova York, parecia uma boa forma de se livrar de cascas de batata, ossos de galinha e retalhos de pano, ainda que, já naquela época, existissem formas mais saudáveis de lidar com dejetos. Hoje não temos desculpa: o fogo não é um método apropriado de tentar fazer o lixo "sumir", sobretudo quando contém celulares, videocassetes, latas de tinta, PVC e baterias. Centenas de relatórios condenam a incineração, e cientistas, recicladores, ativistas e funcionários municipais vêm lutando para que esse sistema seja deixado de lado. Aqui estão dez argumentos contra seu uso:

1. Os incineradores poluem

Incineradores liberam no ar as substâncias tóxicas contidas nos produtos, que se infiltram na água de mares e rios, acumulam-se em plantações e pastos e chegam até nós pela contaminação de peixes, carnes e laticínios. Para piorar, no processo de combustão do lixo, as substâncias químicas se quebram e, recombinadas, formam novas supertoxinas. Os incineradores então entre as principais fontes de dioxina, um dos poluentes industriais mais tóxicos.[65] Por exemplo, a queima de cloro – presente em roupas, papel, carpetes, PVC, produtos de limpeza – gera dioxina. Incineradores antigos e mal-operados poluem o ar e também as cinzas, enquanto usinas mais avançadas concentram os dejetos perigosos apenas nas cinzas. Em ambos os casos, no entanto, são geradas substâncias químicas que causam câncer, danos a pulmões e olhos e problemas endócrinos, neurológicos, circulatórios e reprodutivos.[66]

2. Incineradores não eliminam a necessidade de aterros

Os defensores da incineração alegam que o processo de queima faz com que o lixo desapareça. Mas isso não é exatamente verdade: ele é simplesmente transformado em cinzas e poluição. Em geral, para cada três toneladas que entram em um incinerador, uma tonelada de cinzas precisa ser enterrada.[67] E elas são mais tóxicas que o lixo original devido à alta concentração de metais pesados, que não podem ser destruídos.

Há dois tipos de cinza: a pesada, que se acumula na base da câmara de combustão, e a leve, que sobe pela chaminé e é muito mais tóxica. Alguns operadores de incineradores misturam os dois tipos antes do aterramento, e aqui está o problema: quanto mais efetivo o filtro no alto de uma coluna de chaminé, mais danosa é a cinza. Ouvimos muito sobre os avanços em tecnologia de filtragem, mas esta não elimina as toxinas, apenas as deposita em outro lugar.

3. Incineradores violam os princípios de justiça ambiental

Os incineradores entram na categoria de desenvolvimento industrial sujo: em geral são construídos em comunidades de baixa renda, forçando-as à convivência com a poluição tóxica. Nessas localidades, a insalubridade não resulta apenas do material ejetado pelas chaminés, mas também da emissão de CO_2 proveniente do intenso tráfego de caminhões que transportam os dejetos.

4. Incineradores no auge da moda

Nos anos 1980, propostas para a construção de incineradores de lixo municipal eram moda nos Estados Unidos. Ellen e Paul Connett, editores do informativo *Waste Not*, que monitorava incineradores de lixo municipal, estimam que tenham sido apresentados mais de quatrocentos projetos ao longo da década, época em que seus defensores iam de comunidade em comunidade alardeando os supostos benefícios ambientais de queimar despojos.[68] Felizmente, boa parte dessas propostas não chegou a ser implementada, porque foi combatida com veemência pelas comunidades mais bem-informadas. As instalações que foram erguidas, além dos vagalhões de fumaça nociva, eram assoladas também por problemas técnicos e financeiros. Assim, a indústria americana de incineradores ficou à beira da paralisação e, desde 1992, nenhum incinerador de volume superior a 2 mil toneladas por dia foi construído.[69]

A solução encontrada pelos industriais do lixo para driblar a resistência da sociedade foi transferir seus incineradores para os países que começavam a participar do consumo em larga escala de bens manufaturados. O curioso é que mesmo nesses países eles encontraram resistência, por isso uma de suas estratégias foi trocar a estigmatizada palavra "incineração" por outras menos gastas, como arco de plasma, pirólise, gasificação e usinas lixo-energia. A Global Alliance for Incinerator Alternatives (Gaia) chama essas máquinas gigantescas e dispendiosas de "incineradores disfarçados",[70] pois, com um nome ou outro, destroem recursos e põem em risco a saúde das pessoas e do planeta.

5. Usinas lixo-energia

Os adeptos das "usinas lixo-energia" prometem transformar todos os dejetos em energia, o que soa atraente, e reivindicam até créditos de energia renovável por conta disso! Mas há dois problemas.

Primeiro: o pouco de energia recuperada com a queima de resíduos é muito sujo, e o processo libera mais gases do efeito estufa do que a queima de gás natural, óleo ou carvão. De acordo com a Agência de Proteção Ambiental (EPA), incineradores de lixo produzem 1,355 gramas de CO_2 por quilowatt/hora; o carvão produz 1,020; o óleo, 758; e o gás natural, 515.[71]

Segundo: vale observar um quadro mais amplo. Quando se queima algo, isso significa ter que voltar a extrair, minerar, cultivar, colher, processar, finalizar e transportar um novo produto para substituir o que foi destruído. Tudo isso consome muita energia. Se o objetivo principal é conservá-la, faz mais sentido poupá-la de antemão, reutilizando e reciclando Coisas.

6. Os incineradores drenam a economia local e geram poucos empregos

Os custos com a implementação de um incinerador em países industrializados chegam a 500 milhões de dólares.[72] Enquanto isso, nos países em desenvolvimento, esse valor varia de 13 mil a 700 mil dólares.[73] E a maior parte dos equipamentos dos países mais pobres jamais atenderia aos requisitos instituídos pelas leis de segurança e saúde nos Estados Unidos e na Europa. No entanto, uma vez instalados, os incineradores são consumidores de capital e máquinas, e não de mão de obra, visto que abrem apenas cerca de trinta vagas de tempo integral. Vale contrastar esse processo nocivo com programas de reciclagem e de desperdício zero, onde cada dólar investido gera dez vezes mais empregos locais que fortalecem a comunidade.[74]

7. Incineradores são a opção mais dispendiosa em administração de lixo

Em contraste com os 500 milhões de dólares necessários para construir um incinerador, um centro de alta tecnologia para recuperação de materiais como o Davis Street Transfer Center, a mais avançada instalação do tipo na Costa Oeste americana, custou pouco mais de 9 milhões. E mais: enquanto um potente incinerador queima em geral 2 mil toneladas de lixo por dia, o centro administra 4 mil, das quais 40% são recicladas, além de proporcionar empregos a 250 pessoas.[75] A diferença é ainda mais óbvia nos países em desenvolvimento, onde a reciclagem e a compostagem são menos mecanizadas e, portanto, necessitam de mais mão de obra.

A Gaia calculou que a compostagem descentralizada de baixa tecnologia em países do hemisfério sul pode funcionar com equipamentos que custam 75 vezes menos que o investimento em incineradores.[76] Até o Banco Mundial admite que construir e operar tais máquinas custa no mínimo o dobro do que se gasta com a implementação de aterros sanitários, embora continue a financiá-las em países em desenvolvimento.[77]

8. Incineradores estimulam o desperdício

Incineradores funcionam melhor quando trabalham continuamente, o que significa que precisam de suprimento de lixo constante. As empresas que os administram costumam incluir cláusulas em seu contrato que lhes permitam importar dejetos, caso a geração local de lixo fique abaixo do volume desejado. Ora, deveríamos fechar compromissos para reduzir o lixo, e não para promovê-lo ou perpetuá-lo!

Além disso, o lixo que se incinera mais facilmente é justamente aquele que é mais fácil também de evitar (como Coisas descartáveis e embalagens de uso único) e de reciclar (como papel). Isso significa que o uso de incineradores compete diretamente com os esforços para reduzir e reciclar materiais. Não à toa, em muitas cidades, proprietários de incineradores chegam a pressionar governos para banir recicladores informais de suas proximidades, de modo a assegurar que tenham suficientes Coisas para queimar.

9. Incineradores minam soluções reais e criativas

Depender de um incinerador desestimula a imaginação. É algo para quem busca soluções temporárias, e não para quem tem visão de longo prazo e considera o sistema de forma mais ampla, fazendo-se perguntas como: quais foram as decisões tomadas nos pontos de produção, distribuição, consumo e descarte que resultaram nesse desperdício? Como podemos alterá-las para gradativamente eliminar o lixo? Deter um problema na fonte é melhor – e mais econômico – do que ficar focado na solução imediata.

10. Incineradores simplesmente não fazem sentido

Conheci muitos engenheiros que se esforçaram para me convencer de que seu mais novo e miraculoso incinerador é diferente: que ele *realmente* resolve o problema da dioxina; que ele *realmente* recupera energia etc. Paul Connett, que já testemunhou contra empresas de incineração em audiências, tem um mantra: "Mesmo que você possa torná-los seguros, jamais poderá torná-los sensatos."[78] Não faz sentido investir centenas de milhões de dólares no desenvolvimento de máquinas que destroem recursos.

A REDUÇÃO DO USO DE TÓXICOS EM MASSACHUSETTS

Líderes municipais e empresários muitas vezes se concentram na questão do que fazer com o lixo tóxico. Se enterrá-lo e queimá-lo está fora de questão, qual a alternativa? Eis uma analogia: imagine que você chega em casa e descobre que deixou a torneira da cozinha aberta antes de sair. A pia transbordou e a água está por toda parte. Por onde você começa: enxugando os tapetes ou fechando a torneira? Em termos de lixo, fechar a torneira se traduz em reduzir a quantidade de substâncias tóxicas usadas na produção.

A Lei de Redução do Uso de Substâncias Tóxicas (Tura), aprovada em Massachusetts em 1989, é um bom exemplo de como isso poderia funcionar. A Tura inclui ambiciosos objetivos de redução de despojos, exigindo que as empresas monitorem as substâncias químicas que utilizam e liberam e que redijam relatórios detalhados sobre como poderiam restringir seu uso na fabricação dos produtos. Na esteira da lei, em 1990 foi criado o Instituto de Redução do Uso de Substâncias Tóxicas (Turi), na Universidade de Massachusetts Lowell, para fornecer assistência técnica à pequisa de alternativas para a redução não apenas de elementos nocivos à saude, mas também de energia e água.[79] Funcionou. A empresa de eletricidade Lightolier, por exemplo, baixou as emissões de COVs em 95%; as toxinas, em 58%; e o uso de eletricidade e gás natural, em 19% e 30%, respectivamente. No processo, poupou milhões de dólares em custos operacionais.[80]

Em escala estadual, o trabalho do Turi permitiu diminuir 41% do uso de substâncias tóxicas nas indústrias; 65% dos despojos tóxicos; e 91% das emissões. Fabricantes que participaram do programa relataram uma economia anual de 4,5 milhões de dólares.[81] Embora o trabalho do instituto se concentre em Massachusetts, seus recursos e ferramentas estão disponíveis on-line (www.turi.org.). Sua base de dados, a CleanerSolutions, oferece soluções para a gestão ambiental em indústrias.

NUMA TERRA MUITO, MUITO DISTANTE...

Em vinte anos de trabalho na área, vi muitas tentativas por parte de empresas americanas de se livrar do lixo, especialmente o tóxico, enviando-o para alguma outra parte do mundo. Não posso deixar de relatar algumas das histórias mais trágicas com que deparei.

Para Bangladesh

No fim de 1991, quatro empresas da Carolina do Sul misturaram clandestinamente mil toneladas de lixo tóxico em um carregamento de fertilizantes que o governo de Bangladesh havia comprado com um empréstimo do Banco Asiático de Desenvolvimento. A operação foi descoberta por autoridades ambientais dos Estados Unidos durante uma inspeção aleatória nas instalações da Stoller Chemical, firma que produzia o fertilizante e que tentava se livrar de material contendo chumbo e cádmio em níveis além dos permitidos. Quando a Agência de Proteção Ambiental (EPA) tomou conhecimento do caso, o fertilizante contaminado já havia chegado a Bangladesh. Na época, eu estava em contato direto com funcionários da agência que rastreavam o mercado internacional de lixo e fiquei sabendo do episódio.

Pela lei americana, as empresas só podem exportar esse tipo de lixo tóxico após permissão por escrito do país importador.[82] Isso não ocorreu e as empresas foram multadas. Mas nem o governo americano nem o bengalês revelaram qualquer disposição para fazer algo essencial: trazer de volta o material.

Viajei até Bangladesh com o objetivo de rastrear o fertilizante e recolher eventuais amostras de solo contaminadas para forçar ambos os governos a realizar os procedimentos de limpeza. Primeiro, visitei a embaixada dos Estados Unidos em Daca, esperando contar com a indignação dos diplomatas. Mas o funcionário com quem conversei não parava de repetir: "Não é nossa responsabilidade. O envio foi uma transação comercial entre empresas privadas e nós não nos envolvemos em casos desse tipo." Uma representante de uma organização ambiental local acompanhou-me de ônibus e depois de riquixá a uma pequena vila na zona rural onde havia rumores de que o fertilizante ainda estava à venda. Para todo lado que eu olhava, os arrozais eram do mais luxuriante verde que eu já tinha visto: por que eles precisariam de fertilizantes?

Em uma loja de suprimentos agrícolas, encontrei um último saco do produto e comprei-o imediatamente. Anotei os nomes dos agricultores das redondezas que o haviam adquirido e rumei para uma das plantações, onde seu proprietário nos recebeu numa casa modesta, feita de paredes de terra, e nos ofereceu um chá. Depois de explicarmos nosso propósito, ele nos conduziu entusiasmado aos campos para recolher amostras de solo. Eu não compreendia sua satisfação, sabendo que seus campos continham lixo tóxico enviado ilegalmente dos Estados Unidos. Segundo a intérprete, ele se dizia aliviado, já que agora o governo americano sabia onde estavam as substâncias nocivas e viria descontaminar sua terra. Senti-me esmagada por tristeza e vergonha, e confessei que achava que isso não ia acontecer. Mas prometi a ele que levaria seu pedido de limpeza ao governo de meu país e que usaria amostras do solo de suas plantações para apoiar uma campanha pelo fim do tráfico global de lixo.

Voltei a Daca com o pesado saco de fertilizante contaminado. Não sabia o que fazer com aquilo. Depois de muito ponderar, resolvi devolvê-lo à embaixada dos Estados Unidos, considerada solo americano. Deixei-o no balcão de recepção com um bilhete informando que eu o estava devolvendo ao solo ao qual pertencia. E deixei os diplomatas diante de um dilema: por ser carga ilegal, o saco não poderia ser despachado para os Estados Unidos, nem descartado em Bangladesh...

Para a África do Sul

Um dos piores casos de tráfico internacional de lixo em que já trabalhei aconteceu numa pequena cidade industrial chamada Cato Ridge, na África do Sul. Lá, uma empresa sul-africana de processamento de mercúrio chamada Thor Chemicals, de propriedade britânica, estava importando despojos do metal dos Estados Unidos e da Europa, supostamente para reprocessamento. A Thor Chemicals Holdings, sede britânica, havia transferido suas operações para a África do Sul em 1988[83] porque, no ano anterior, havia sido obrigada a fechar sua usina no Reino Unido sob a acusação de operar com níveis excessivos da substância no ar e no organismo de seus funcionários.

A usina em Cato Ridge tinha importado milhares de toneladas de mercúrio durante os anos 1990, inclusive das exportadoras American Cyanamid, de Nova Jersey, e da Borden Chemical, da Louisiana. Embora houvesse usinas de processamento de mercúrio nos Estados Unidos, nenhuma delas aceitaria dejetos com um nível tão alto de contaminação orgânica como aqueles que as duas empresas produziam. Mas a Thor Chemicals se dispôs a receber esse material a uma taxa de mais de mil dólares por tonelada.[84]

Um ano após o início das operações da Thor Chemicals em Cato Ridge, foi descoberta grande quantidade de mercúrio no rio Mngeweni, que corria atrás da usina. Em 1989, o jornalista americano Bill Lambrecht, do *St. Louis Post-Dispatch*, interessou-se pelo caso; ele constatou níveis do metal de 1,5 partes por bilhão em suas águas, proporção 1.500 vezes mais alta que os níveis de toxicidade permitidos nos Estados Unidos.⁸⁵ O Mngeweni flui para o Umgeni, que irriga terras agrícolas e pastos, além de alimentar o suprimento potável da grande cidade costeira de Durban. Mesmo a sessenta quilômetros rio abaixo, perto de Durban, a quantidade de mercúrio era vinte vezes maior que a taxa limite americana.⁸⁶

Os funcionários da Thor já vinham reclamando de um gosto de metal na boca, enegrecimento nas pontas dos dedos, erupções na pele, vertigens e outros sintomas de envenenamento. Nos documentos da Thor, vazados para a organização sul-africana Earthlife Africa, havia registros de exames realizados em operários que apontaram concentrações de mercúrio cem vezes mais altas que os índices tolerados pela Organização Mundial de Saúde (OMS). Em 1992, três funcionários morreram. A situação ganhou a mídia internacional quando Nelson Mandela visitou um trabalhador doente, em 1993.⁸⁷

Ambientalistas da África do Sul, incluindo a Earhtlife Africa e o Environmental Justice Networking Forum, uniram-se ao Greenpeace para divulgar e deter o desastre. Campanhas de protesto foram organizadas para pressionar os exportadores de lixo e a Thor, tanto no Reino Unido quanto na África do Sul. Em meados dos anos 1990, o governo sul-africano finalmente ordenou o fechamento da usina. Contudo, um volume maciço de dejetos ficou abandonado no local.

Visitei Cato Ridge em 1996 para trabalhar com ativistas que temiam a incineração desse lixo tóxico. Meu anfitrião, o indomável ativista ambiental Bobby Peek, baseado em Durban, me conduziu por uma trilha que nos permitiu chegar perto da cerca da fábrica. Sem um segurança sequer nas redondezas, foi fácil avistar piscinas abertas de contenção de dejetos de mercúrio que, certamente, transbordariam sob chuvas fortes, e galpões de armazenamento que, segundo Peek, estavam entulhados de barris cheios de substâncias tóxicas. Havia tanto mercúrio sem tratamento que os ambientalistas chegaram a duvidar que a Thor tivesse mesmo a intenção de processar aqueles despojos. Nós seguimos um fluxo de drenagem que desaguava num rio – aí as descargas de mercúrio eram tão pesadas que veios cor prata corriam pela vala.

Foi apenas em 2003 que a Thor – agora chamada Guernica Chemicals – concordou em contribuir com 24 milhões de rands (algo em torno de 2,5 milhões de dólares, em 2009) para a faxina da usina. O valor corresponde a menos da metade dos custos estimados para limpar as cerca de 8 mil toneladas de despojos abandonados no local.[88]

Até o momento em que escrevo, a limpeza não começou, e a contaminação continua a ser um problema. Em outubro de 2008, o Conselho de Pesquisa Médica da África do Sul divulgou um relatório detalhando níveis elevadíssimos de mercúrio no organismo de moradores próximos de uma represa local, Inanda, cujo lago é a maior fonte de água potável de Durban. Também foi relatado que 50% das amostras de peixe do rio Umgeni, que recebe o fluxo da usina, apresentavam uma quantidade de mercúrio acima dos limites de consumo seguro recomendados pela Organização Mundial de Saúde.[89]

Em 1994 e novamente em 1998, diversos funcionários, junto com representantes de três trabalhadores mortos por envenenamento, abriram ação no Reino Unido contra a Thor Chemicals Holdings. Em ambos os casos, a empresa tentou se desvencilhar da ação, primeiro buscando transferi-la para cortes sul-africanas, onde, presumivelmente, poderia ter mais influência sobre o resultado. A Thor terminou por fechar um acordo fora dos tribunais; em 1997, pagou 1,3 milhão em libras (mais de 2 milhões de dólares), e, em 2003, 240 mil libras (mais de 300 mil dólares em valores da época) de indenização às famílias.[90]

Para o Haiti

Eu tenho um pote de cinzas em minha escrivaninha. Geralmente ele passa despercebido entre as pilhas de papéis, mas, de vez em quando, alguém me pergunta sobre ele. É um pote com um pouco das mais famosas cinzas de incineração do mundo. São do Haiti. Digo, da Filadélfia.

Por anos seguidos a cidade da Filadélfia queimou seu lixo em um incinerador municipal. Como de costume, seus operadores não tinham um plano de descarte para as pilhas de cinzas que a máquina cuspia. Em 1986, a prefeitura pagou 6 milhões de dólares à firma Joseph Paolino & Sons para que ela desse um destino àquele material tóxico. A empresa, por sua vez, contratou outra, a Amalgamated Shipping, proprietária do cargueiro *Khian Sea*, que embarcou 14 mil toneladas de cinzas com a intenção de despejá-las no Caribe.[91]

Na época, eu trabalhava com a equipe do Comércio Tóxico do Greenpeace. Graças a nossos avisos, o navio foi impedido de fazer o descarte nas Bahamas, nas Bermudas, na República Dominicana, em Honduras, na Guiné Bissau e nas Antilhas holandesas. Continuou então a navegar pela região, em busca de um local de descarga. Em dezembro de 1987, chegou a Gonaïves, uma pequena cidade portuária do Haiti, poeirenta e pobre. O *Khian Sea* contava com uma permissão assinada pelo governo do Haiti para importar "fertilizante". Ansiosa por concluir sua viagem de pesadelo, a tripulação começou a descarregar as cinzas na praia. Alertado pelo Greenpeace, o governo haitiano ordenou a remoção das cinzas; mesmo assim, 4 mil toneladas foram deixadas na costa.

As 10 mil toneladas restantes viajaram durante 27 meses, passando por todos os continentes, exceto a Antártica. A equipe do Greenpeace continuou a rastrear o *Khian Sea*, avisando cada país em que ele chegava. O navio foi repintado, mudou de nome duas vezes e chegou a voltar para a Filadélfia, com o objetivo de devolver as cinzas ao cliente original, mas não obteve sucesso. Em novembro de 1988, reapareceu em Cingapura com seus porões de carga vazios. O capitão se recusou a revelar onde as cinzas haviam sido jogadas, mas a Divisão de Crimes Ambientais do Departamento de Justiça teve acesso a fotos que mostram o material sendo atirado no oceano – um ato de violação às leis internacionais.[92]

Enquanto isso, as mais de 4 mil toneladas permaneciam descobertas na praia de Gonaïves, sendo sopradas pelo vento ou arrastadas para o mar a cada estação chuvosa. Havia muito os haitianos se sentiam a "lata de lixo" dos Estados Unidos, e a descarga das cinzas foi amplamente percebida entre eles como um símbolo desse sentimento. Assim, a população estava especialmente comprometida em enviar as cinzas de volta. Era uma questão não apenas de saúde ambiental, dignidade e justiça, mas de honra.

Haitianos residentes nos Estados Unidos pediram ajuda ao Greenpeace. Meu colega Kenny Bruno e eu contatamos membros de comunidades religiosas da Filadélfia, sobretudo os quacres, e lançamos o projeto Return to Sender (Retorne ao Remetente). Exigimos que a Filadélfia assumisse a responsabilidade pelas cinzas em Gonaïves e que as descartasse num aterro regulado de nosso país. Nada obtivemos. Por mais de dez anos pressionamos prefeitos, organizamos cidadãos para falar em reuniões da Câmara Municipal e nos encontramos com haitianos nos Estados Unidos e no Haiti. Sucessivas administrações municipais desconversavam e nada era feito.

Em meados dos anos 1990, o projeto Return to Sender organizou várias ações criativas para chamar a atenção de políticos da Filadélfia e de Washington. O prefeito da Filadélfia, Edward Rendell, e o administrador da Agência de Proteção Ambiental (EPA) receberam centenas de envelopes enviados por haitianos contendo uma pitada da cinza e as seguintes palavras: "ADVERTÊNCIA: contém cinza tóxica erroneamente rotulada como fertilizante. RETORNE AO REMETENTE." Estudantes americanos também enviaram cartões ao prefeito.

Acompanhávamos a agenda de Rendell e grupos de estudantes, quacres ou haitianos o cumprimentavam a cada palestra ou inauguração com uma gigantesca faixa: "PREFEITO RENDELL: Faça a coisa certa, traga as cinzas para casa." Certa noite, a prefeitura da Filadélfia promovia um evento em um grande hotel de Capitol Hill, em Washington D.C., onde eu me encontrava. Rumei para lá com minhas amigas Dana Clark e Heidi Quante e, quando chegamos, vimos o prefeito, sua esposa e alguns outros políticos à porta, cumprimentando quem entrava. Assim que as câmeras dos noticiários se voltaram para ele, atravessamos o cordão de isolamento para abordá-lo. Segurei sua mão com tanta força que ele não podia soltá-la, enquanto Heidi prendia um broche vermelho em sua lapela com a inscrição: "Prefeito Rendell, faça a coisa certa, TRAGA AS CINZAS PARA CASA." Ele me empurrou para o lado, mas se surpreendeu quando a próxima moça na fila exigia a mesma coisa, e a próxima também... Finalmente, ele disse: "Ok, eu darei 50 mil dólares e nenhum centavo a mais."

Cinquenta mil dólares representava apenas uma fração dos 600 mil dólares estimados para a limpeza, mesmo assim foi uma grande vitória. Através de uma série de negociações complicadas, um acordo finalmente foi redigido para trazer as cinzas de volta aos Estados Unidos. Em 5 de abril de 2000, a parte restante foi removida de Gonaïves. Hoje há uma grande placa no local em que se lê: "Descarregamento de tóxicos no Haiti: nunca mais."

EXPORTAÇÃO DE DEJETOS

Indignados com os escândalos em torno do tráfico internacional de lixo, diversos países assinaram a Convenção de Basileia sobre o Controle de Movimentos Transfronteiriços de Resíduos Perigosos e seu Depósito. A Convenção de Basileia foi adotada em 22 de março de 1989 e entrou em vigor em 5 de maio de 1992. Em sua primeira determinação, foram estipuladas normas que apenas restringiam a exportação de dejetos de países ricos a países em desenvolvimento.[93] Assim, o documento foi duramente criticado por "legalizar o tráfico tóxico". Felizmente, em 1º de janeiro de 1998, após grande pressão de ambientalistas e ativistas de direitos humanos, ele foi atualizado, dessa vez banindo esse tipo de prática.[94] Os Estados Unidos são o único país industrializado que ainda não ratificou a convenção.

Embora a Basileia seja uma tremenda vitória, a batalha ainda não está ganha, já que alguns governos e associações comerciais continuam a argumentar em favor de isenções para certos fluxos de dejetos. Um grupo vigilante não governamental, a Basel Action Network, que monitora a Convenção de Basileia, mantém uma lista de países que trabalham para sobrepujar a proibição, como Austrália, Canadá, Nova Zelândia e Estados Unidos, e de entidades, entre elas o Conselho Internacional de Mineração e Metais e a Câmara Internacional de Comércio.

E, POR FIM, HÁ A RECICLAGEM

Meu primeiro contato com as causas ambientais se deu por meio da reciclagem. Antes mesmo da implantação desse tipo de programa por órgãos públicos, minha mãe mandava que recolhêssemos jornais, garrafas e latas para entregar ao centro de coleta, no estacionamento do mercado. Lembro-me de me sentir bem ao colocar cada material no coletor da cor certa.

Esse sentimento positivo está no cerne de grande parte dos debates em torno do tema. Seria a reciclagem uma ilusão que nos leva a pensar que estamos ajudando o planeta, ao mesmo tempo em que deixamos a indústria livre para continuar expelindo mais Coisas tóxicas e mal-projetadas? Heather Rogers, autora do livro *Gone Tomorrow*, escreve que "a indústria aceitou a reciclagem ao invés de promover mudanças mais radicais, como proibir certos materiais e processos, e de estabelecer padrões mínimos para durabilidade e padrões mais altos para extração de recursos".[95] Ou seria a reciclagem o primeiro passo para a conscientização mais ampla sobre questões de sustentabilidade? Na verdade, eu acredito nas duas vertentes. A reciclagem pode nos anestesiar na crença de que fizemos nossa parte, enquanto nada realmente muda. E também pode desempenhar um papel importante na transformação para uma economia mais sustentável e justa.

O bom

Em 2007, a população dos Estados Unidos gerou 254 milhões de toneladas de lixo, dos quais cerca de um terço foi reciclado.[96] Os benefícios foram óbvios, já que o processo conserva os materiais em uso, baixando a demanda para extrair e produzir mais Coisas e evitando – ou melhor, postergando – sua transformação em dejetos. Reduzir o cultivo, a mineração, a produção e o transporte de recursos pode fazer baixar o gasto com energia e as emissões de gases do efeito estufa. A Agência de Proteção Ambiental (EPA) estima que até a magra taxa de reciclagem nos Estados Unidos – de

33,4% – resulta em um benefício anual de 193 milhões de toneladas métricas de redução de CO_2, o que equivale a remover 35 milhões de veículos das estradas.[97]

O questionável

Contudo, considerando que seria possível tornar 100% de nossas Coisas reutilizáveis, recicláveis ou compostáveis de forma fácil e segura, 33% ainda é um percentual desanimador. E especialmente alarmante, quando observamos as estatísticas sobre a crescente geração de dejetos. Sim, a reciclagem está aumentando, mas o mesmo ocorre com o lixo. Nosso objetivo não deveria ser *reciclar mais*, e sim *descartar menos*.

Bioplásticos: um sinal de esperança?
Atualmente, a maior parte dos plásticos é feita de petróleo e de substâncias químicas, muitas delas tóxicas. Hoje, no entanto, muitas empresas já estão fazendo e utilizando plásticos de base 100% vegetal – de milho, batatas, restos agrícolas. Eles são usados para fabricar embalagem de alimentos, garrafas de água e até computadores, celulares e partes de automóvel. Seriam esses novos bioplásticos realmente sustentáveis? Ou eles apenas reforçam a cultura e a infraestrutura da descartabilidade?

Infelizmente, os vegetais que servem de base para os bioplásticos são cultivados com uso intensivo de pesticidas e de combustíveis fósseis, sementes geneticamente modificadas e mão de obra barata. Além disso, há plantações certificadas para alimentos que poderiam ser direcionadas para o consumo e não para fazer recipientes de uso único. Embora os bioplásticos sejam tecnicamente compostáveis, tal processo só se dá em operações de larga escala e com condições ideais para que se degradem.

A título de experiência, coloquei um copo e alguns talheres feitos com esse material em minha caixa do quintal dos fundos. Nenhum deles chegou a apresentar sequer um buraquinho. Os bioplásticos muitas vezes terminam no lixo comum ou desorganizando programas de reciclagem. Como contêm propriedades diferentes dos outros recipientes plásticos, devem ser separados do restante.

Ainda não está provado que a produção de bioplásticos pode ser realizada de forma realmente sustentável, ou seja, apoiando a redução de embalagens e evitando por completo as de uso único, sustentando pequenos agricultores e funcionários de fazendas, acompanhando os princípios da química "verde" e evitando o uso de combustíveis fósseis.

O feio

Apesar de sua imagem "colorida", a reciclagem é muitas vezes um processo sujo. Se as Coisas contêm componentes tóxicos, ela os perpetua. Mesmo que o material não seja tóxico, a reciclagem municipal em larga escala exige caminhões e fábricas que consomem energia e criam mais desperdício. Ou seja, o processo não é nada "verde".

Grande parte do lixo recolhido para reciclagem nos Estados Unidos é exportada para o exterior, especialmente a Ásia, onde as leis trabalhistas e de segurança ambiental são mais frouxas. Rastreei dejetos plásticos, baterias de carro usadas, e-lixo e diversos componentes do lixo municipal americano enviado a Bangladesh, Índia, China, Indonésia e outros lugares do mundo. Eu me infiltrei em instalações (sob vários disfarces!) para dar uma olhada no que acontece com nosso lixo no exterior. As péssimas condições de trabalho que testemunhei não são o que indivíduos conscientes dos Estados Unidos tinham em mente quando, diligentemente, retornaram às fábricas suas baterias de carro usadas.

Outro ponto negativo da reciclagem é que muitas vezes ela se transforma em *downcycling*.* A verdadeira reciclagem atinge um processo de produção circular de cadeia fechada (uma garrafa vira uma garrafa), ao passo que o *downcycling* apenas cria Coisas secundárias com material de

---

* *Downcycling*: "ciclagem para baixo" ou "ciclagem inferior", em tradução livre. (N.T.)

menor qualidade (um frasco de plástico vira a base de um carpete). Na melhor das hipóteses, o *downcycling* reduz a necessidade de componentes virgens para a fabricação do artigo secundário, mas nunca de recursos para fazer um substituto do item original. Existe ainda uma ironia: quando uma empresa anuncia o lançamento de um produto "reciclável", a demanda por ele aumenta, o que drena mais recursos.

O exemplo clássico desse ciclo é o do plástico – a indústria astutamente se apropriou do popular logotipo das "três flechinhas" e acrescentou a ele números de 1 a 9 para indicar o tipo de material. Como Heather Rogers aponta em *Gone Tomorrow*, isso "transmitiu a ideia enganosa ao consumidor de que esses recipientes são recicláveis e que talvez sejam até derivados de materiais reprocessados".[98] Só para constar, é extremamente difícil reprocessar plásticos; quase sempre eles sofrem *downcycling*. Paul Connett diz que "a reciclagem é uma admissão da derrota de que não somos inteligentes o bastante ou não nos importamos o suficiente para projetar bens que sejam mais duráveis, para consertá-los ou, antes de tudo, para evitar usá-los".[99] Não que a atitude em si seja má, mas nossa ênfase exagerada nela é um problema. Há uma razão para que ela apareça em terceiro lugar no mantra "reduzir, reutilizar, reciclar". É a derradeira ação da qual deveríamos lançar mão quando não sabemos o que fazer com nossas Coisas, e não a primeira. Entre aterrar ou incinerar, a estratégia é, sem dúvida, melhor. Contudo, infelizmente, tem sido vista como dever ambiental primário do cidadão engajado, por isso costuma ser a primeiríssima forma usada pelas pessoas para demonstrar seu compromisso ambiental. Embora seja ótimo que as pessoas participem, deveria haver mais consciência sobre suas limitações, bem como uma compreensão disseminada de outras ações para solucionar o descarte.

Reciclar é uma saída fácil: não põe em xeque questões que envolvem os atuais sistemas de produção e consumo, nem a manutenção de um modelo econômico obcecado por crescimento, nem a distribuição desigual dos recursos do planeta. Claramente, separar garrafas e papéis numa sacola azul não modificará – ou sequer desafiará – os imensos impactos negativos gerados pela forma como extraímos, fazemos, distribuímos e usamos as Coisas. Reciclar nos faz sentir úteis, mas o risco é que a generalização dessa atitude acabe alimentando os mesmos padrões de produção e consumo que devastam a Terra.

A reciclagem correta

Então deveríamos abandonar a reciclagem? De jeito nenhum! Creio que a melhor forma de proceder é observar o lixo e desvendar quem é responsável por qual parte dele.

Acho que os dejetos "verdes" – cortes de grama, folhas e restos de comida – caem na categoria de nossa responsabilidade individual. Nós comemos a comida e plantamos a árvore, ou ao menos desfrutamos de sua sombra. Portanto, não é esperar demais que administremos esse lixo de forma responsável. Isso poderia se traduzir em compostagem caseira ou em reivindicação por um programa municipal, custeado por impostos.

Em seguida vêm todas as outras Coisas. Os despojos que derivam do projeto de fabricação são de responsabilidade das pessoas que desenharam, produziram e lucraram com elas. Se o fabricante de Ketchup substituir o frasco de vidro reciclável do produto por um flexível mas que seja difícil de reciclar, deve inventar e implementar um modo de descartá-lo no fim de sua vida útil. O termo oficial para a abordagem "você produziu, você resolve" – da qual sou adepta – é Responsabilidade Estendida do Produtor (REP). Isso estimula as indústrias a promover melhorias tanto no projeto quanto nas fases de produção. Como mencionei, já existem modelos governamentais que adotam a REP, notadamente a Alemanha e a União Europeia, com sua diretriz para descarte de equipamentos eletroeletrônicos.

DESCARTE ZERO

A reciclagem e a REP integram um programa mais amplo, intitulado Descarte Zero. Seus defensores observam a totalidade do sistema em que os dejetos são criados, acompanhando sua extração e produção, seu consumo e descarte. O Descarte Zero é uma filosofia, uma estratégia e um conjunto de ferramentas práticas. Desafia a própria ideia de que o lixo é inevitável, ao tentar eliminá-lo, e não simplesmente gerenciá-lo. É por isso que os defensores do Descarte Zero não suportam o termo "administração de dejetos". Irrealista? Talvez, mas é o objetivo correto. Exatamente como as fábricas têm metas de defeito zero, e linhas aéreas, de acidente zero.

Por um longo tempo, quando eu testava aleatoriamente o uso da expressão "descarte zero", recebia olhares céticos. Para a maior parte das pessoas, "zero" e "lixo" simplesmente não se encaixam. Todos nós fomos ensinados a pensar que o lixo é o preço do progresso. Fico feliz em relatar que a expressão está começando a se disseminar. A revista *Newsweek*, por exemplo, incluiu o Descarte Zero em sua lista de "dez soluções para o planeta".

É ótimo que o conceito esteja penetrando no vocabulário comum e na mídia, mas eu realmente estou mais interessada em que ele seja praticado. E isso também está acontecendo aos poucos. A Global Alliance for Incinerator Alternatives (Gaia) apresenta nove componentes-chave dos programas de Descarte Zero que podem ser adaptados em diferentes lugares, desde escolas e bairros até estados ou países inteiros:

1. Reduzir o consumo e o descarte
2. Reutilizar os descartados
3. Responsabilidade estendida do produtor
4. Reciclagem abrangente
5. Compostagem abrangente ou biodigestão de materiais orgânicos
6. Participação do cidadão
7. Proibição da incineração de dejetos
8. Melhoria do projeto industrial
9. Apoio político, legal e financeiro ao programa[100]

A lista cobre tudo: a prevenção de dejetos na fonte e a responsabilidade corporativa, a reutilização dos resíduos no fim do ciclo, a compostagem e a reciclagem, um público ativo e informado e um governo de prontidão para gerar e implementar as políticas necessárias e fazer tudo funcionar.

A Gaia observa que "o Descarte Zero é uma das mais efetivas e rápidas estratégias para proteger o clima". Em seu relatório *Stop Trashing the Climate*, de 2008, explica que diminuir significativamente o número de dejetos descartados em aterros e incineradores reduzirá as emissões de gases do efeito estufa num nível equivalente ao fechamento de um quinto das usinas movidas a carvão nos Estados Unidos.[101] Muitas cidades em todo o mundo já adotaram a política: Buenos Aires e Rosario, na Argentina; Canberra, na Austrália; Oakland, Santa Cruz e São Francisco, nos Estados Unidos; Kovalam, na Índia. Na Nova Zelândia, o governo dirige um sistema de mensuração nacional para monitorar sua implementação chamado "Marcos na Jornada ao Descarte Zero".[102]

Nos Estados Unidos, São Francisco foi a primeira cidade a adotar um plano sério de Descarte Zero, com compromisso de desviar 75% de seu lixo municipal dos depósitos até 2010, e alcançar o zero até 2020. O prefeito, Gavin Newsom, reconheceu os papéis da "responsabilidade do produtor e do consumidor para impedir o descarte e tirar vantagem total de programas líderes de reciclagem e compostagem no país".[103]

Do outro lado do mundo, a cidade costeira de Kovalam, no sul da Índia, também trabalha agressivamente na implantação do sistema. Em uma geração, Kovalam se transformou de tranquila vila de pescadores em um concorrido destino de férias de turistas ocidentais, o que levou a uma explosão de dejetos. Preocupadas, as autoridades locais propuseram a construção de um incinerador em 2000. Ativistas da região organizaram a seguinte campanha internacional via e-mail: potenciais visitantes de todo o mundo escreviam ao setor de turismo da cidade dizendo que não iriam visitar uma praia que tivesse um incinerador nas cercanias. A pressão surtiu efeito e assim nasceu a Zero Waste Kovalam.[104] Entre outras ações, foram instaladas estações para que as pessoas reabastecessem garrafas de água com água fervida e filtrada, ao invés de comprar novas garrafas; e cooperativas de trabalhadores foram montadas para ensinar moradores desempregados a fazer bolsas reutilizáveis com restos de alfaiataria, eliminando o uso de sacolas plásticas.

O fundador da Zero Waste Kovalam, Jayakumar Chelaton, se orgulha de como o tema do lixo acabou se interligando de modo visível e pragmático a assuntos mais amplos, como governança, saúde ambiental e justiça econômica. Em suas palavras, a filosofia do Descarte Zero "trata de relações, de pessoas, de comunidades e de como queremos viver juntos".[105] Sim, sem dúvida. Foi exatamente por isso que me tornei tão apaixonada por lixo, há cerca de vinte anos, por compreender que ele está ligado a tudo o mais em nosso mundo. E foi desvendando a história do lixo que cheguei à *História das Coisas*.

EPÍLOGO:
ESCREVENDO UMA NOVA HISTÓRIA

Alguns temem que a qualidade de vida diminua se mudarmos o modelo econômico que incentiva o acúmulo de Coisas. Eu prefiro desafiar esse medo. Moro em uma comunidade no centro de Berkeley formada por bons amigos que saíram de várias partes do país para viver aqui. Achamos a vida gratificante porque priorizamos o fortalecimento coletivo e não a compra de Coisas. Partilhamos um grande jardim; muitas vezes fazemos refeições juntos, mas cada família tem sua própria casa. Quando as crianças mais velhas crescem, seus brinquedos, livros e roupas são herdados pelas mais novas.

Além de objetos, trocamos conselhos, auxiliando uns aos outros na tomada de decisões pessoais ou profissionais. Eu tive o melhor curso de maternidade que uma pessoa pode ter, e de graça, observando alguns casais como modelos. Quem faz quitutes com prazer assa quase todos os bolos de aniversário, e quem tem habilidade para consertos de casa, ajuda os vizinhos nas emergências. Organizamos um sistema de carona solidária e nos alternamos para cuidar das crianças ou levá-las a passeio. Damos festas juntos, rateando os custos da organização, e todos se prontificam na limpeza do dia seguinte. Quando tive febre alta, uma pessoa me levou ao médico, outra se dispôs a cuidar de minha filha e uma terceira me trouxe flores. E pode ter certeza de que retribuirei essas delicadezas. Não por obrigação, mas por prazer.

Embora haja benefícios materiais em nosso compartilhamento (poupar dinheiro e criar menos lixo), o mais importante é que cultivamos uma cultura de reciprocidade. Em seu livro *Bowling Alone*, Robert Putnam explica que "redes de engajamento comunitário alimentam sólidas normas de reciprocidade".[1] Ele menciona dois tipos de reciprocidade: uma específica, em que você realmente mede e negocia tarefas individuais ("eu pego as duas crianças na escola na segunda-feira, você pega na terça-feira"), e outra mais valiosa, em que a reciprocidade é mais generalizada ("eu farei isto por você sem esperar nada em troca, confiando que alguém fará algo por mim no futuro"). Uma sociedade baseada em reciprocidade generalizada é mais eficiente do que a que negocia cada interação. "A confiança azeita a vida social", diz Putnam.[2] Às vezes, visualizo esse tecido social que me cerca como uma rede que me seguraria se eu caísse.

RESPOSTA INDIVIDUAL

Esse é o estilo de vida em minha comunidade. Contudo, ela não é perfeita e, mesmo que fosse, viver uma existência focada somente na interação não resolve os urgentes problemas ambientais e sociais do mundo. Se quisermos que todos os 6 bilhões e meio de seres humanos da Terra, e mais as futuras gerações, tenham acesso a alimentos, água limpa e remédios, mudanças individuais não serão suficientes. Nos Estados Unidos vive-se hoje em um sistema tão dependente de combustíveis fósseis, emissões de carbono, substâncias químicas tóxicas, e tão viciado em desperdício de recursos que, mesmo que os americanos baixassem o nível de consumo, não conseguiriam adotar um modo de vida verdadeiramente sustentável, dentro das capacidades da Terra.

Colin Beavan, o Homem do Impacto Zero, descobriu isso quando passou um ano com sua família, em plena Manhattan, vivendo com o menor impacto possível. Nada de lixo, de elevadores, de metrô, nenhum produto em embalagem, nada de ar-condicionado, de televisão, e nenhuma comida que viesse de um local mais distante do que quatrocentos quilômetros. Embora ele tenha atingido, para alguém que more em um país industrializado, o menor impacto de que tenho notícia, Beavan mostrou que numa metrópole americana é simplesmente impossível alcançar uma vida sustentável.

Para viver dentro dos limites do planeta, a mudança precisa ser grande. Ela exige que governo, bancos, sindicatos, mídia, escolas, corporações abracem a causa. Não basta seguir livros com "dez coisas fáceis que você pode fazer para salvar o planeta". Michael Maniates, professor de ciência política e ciência ambiental do Allegheny College e especialista em assuntos de consumo, aponta falhas na abordagem das "dez coisas fáceis": (1) nossa maior fonte de poder como indivíduos está em nosso papel de consumidores; (2) por natureza, nós, humanos, não estamos dispostos a fazer nada que não seja cômodo; e (3) a mudança só acontecerá se convencermos cada pessoa no planeta a se unir a nós.

Sejamos realistas. Não é possível chegar a 100% de acordo com quase 7 bilhões de pessoas em nenhum assunto, e nossos sistemas ecológicos estão sofrendo tamanha sobrecarga que simplesmente não dispomos de tempo para tentar. No lugar de uma variedade paralisante de opções de estilo de vida "verde", precisamos de oportunidades significativas para fazer grandes escolhas, por exemplo, políticas. Num editorial de 2007 no *Washington Post*, Maniates lamentou:

> A dura verdade é esta: se somarmos as medidas fáceis, econômicas e ecoeficientes que todos deveríamos abraçar, conseguiríamos, no máximo, uma redução no crescimento do dano ambiental. Ser obcecado por reciclagem e instalar algumas lâmpadas especiais não basta. Precisamos promover uma virada radical em nossos sistemas energéticos, de transportes e agrícolas, em vez de fazer ajustes tecnológicos marginais, e isso implica mudanças e custos que nossos líderes atuais parecem temerosos em discutir.[3]

Muitos escreveram ao Projeto História das Coisas dizendo que desejam realizar mudanças, mas não sabem o que fazer, pois são apenas indivíduos. Esta é a questão: eu também sou apenas uma pessoa. Mas, quando nos reunimos, podemos atingir objetivos além do alcance individual. Por isso, o primeiro passo é se engajar em uma organização, uma campanha, ou um grupo de amigos e vizinhos de mentalidade semelhante, trabalhando por uma meta comum.

Há diversas opções. Recomendo que você faça um inventário de seus interesses e suas habilidades e depois veja que organismos são compatíveis com eles. Se substâncias tóxicas em bens de consumo lhe causam preocupação, filie-se a uma campanha nacional por reforma da política para substâncias químicas. Se alimentos saudáveis são sua paixão, envolva-se com agricultura de base local. A base de dados on-line WiserEarth, criada pelo guru dos negócios sustentáveis Paul Hawken, inclui quase 1 milhão de organizações que trabalham por justiça ambiental e social e pode ser pesquisada por tópico e região geográfica. Há tanto trabalho a ser feito que, num certo sentido, não importa o tema escolhido. Importa que o trabalho avance em direção ao objetivo mais amplo: um mundo sustentável e justo para todos.

MUDANÇA DE PARADIGMAS

Baseando-me em conversas com especialistas em economia, recursos naturais, produção industrial, assuntos culturais, responsabilidade corporativa e organização comunitária, apresento quatro grandes mudanças básicas que contribuiriam para disseminar um estilo de vida ecologicamente compatível com a Terra.

1. Redefinir progresso

Estabelecer um sistema de medidas nos ajuda a esclarecer objetivos e marcar nosso avanço em direção a eles. Atualmente, a principal medida de desenvolvimento de um país é seu Produto Interno Bruto (PIB). Como expliquei, o PIB não distingue atividades econômicas que melhoram a vida (como um investimento em transportes públicos) das que pioram (como a construção de um imenso incinerador). E ignora por completo atividades que não envolvem transações monetárias, como plantar uma horta. Precisamos de um padrão de medida que possa quantificar o que realmente promove bem-estar: a saúde da população e do meio ambiente, a felicidade, a justiça, as relações sociais positivas, a educação, a energia limpa, o engajamento cívico.

As alternativas ao PIB incluem o Índice de Bem-Estar Econômico Sustentável (Ibes), desenvolvido no final dos anos 1980, que evoluiu para o Indicador de Progresso Genuíno (IPG). Essa medida avalia uma série de fatores além da atividade econômica tradicional, como poluição, esgotamento de recursos, quantidade de tempo de lazer e distribuição de renda, embora seja criticada por operar dentro do mesmo paradigma pró-crescimento do PIB.[4] O Índice de Desenvolvimento Humano das Nações Unidas também observa metas de desenvolvimento mais amplas. E ainda existe o já mencionado Índice Planetário de Felicidade, que combina impacto ambiental e bem-estar humano.

Como adotar uma métrica diferente para indicar bem-estar macroeconômico nos níveis internacional, nacional e local? John Talberth, economista do Center for Sustainable Economy, diz que processos de planejamento em sustentabilidade com base comunitária fornecem terreno fértil, já que líderes comunitários precisam medir o resultado de suas ações.[5] Organizações como o Center for Sustainable Economy e o Earth Economics monitoram o planejamento público e a legislação em torno da sustentabilidade.

2. Acabar com a guerra

Em 2008, governos de todo o mundo gastaram uma quantia recorde para atualizar suas Forças Armadas – e esse valor não para de subir. Em 2008, 1,46 trilhão de dólares foram direcionados para atividades bélicas, 4% a mais que em 2007 e 45% a mais que uma década atrás. Os Estados Unidos continuam a ser o país que mais investe em armamentos, seguido da China.[6] O National Priorities Project (NPP) calcula que só os contribuintes da Califórnia pagaram cerca de 115 bilhões de dólares pelas guerras no Iraque e no Afeganistão desde 2001.[7] Em vista disso, ouvir que não há dinheiro para implementar as mudanças necessárias ao equilíbrio do planeta provoca revolta. E muitas dessas guerras são travadas principalmente para garantir acesso a petróleo! Imagine que tal montante poderia ser usado para construir a estrutura elétrica que permite gerar energia renovável descentralizada, ou uma rede ferroviária de alta velocidade para substituir milhões de carros individuais. Basta lembrar que o líder do ranking no Índice Planetário de Felicidade é a Costa Rica, que aboliu suas Forças Armadas em 1949, redirecionando seus fundos para fins sociais.[8]

É nosso direito e responsabilidade, como cidadãos, assegurar que os gastos do governo sejam coerentes com nossos valores.

3. Internalizar as externalidades

Como já expliquei, boa parte dos custos de fazer, transportar e descartar as Coisas é ignorada pelas indústrias, o que permite que os produtos tenham preços artificialmente baixos para atrair os consumidores. Mesmo assim, esses "custos externalizados" gradualmente se acumulam – estresse, doenças e crises de saúde pública, impactos ambientais, erosão social e danos às futuras gerações –, ainda que nenhum deles se reflita nas etiquetas de preço.

O fracasso em contabilizar os custos externalizados encoraja o consumo excessivo e possibilita que outros paguem pelo custo real de nossos sistemas de produção e consumo. Enquanto isso, os empresários ganham lucros ilegitimamente altos, já que não pagam pelas despesas totais de suas operações. Esta é, com certeza, uma falha do mercado.

Paul Hawken observa:

> Em vez de os mercados nos informarem os custos de forma apropriada, a informação correta chega por outras fontes: pelo nível de poluição medido no ar, nas bacias hidrográficas, no solo e nos corpos; pelas influências na saúde, na sociedade, nas regiões rurais; pelas notícias que comentam a ruptura da estabilidade global e a erupção de conflitos baseados em escassez ambiental. Todos fornecem a informação que deveria estar contida nos preços, mas não está.[9]

Como ajustar o preço de um laptop para que ele reflita o câncer e os danos neurológicos aos trabalhadores, a perda dos habitats dos gorilas nas reservas de coltan do Congo e a contaminação do solo e dos lençóis freáticos depois que o computador é descartado? Os preços subiriam imediatamente, sem dúvida alguma. O economista Dave Batker acrescenta que, embora internalizar os custos externalizados seja necessário, a prática não constitui solução: "Ao invés de desvendar o custo econômico de envenenar uma criança com mercúrio e acrescentar esse valor à conta para sua eletricidade gerada a carvão, as empresas deveriam parar de descartar mercúrio."[10]

4. Valorizar o tempo

Hoje há amplas evidências de que trabalhar demais leva a estresse, isolamento social, consumo exagerado e problemas de saúde. Reduzir a jornada é bom para as pessoas e para o planeta. Como explica a economista Juliet Schor, "a chave para alcançar um caminho mais sustentável para o consumo é traduzir o crescimento da produtividade em horas mais curtas de trabalho, em vez de mais renda".[11] Um estudo conduzido pelo Center for a New American Dream constatou que entre um quinto e um terço das pessoas gostariam de trocar renda por tempo.[12]

E se todos trabalharmos menos e comprarmos menos? A economia desmoronaria, já que é dirigida pelos gastos do consumidor? Sim, se acontecesse da noite para o dia. Mas isso não é provável. Trabalhar menos e comprar menos deve ser incorporado ao cotidiano gradativa e simultaneamente. Nós podemos fazê-lo, se a demanda do consumidor e do mercado de trabalho reduzir a marcha.

Para não penalizar os trabalhadores, algumas políticas que proporcionariam isso teriam que incluir obrigatoriedade de férias, opções que permitissem avanço na carreira sem trabalho em tempo integral e o desenvolvimento de programas de partilha de trabalho. Muitos países europeus adotam tais práticas. Na Holanda e na Dinamarca, por exemplo, até 40% da população trabalha em meio expediente, protegida por leis antidiscriminação.[13] Outra forma de reduzir as horas de trabalho é aumentando o tempo de férias. Apenas 14% dos americanos tiram férias de duas semanas ou mais, e, diferentemente de 127 outros países, não existe atualmente uma lei sobre férias remuneradas.[14]

VISÃO DE UM NOVO MUNDO

Sabemos qual é a aparência do mundo atual: caos climático, substâncias tóxicas em todos os corpos, desigualdade social crescente, florestas e água potável desaparecendo, isolamento social e redução gradual da felicidade. Assim, que aparência o futuro poderia ter depois que fizéssemos as mudanças necessárias? Aqui está um cenário, inspirado por meus sonhos e formado pelas projeções de vários cientistas e economistas.[15] É claro que a nova visão de nossa sociedade será desenvolvida coletivamente e pode divergir desta, mas o importante é não perder de vista as *razões* por que estamos lutando:

É 2030. Ouvem-se o som de risos e o canto de pássaros na cidade. Crianças brincam por todo lado nas ruas, pouco além da vista dos adultos, que estendem roupas para secar à brisa e cuidam de suas hortas plantadas em antigos estacionamentos e gramados. As áreas residenciais de alta densidade são construídas com a vida da comunidade em mente: ciclovias, locais públicos sombreados, barracas de frutas e vegetais e aconchegantes cafés dominam as ruas.

Duas razões principais garantem a boa qualidade do ar. A primeira é que os carros individuais desapareceram quase completamente e o pontual sistema de transporte público agora serve a cada canto da cidade, alimentado por energia limpa e renovável. A segunda é que as indústrias poluentes foram extintas, expulsas por um triplo golpe: pelos impostos sobre dejetos, emissão de carbono e poluentes; pelo alto preço da matéria-prima virgem; e pelos incentivos governamentais para indústrias limpas.

Devido ao rigoroso controle sobre a circulação de substâncias tóxicas, além dos custos de reparar os danos passados à saúde pública e ambiental, as indústrias já não usam produtos químicos perniciosos em seus produtos.

Profissionais da "química verde" e especialistas em biomimética se prontificaram a providenciar alternativas atóxicas para parabenos e ftalatos em cosméticos, fogo-retardantes em itens de casa e PVC em brinquedos, entre outras Coisas. Edificações ineficientes e tóxicas foram remodeladas e as pessoas já não têm alergia a casas e escritórios.

Estamos bem avançados na conversão a uma economia ecologicamente compatível. Os governos ao redor do mundo instituíram cooperativamente uma equipe de biólogos, climatologistas e ecologistas para estudar os níveis de consumo e emissão sustentáveis e de acordo com a justiça social. Não usamos os recursos naturais mais rapidamente do que eles podem ser repostos pelo planeta. Nós os distribuímos com equilíbrio e sensibilidade e estamos chegando perto de nossa meta de Descarte Zero. Hoje não existe mais empacotamento inútil, o que elimina uma quantidade gigantesca do fluxo de dejetos. Geramos despojos orgânicos em níveis que podem ser compostados e que permitem o retorno de valiosos nutrientes ao solo.

Projetistas, engenheiros e o pessoal da tecnologia constantemente inventam e aprimoram formas de aproveitamento dos recursos que já possuímos. Empresários cooperam para maximizar a eficiência desses recursos e minimizar o descarte. A "ecologia industrial", em que dejetos de uma fábrica são usados como matéria-prima de outra, está disseminada. Um número crescente de empresas é de propriedade do trabalhador; nas que seguem o modelo convencional, a filiação a sindicatos é bem-vinda.

Temos uma relação diferente com as Coisas. Já que os custos externalizados foram internalizados em todos os estágios, desde a extração de recursos naturais à distribuição dos produtos, muitos se tornaram bem mais caros. Percebemos que grande parte dos itens que costumávamos comprar simplesmente não valia a pena – devido ao impacto no planeta e à quantidade de tempo dedicada a custeá-los e mantê-los. Agora, preferimos dedicar nosso tempo a outras atividades. A maior parte das comunidades conta com economias locais vibrantes, com uma margem saudável de bens, especialmente alimentos, têxteis e energia, originados da produção local. Os bens descartáveis são extremamente caros e raros. Os produtos são feitos para durar e muitos são alugados com acordos de serviços, e não comprados por consumidores. No fim de suas vidas úteis, quando são levados de volta às empresas que os fabricaram, eles são consertados ou desmontados para reaproveitamento das peças.

Isso significa que a manutenção, o conserto e a desmontagem – em lugar da produção – são fontes muito mais importantes de emprego que antes. O mesmo ocorre com a ciência e a tecnologia. Sem um crescimento econômico tão grande quanto outrora, não podemos manter empregos em período integral – mas ninguém está reclamando. Em vez disso, as pessoas trabalham em meio expediente com benefícios completos, e muitas vezes são donas de uma parcela do negócio.

O uso de recursos é taxado: os níveis baseados em necessidades essenciais recebem taxas mínimas ou ausentes, mas impostos mais altos são aplicados a usuários de maior volume. Isso eleva o preço dos recursos e encoraja população e indústrias a usá-los de forma eficiente e ponderada. Para tratar da aberrante desigualdade de riquezas que herdamos do velho sistema baseado em crescimento, estamos gradativamente redistribuindo recursos ao estabelecer limites máximos para a desigualdade salarial. O trabalho duro e as contribuições extras ainda são recompensados, mas não tanto quanto antes. (No setor empresarial americano do começo do século XXI, o salário de um executivo chegava a ser quinhentas vezes maior que o salário mais baixo da empresa.) Nós baixamos a escala a um fator de cinquenta, assim, se o salário mais baixo numa empresa é 20 mil dólares por ano, o mais alto é 1 milhão de dólares. Há planos para diminuir mais ainda esse abismo nos anos vindouros. Uma medida de progresso amplamente utilizada é o Índice Planetário de Felicidade, que reflete quão eficientemente nós usamos os recursos naturais para alcançar o bem-estar.

Todo o ritmo de vida está mais relaxado. O novo mantra é: "lento e baixo (impacto)." Os salários estão mais baixos, mas somos ricos em algo que muitos de nós jamais tivemos antes: tempo. Os níveis de obesidade, depressão, suicídio e câncer estão em queda. A filiação em bibliotecas e centros cívicos aumenta, bem como em clubes de basquete, futebol e bocha. Uma vez que as pessoas trabalham menos e veem menos televisão, podem se engajar em atividades cívicas. Assim, compareçam em massa a votações, se voluntariam e fazem campanha pelas coisas que consideram importantes. Os cidadãos, e não as grandes corporações, têm maior poder de influência. Agora que o governo é acessível e receptivo, há possibilidades quase infinitas de tornar a vida melhor. Prevalece um sentido de otimismo e esperança.

MUDANÇA E ESPERANÇA

A questão não é *se* vamos mudar, mas *como*. Se vamos insistir que o modo de vida americano não é negociável, e se nos recusamos a ceder no uso de recursos, então haverá mais violência, sofrimento e injustiça. Mesmo nesse cenário, a mudança acontecerá. Povos com menos acesso a água limpa, terra produtiva e combustíveis fósseis eventualmente não mais tolerarão a desigualdade. Quando isso acontecer, não apenas ultrapassaremos os limites físicos da capacidade do planeta, mas também os limites sociais e morais. E então a mudança se dará à força.

As pessoas me perguntam como continuo esperançosa, considerando a aparente intratabilidade do sistema de extrair-produzir-descartar e as cruéis estatísticas envolvendo caos climático e a perda de recursos naturais. Eu realmente acredito que ainda há esperança para nós. Quatro quintos dos americanos aprovam um controle obrigatório sobre emissões de gases do efeito estufa; nove décimos querem padrões mais altos de eficiência de combustíveis; e três quartos querem energia mais limpa, mesmo que tenham de pagar um pouco mais por isso.[16]

Mais americanos estão reaprendendo a viver dentro de suas possibilidades e a poupar para o futuro – desde 2008, o nível de poupança pessoal vem subindo pela primeira vez em quase uma década.[17] Mais americanos em idade de votar se mobilizaram para as eleições federais de 2008 (quase 57%) do que em qualquer ano desde 1968.[18] Esses são bons sinais. O ecovisionário Paul Hawken disse recentemente:

> Se você observa o que está acontecendo na Terra e não fica pessimista, você não compreende os dados. Mas se você conhece as pessoas que estão trabalhando para restaurar a Terra e as vidas dos pobres, e não fica otimista, você não tem sangue nas veias.[19]

Em meados de 2009, tive que ir à Inglaterra para uma reunião de família. Enquanto estive lá, um amigo me levou a um passeio de uma semana pelos campos do País de Gales. Em sete dias, percorremos boa parte do pequeno país, e fiquei impressionada com o que vi, ou melhor, com o que não vi.

Primeiro, quase não vi publicidade, nenhum *outdoor* sequer. Por toda a semana, vi apenas um pequeno shopping e duas grandes lojas ao longo da via expressa; as lojas nas cidades, geralmente pequenas e de propriedade local, vendiam uma mistura de produtos importados e regionais.

Segundo, não vi nem sem-teto, nem gueto, nem favela. Nenhum bairro sucateado. Nenhuma pilha de lixo nos bairros considerados periféricos pelos governos municipais. As casas pelas quais passamos eram modestas se comparadas às mansões dos Estados Unidos, mas estavam em bom estado. Eu perguntei a meu guia, o especialista em lixo Alan Watson, onde os pobres viviam, e ele me encarou, intrigado. "Temos uma rede social forte aqui, por isso não temos um monte de pessoas pobres como vocês." Por fim, num campo distante, vi um conjunto de pequenas estruturas que, a distância, pareciam barracões. "Aha!", exclamei. "Então é aqui que seus pobres vivem." "Não", respondeu meu anfitrião, "aqueles são trailers de acampamentos de férias."

A cada vez que saíamos do carro, Watson tinha de me lembrar que eu não precisava trancar as portas, mesmo que o carro estivesse lotado até o teto com nosso equipamento para acampar e guardasse o laptop com o manuscrito deste livro. Ele me contou ainda que sua família raramente trancava as portas de casa. "Nada de mau vai acontecer", ele prometia.

Eu pensei em minha filha e em como seria diferente crescer em um mundo com aquela atmosfera. Com o máximo de nossas capacidades, deveríamos poder prometer a nossos filhos e às gerações futuras: *nada de mau vai acontecer*. Se isso significa reescrever a história das Coisas – e eu acredito firmemente que sim – então, mãos à obra.

ANEXO:
AÇÕES INDIVIDUAIS RECOMENDADAS

Existem inúmeros guias sobre como adotar uma vida mais "verde". Este livro não é um deles. Mesmo assim, já que tantos espectadores do vídeo *A história das Coisas* pediram sugestões, partilharei aqui com o leitor algumas de minhas atitudes pessoais. Fique à vontade para adotá-las, contanto que elas não deem a sensação de dever cumprido, eximindo-o do engajamento na arena política em prol de mudanças mais profundas.

EM CASA

1. Se você não tem certeza se um determinado artigo contém substâncias nocivas, ligue para o número do atendimento ao consumidor estampado na embalagem. Caso o setor não consiga responder à sua pergunta, não compre o produto. Acesse sempre o GoodGuide (www.goodguide.com) para obter informações sobre elementos tóxicos presentes em bens de consumo. E, se deseja se aprofundar no tema, confira o site do Environmental Health News: www.environmentalhealthnews.org.

Alguns dos principais criminosos:

- Panelas de teflon antiaderentes: o material antiaderente é o politetrafluoroetileno, que, quando aquecido, libera gases tóxicos prejudiciais à saúde. Não compre.
- Qualquer produto de PVC, como cortinas de banheiro e invólucros para alimentos: não leve para casa. O PVC é o plástico mais prejudicial em todos os estágios de seu ciclo de vida. Para saber mais: www.besafenet.com/pvc/.
- Colchões, travesseiros, almofadas ou outros itens domésticos tratados com difenil éter polibromado (PBDE), substância química supertóxica:

se o rótulo diz "tratado para resistência a chamas", cuidado. Para saber mais sobre fogo-retardantes, ver: www.cleanproduction.org e www.greensciencepolicy.org. O Green Guide, da Washington Toxics Coalition, que trata dos PBDEs, explica como evitar os fogo-retardantes em bens de consumo em www.watoxics.org/files/GreenProductGuide.pdf.

Não deixe de enviar mensagens aos fabricantes de Coisas tóxicas, para que gradativamente melhorem seus produtos.

2. Reduza seu lixo. Cada saco de lixo que deixamos de jogar no aterro, ou, pior, no incinerador, é bom para o planeta. Recomendações:

- Evite o uso de garrafas descartáveis, sacos e copos plásticos, latas de alumínio: esses itens são perdulários e fáceis de serem substituídos com um mínimo de planejamento. Limite seu uso a situações de emergência.
- Compostagem: mantenha uma lata em sua cozinha para restos de comida e faça sua compostagem seguindo um programa municipal. Ou lance mão de algumas das várias técnicas domésticas. A medida evita que os orgânicos cheguem aos aterros e que seu saco de lixo fique cheirando mal, além de fornecer um excelente fertilizante para jardins e vasos. Há muitos guias de compostagem para ambientes rurais, suburbanos e urbanos na internet. Pessoalmente, prefiro a compostagem com minhocas. Para saber mais: www.wormwoman.com.

3. Utilize orgânicos na alimentação, no jardim e nos produtos de limpeza. Pesticidas e substâncias tóxicas não têm lugar em nossa casa, pois são feitos para matar. Evite alvejantes de cloro; use desinfetantes atóxicos. Os que vêm em belas embalagens custam mais, porém, alternativas baratas podem ser produzidas com ingredientes acessíveis, como vinagre, bicarbonato de sódio e suco de limão. Para aprender a fazer produtos de limpeza atóxicos, visite um dos muitos sites com receitas. O meu favorito é o do Women's Voices for the Earth: www.womenandenvironment.org/campaignsandprograms/SafeCleaning/recipes.

4. Baixe os gastos de energia em todos os setores: troque o carro por bicicleta sempre que possível; faça um varal para secar as roupas ao ar livre; baixe o aquecimento e vista um casaco. Faça regularmente uma vistoria no seu sistema de energia doméstica para detectar e sanar possíveis falhas.

5. Desligue a televisão. Por que se sentar para receber convites ao consumo se há opções mais agradáveis de lazer?

6. Ao usar seu dinheiro, pense sempre se ele está contribuindo para a manutenção de um tipo de economia que você deseja, ou para a manutenção de um tipo de economia do qual você quer escapar. Dê preferência a produtos de origem local ou certificados com comércio justo. Comprar artigos locais conserva seu dinheiro na dinâmica da comunidade, apoia empregos e reduz os quilômetros viajados pelas Coisas, o que é ótimo para o planeta. Adquirir Coisas de segunda mão, ou não comprar nada, muitas vezes é a melhor opção.

NA ESCOLA, NO TRABALHO, NA IGREJA

Claro, todas essas ideias para ações individuais e domésticas aplicam-se a qualquer ambiente em que você costume passar parte de seus dias. Algumas sugestões adicionais:

- Faça com que a entidade à qual está ligado firme seu compromisso com a sustentabilidade ambiental e social. Assegure que essa política seja visivelmente apoiada. Inclua-a em materiais de campanha, pacotes de orientação para novos estudantes, novos membros ou novos contratados, e outras publicações, para que se torne parte da cultura local. Depois, contate outras organizações em seu setor e convide-as a se unir a vocês.
- Universidades, empresas e entidades de todos os tipos geralmente compram mais Coisas do que os indivíduos, portanto, elas podem demandar

mais de seus fornecedores. Exigir que se use papel reciclado no dia a dia, que os serventes sirvam comida orgânica, que os fornecedores minimizem as embalagens e que os serviços de manutenção evitem desinfetantes tóxicos pode ajudar a incitar outros setores empresariais a adotar melhores práticas.

O valor da ação individual inclui demonstrar formas de vida alternativas. Tenho painéis solares em meu teto. Eles produzem energia bastante para toda a minha casa e um extra, suficiente para alimentar o pequeno veículo elétrico que transporta a mim e minha filha pela cidade. Sei que o custo desses painéis e de veículos elétricos alimentados com energia solar está acima do poder aquisitivo da maioria. E sei que eles realmente não fazem diferença no cômputo geral de poluição, diante das gigantescas emissões de CO_2 em meu país. Mas, cada vez que alguém me para e pergunta sobre o carro, e conto que não tenho mais que ir a postos de gasolina, isso me dá uma sensação de possibilidade e ajuda a erodir o mito de que nosso atual modelo industrial é inevitável.

Não é bom saber que tantas de nossas escolhas diárias prejudicam a saúde do planeta, perpetuam a desigualdade e são tóxicas. Fazer pequenas escolhas para reduzir nosso impacto dá maior integridade a nossos valores e ações. Se esses pequenos passos nos anestesiam, obviamente isso não é benéfico. Mas se podemos cultivar o sentido de integridade pessoal tendo em vista promover mudanças mais amplas, certamente isso é bom.

NOTAS

Introdução (p.7-23)

1. "Recycle City: Materials Recovery Center", Agência de Proteção Ambiental (epa.gov/recyclecity/print/recovery.htm).
2. Ken Stier, "Fresh Kills: Redeveloping one of the biggest landfills in the world", *Waste Management World*, dez 2007 (waste-management-world.com/index/display/article-display/314941/articles/waste-management-world/volume-8/issue-6/features/fresh-kills.html).
3. "Earth at a glance", Ecology Global Network (ecology.com/features/earthataglance/youarehere.html).
4. Idem.
5. Site da CO_2 Now: co2now.org/.
6. "Body burden: The pollution in newborns: A benchmark investigation of industrial chemicals, pollutants and pesticides in umbilical cord blood", sumário executivo, Environmental Working Group, 2005 (ewg.org/reports/bodyburden2/execsumm.php).
7. *Fourth Global Environment Outlook: Environment for Development*, resumo, Programa das Nações Unidas para o Meio Ambiente, 2007 (unep.org/geo/geo4/media/fact_sheets/Fact_Sheet_3_Air.pdf).
8. "Ten facts about water scarcity", Organização Mundial da Saúde (who.int/features/factfiles/water/en/index.html).
9. "Income inequality", UC Atlas of Global Inequality (ucatlas.ucsc.edu/income.php).
10. Tim Jackson, "What politicians dare not say", *New Scientist*, 18 out 2008, p.43.
11. A informação "quase seis vezes" das metas de emissão de CO_2 para 2050 se baseia na recomendação de cientistas de ponta de que haja uma redução de 80% das emissões de CO_2 até 2050. Para mais detalhes sobre essa meta, ver "Global warming crossroads: Choosing the sensible path to a clean energy economy", Union of Concerned Scientists, mai 2009 (ucsusa.org/global_warming/solutions/big_picture_solutions/global_warming_crossroads.html).
12. Joseph Guth, "Law for the ecological age", *Vermont Journal of Environmental Law*, vol.9, n.3, 2007-08 (vjel.org/journal.php?vol=2007-2008).
13. Thom Hartmann, *The Last Hours of Ancient Sunlight*, Nova York, Three Rivers Press, 2004, p.14-5.
14. "More than half the world lives on less than $2 a day", Population Reference Bureau (prb.org/Journalists/PressReleases/2005/MoreThanHalftheWorldLivesonLess-

ThanzaDayAugust2005.aspx), citando dados do *Relatório sobre desenvolvimento mundial 2000/2001*, do Banco Mundial. Todos os valores expressos em dólar neste livro se referem a dólar americano.
15. Entrevista com Michael Cohen, jul 2009.
16. Donela Meadows, "Places to intervene in a system", *Whole Earth Review*, inverno, 1997 (wholeearth.com/issue/2091/article/27/places.to.intervene.in.a.system).
17. Idem.
18. Entrevista com Jeffrey Morrir, mai 2009.

Uma palavra sobre palavras (p.25-8)

1. Thomas Princen, Michael Maniates e Ken Conca, *Confronting Consumption*, Boston, MIT Press, 2002, p.45-50.
2. James Gustave Speth, *The Bridge at the Edge of the World: Capitalism, the Environment, and Crossing from Crisis to Sustainability*, New Haven, Yale University Press, 2008, p.170.
3. Speth, *The Bridge at the End of the World*, op.cit., p.62.
4. Ken Geiser, *Materials Matter*, Boston, MIT Press, 2001, p.22.
5. *Report of the World Commission on Environment and Development*, Comissão Mundial sobre Meio Ambiente e Desenvolvimento das Nações Unidas, 1987 (worldinbalance.net/pdf/1987-brundtland.pdf).
6. A definição de sustentabilidade por Robert Gilman é amplamente citada por organizações como a Agência de Proteção Ambiental (yosemite.epa.gov/R10/OI.NSF/5d8e619248fe0bd88825650f00710fbc/7dc483330319d2d888256fc4007842da!OpenDocument) e o Center for World Leadership (earthleaders.org/sii/goal).
7. Center for Sustainable Communities, citado em "Key concepts: Defining sustainability", da Sustainable Sonoma County, (sustainablesonoma.org/keyconcepts/sustainability.html).

1. Extração (p.29-71)

1. Paul Hawken e Amory L. Hunter, *Natural Capitalism*, Nova York, Little Brown & Company, 1999, p.50.
2. Site oficial do estado de Washington: wa.gov/esd/lmea/sprepts/indprof/forestry.htm.
3. Bill Chameides, "Pulse of the planet: U.S. whiffs on climate change while rain forests burn", *The Huffington Post*, 14 jul 2008 (huffingtonpost.com/bill-chameides/pulse-of-the-planet-us-wh_b_112588.html).
4. Charles Czarnowski, Jason Bailey e Sharon Bal, "Curare and a Canadian connection", *Canadian Family Physician*, vol.53, n.9, set 2007, p.1531-2 (pubmedcentral.nih.gov/articlerender.fcgi?artid=2234642).
5. Peter Rillero, "Tropical rainforest education" (ericdigests.org/2000-1/tropical.html).

6. Idem.
7. "Cancer cured by the Rosy Periwinkle", The Living Rainforest (livingrainforest.org/about-rainforests/anti-cancer-rosy-periwinkle).
8. Idem.
9. "Rainforests facts", Raintree (rain-tree.com/facts.htm). Raintree é um site informativo fundado por Leslie Taylor, autora de *The Healing Power of Rainforest Herbs* (Square Garden City Park One Publishers, 2005) e fundadora da empresa Raintree Nutrition, que comercializa produtos botânicos oriundos de florestas tropicais.
10. Idem.
11. *Global Diversity Outlook*, Secretariado da Convenção sobre Diversidade Biológica, Programa Ambiental das Nações Unidas, 2001, p.93 (cbd.int/gbo1/gbo-pdf.shtml).
12. "About rainforests", Rainforest Action Network (ran.org/new/kidscorner/about_rainforests/forests_of_the_world_map/').
13. Don E. Wilson e DeeAnn M. Reeder (orgs.), *Mammal Species of the World: A Taxonomic and Geographic Reference*, Baltimore, John Hopkins University Press, 3ª ed., 2005. Disponível no banco de dados on-line Mammal Species of the World, Universidade de Bucknell (bucknell.edu/msw3/browse.asp?id=14000691).
14. "Promoting climate-smart agriculture", Organização das Nações Unidas para a Agricultura e Alimentação (fao.org/forestry/28811/en/).
15. "Condition and trends working group of the Millenium Ecosystem Assessment", *Ecosystems and Human Well-Being: Current States and Trends*, vol.1, Washington D.C., Island Press, 2005, p.2.
16. *The Economics of Ecosystems and Biodiversity*, Comissão Europeia (ec.europa.eu/environment/nature/biodiversity/economics/).
17. Richard Black, "Nature loss 'dwarf bank crisis'", BBC News, 10 out 2008 (news.bbc.co.uk/2/hi/science/nature/7662565.stm).
18. "Deforestation and net forest area change", Organização das Nações Unidas para a Agricultura e Alimentação (fao.org/forestry/30515/en/).
19. *State of the World's Forests 2007*, Organização das Nações Unidas para a Agricultura e Alimentação (ftp.fao.org/docrep/fao/009/a0773e/a0773e00.pdf).
20. "Old growth", Rainforest Action Network (ran.org/what_we_do/old_growth/about_the_campaign/).
21. *State of the World's Forests 2007*, op.cit.
22. Allen Hershkowitz, *Bronx Ecology*, Washington D.C., Islands Press, 2002, p.75.
23. Stephen Leahy, "Biofuels boom spurring deforestation", Inter Press Service, 21 mar 2007 (ipsnews.net/news.asp?idnews=37035).
24. John Muir, *My First Summer in the Sierra*, Boston, Houghton Mifflin, 1991; Sierra Club Books, 1988.
25. Stephen Leahy, "Biofuels boom spurring deforestation", op.cit.
26. "Common and uncommon paper products", Tappi (tappi.org/paperu/all_about_paper/products.htm). A Tappi é a principal associação técnica para a indústria mundial de polpa, papel e conversão de papel.

27. "Facts about paper", Printers National Environmental Assistance Center (pneac.org/sheets/all/paper.cfm).
28. "Environmental trends and climate impacts: Finding from the U.S. Book Industry", Book Industry Study Group e Green Press Initiative (ecolibris.net/book_industry_footprint.asp).
29. "Forest products consumption and its environmental impact", Sierra Club (sierraclub.org/sustainable_consumption/factsheets/forestproducts_factsheet.asp).
30. "Good stuff? Paper", Worldwatch Institute (worldwatchinstitute.org/node/1497).
31. "What are some ways to save paper at the office?", E/The Environmental Magazine, 18 out 2004 (enn.com/top_stories/article/186).
32. "Recyling facts and figures", Departamento de Recursos Naturais de Wisconsin, 2002 (dnr.state.wi.us/org/aw/wm/publications/).
33. Instituto Internacional de Meio Ambiente e Desenvolvimento, *A Changing Future for Paper: An Independent Study on the Sustainability of the Pulp and Paper Industry*, Genebra, World Business Council for Sustainable Development, 1996, p.4 (wbcsd.org/web/publications/paper-future.pdf).
34. Site da Environmental Paper Network: environmentalpaper.org.
35. "ForestEthics Junk Mail Campaign", boletim informativo, Forest Ethics (forestethics.org/downloads/dnm_factsheet.pdf).
36. Idem.
37. "Recycle City: Materials Recovery Center", Agência de Proteção Ambiental (epa.gov/recyclecity/print/recovery.htm).
38. *FCS-US: Leading Forest Conservation and Market Transformation*, Conselho de Manejo Florestal (fscus.org/images/documents/FSC_prospectus.pdf).
39. Comunicação pessoal com Todd Paglia, nov 2008.
40. "What percentage of the human body is water?", *The Boston Globe*, 2 nov 2008 (boston.com/globe/search/stories/health/how_and_why/011298.htm).
41. Comunicação pessoal com Pat Costner, ago 2009.
42. "Fascinating water facts", Agua Solutions (aguasolutions.com/facts.html).
43. John Vidal, "UK gives £50m to Bangladesh climate change fund", *The Guardian*, Reino Unido, 8 set 2008 (guardian.co.uk/world/2008/sep/08/bangladesh.climatechange).
44. Seth H. Frisbie, Erika J. Mitchell, Lawrence J. Mastera et al., "Public health strategies for Western Bangladesh that address arsenic, manganese, uranium, and other toxic elements in drinking water", in *Environmental Health Perspectives*, vol.117, n.3, mar 2009 (ehponline.org/docs/2008/11886/abstract.html).
45. Amie Cooper, "The lawn goodbye", *Dwell Magazine*, 26 fev 2009 (dwell.com/articles/the-lawn-goodbye.html).
46. "Cleaner air: Gas mower pollution facts", People Powered Machines (peoplepoweredmachines.com/faq-environment.htm).
47. Cooper, "The lawn goodbye", op.cit.
48. Rebecca Lindsey, "Looking for lawns", *NASA Earth Observatory*, 8 nov 2005 (earthobservatory.nasa.gov/Features/Lawn/printall.php).

49. "Productgallery: Paper", Water Footprint Network (waterfootprint.org/?page=files/productgallery&product=paper).
50. "Productgallery: Cotton", Water Footprint Network (waterfootprint.org/?page=files/productgallery&product=cotton).
51. "Productgallery: Coffee", Water Footprint Network (waterfootprint.org/?page=files/productgallery&product=coffee).
52. "Siemens offers tips for manufacturers to reduce their water footprint", PRNewswire/Reuters, 17 ago 2009 (reuters.com/article/pressRelease/idUS142222+17-Aug-2009+PRN20090817).
53. "Where is earth's water located?", Instituto de Pesquisa Geológica dos Estados Unidos (ga.water.usgs.gov/edu/earthwherewater.html).
54. Idem.
55. Ger Bergkamp e Claudia W. Sadoff, "Water in a sustainable economy", *State of the World 2008*, Washington D.C., The World Watch Institute, 2009, p.107.
56. Ibid., p.108.
57. *Water for Life: Making it Happen*, Organização Mundial da Saúde e Unicef, Genebra, WHO Press, 2005, p.5.
58. "Human appropriation of the world's fresh water supply", Global Change Program, Universidade de Michigan (globalchange.umich.edu/globalchange2/current/lectures/freshwater_supply/freshwater.html).
59. G. Bergkamp e C.W. Sadoff, op.cit., p.108.
60. Maude Barlow, "A UN Convention on the Right to Water: An idea whose time has come", Blue Planet Project, nov 2006 (blueplanetproject.net/documents/UN_convention_MB_Dec06.pdf).
61. "Running dry", *The Economist*, 21 ago 2008. A frase "a água é o petróleo do século XXI" é de Andrew Liveris, diretor geral da Dow Chemical Company.
62. "The soft path for water", Pacific Institute (pacinst.org/topics/water_and_sustainability/soft_path/index.htm).
63. "'Virtual Water' innovator awarded 2008 Stockholm Water Prize", Stockholm International Water Institute (siwi.org/sa/node.asp?node=25).
64. A citação consta do site da Water Footprint: waterfootprint.org/?page=files/home.
65. G. Bergkamp e C.W. Sadoff, op.cit., p.114.
66. "Dublin statements and principles", Parceria Global da Água (gwpforum.org/servlet/PSP?iNodeID=1345).
67. Ray Anderson, "The business logic of sustainability", conferência da TED filmada em fev 2009, publicada em mai 2009 (ted.com/talks/ray_anderson_on_the_business_logic_of_sustainability.html).
68. *Dirty Metals: Mining, Communities, and the Environment*, Earthworks e Oxfam America, 2004, p.4 (nodirtygold.org/pubs/DirtyMetals.pdf).
69. "Bingham Canyon Mine", Wikipedia (wikipedia.org/wiki/Bingham_Canyon_Mine).
70. *Rich Lands Poor People: Is Sustainable Mining Possible?*, Centre for Science and the Environment, 2008, p.1 (cseindia.org/programme/industry/pdf/miningpub.pdf).

71. *Dirty Metals: Mining, Communities and the Environment*, op.cit., p.4.
72. Idem.
73. Idem.
74. "Mining: Safety and health", Organização Internacional do Trabalho (ilo.org/public/english/dialogue/sector/sectors/mining/safety.htm).
75. "Mineworkers rights", Gravis (gravis.org.in/index.php?option=com_content&task=view&id=26&Itemid=46).
76. "1872 Mining law", Earthworks (earthworksaction.org/1872.cfm).
77. Ken Geiser, *Materials Matter*, Boston, MIT Press, 2001, p.170.
78. Radhika Sarin, *No Dirty Gold: Consumer Education and Action for Mining Reform*, Washington D.C., Earthworks, 2005, p.305-6.
79. "Why a campaign focused on gold?", No Dirty Gold (nodirtygold.org/about_us.cfm).
80. "Poisoned waters", No Dirty Gold (nodirtygold.org/poisoned_waters.cfm).
81. "Cyanide Process", *Encyclopaedia Britannica* (britannica.com/EBchecked/topic/147730/cyanide-process).
82. "The gold discovery that changed the world: Coloma, California, 1848", site de Coloma Valley, adaptado de *Discover Coloma: A Teacher's Guide*, por Alan Beilharz (coloma.com/gold/).
83. Pratap Chatterjee, *Gold, Greed and Genocide*, Berkeley, Califórnia, Project Underground, 1998.
84. Rebecca Solnit, "Winged mercury and the golden calf", *Orion*, set-out 2006 (orionmagazine.org/index.php/articles/article/176/).
85. "Combating conflict diamonds", Global Witness (globalwitness.org/campaigns/conflict/conflict-diamonds).
86. "Leaders of diamond-fuelled terror campaign convicted by Sierra Leone's Special Court", comunicado de imprensa da Global Witness, 26 fev 2009 (globalwitness.org/library/leaders-diamond-fuelled-terror-campaign-convicted-sierra-leone%E2%80%99s-special-court).
87. Idem.
88. Idem.
89. "The Kimberley Process", Global Witness (globalwitness.org/pages/en/the_kimberley_process.html).
90. "Conflict diamonds: Sanctions and war", Organização das Nações Unidas (un.org/peace/africa/Diamond.html).
91. *Loupe Holes: Illicit Diamonds in the Kimberley Process*, Partnership Africa Canada e Global Witness, nov 2008, p.1 (globalwitness.org/library/loupe-holes-illicit-diamonds-kimberley-process).
92. "Tantalum", *Encyclopaedia Britannica* (britannica.com/EBchecked/topic/582754/tantalum-Ta). No verbete: "O tântalo foi descoberto (1802) pelo químico suíço Anders Gustaf Ekeberg e nomeado segundo o personagem mitológico Tântalo, devido à capacidade tantalizadora de dissolver o óxido em ácidos."

93. "Congo's tragedy: The war the world forgot", *The Independent*, Reino Unido, 5 mai 2006 (independent.co.uk/news/world/africa/congos-tragedy-the-war-the-world-forgot-476929.html).
94. Idem.
95. Idem.
96. Idem.
97. *Faced With a Gun, What Can You Do? War and the Militarisation of Mining in Eastern Congo*, Global Witness, jul 2009. Tabelas com estatísticas sobre a exportação de minerais de 2007 e do primeiro semestre de 2008 podem ser encontradas na p.90 (globalwitness.org/library/global-witness-report-faced-gun-what-can-you-do).
98. "Congo's tragedy: The war the world forgot", op.cit.
99. Jack Ewing, "Blood on your phone? Unlikely it's 'conflict coltan'", *Der Speigel Online International*, 18 nov 2008 (spiegel.de/international/world/0,1518,591097,00.html).
100. Larry Greenemeier, "Trashed tech: Where do old cell phones, TVs and PCs go to die?" *Scientific American*, 29 nov 2007 (scientificamerican.com/article.cfm?id=trash-tech-pc-tv-waste).
101. American Chemical Society, *Chemistry in the Community*, Nova York, W.H. Freeman, 5ª ed., 2006, p.176.
102. Idem.
103. "The next 10 years are critical: The world energy outlook makes the case for stepping up co-operation with China and India to address global energy challenges", comunicado de imprensa da Agência Internacional de Energia, 7 nov 2007 (iea.org/press/pressdetail.asp?PRESS_REL_ID=239).
104. Steve Connor, "Warning: Oil supplies are running out fast", *The Independent*, Reino Unido, 3 ago 2009 (independent.co.uk/news/science/warning-oil-supplies-are-running-out-fast%C2%AD1766585.html).
105. Idem.
106. Lou Dematteis e Kayna Szymczak, *Crude Reflections: Oil, Ruin, and Resistance in the Amazon Rainforest*, São Francisco, City Lights Publishers, 2008, p.6-18.
107. "Carbon plan in Ecuador would leave jungle oil reserves untapped", *Yale Environment 360*, Yale School of Forestry and Environmental Studies (e360.yale.edu/content/digest.msp?id=1897).
108. Haroon Siddique, "Pay-to-protect plan for Ecuador's rainforest on the brink", *The Guardian*, Reino Unido, 9 out 2008 (guardian.co.uk/environment/2008/oct/09/endangeredhabitats.endangeredspecies).
109. Idem.
110. Jess Smee, "Oil or trees? Germany takes lead in saving Ecuador's rainforest", Sustainable Development Media Think Tank, 24 jun 2009 (sustainabilitank.info/2009/06/will-germany-go-for-the-oil-of-ecuador-or-for-the-trees-as-credits-for-its-own-pollution-who-are-the-future-good-samaritans/).
111. Andrew Walker, "Fresh start for Nigerian oil activists?", BBC News, 11 ago 2008 (news.bbc.co.uk/2/hi/africa/7509220.stm).

112. "Shell in Nigeria: What are the issues?", Essential Action (essentialaction.org/shell/issues.html).
113. Andy Rowell, "Secret papers 'show how Shell targeted Nigeria oil protests'", *The Independent*, Reino Unido, 14 jun 2009 (independent.co.uk/news/world/americas/secret-papers-show-how-shell-targeted-nigeria-oil-protests-1704812.html).
114. "Ken Saro-Wiwa's closing statement to the Nigerian military-appointed special tribunal", *South Africa Report*, vol.11, n.2, jan 1996 (africafiles.org/article.asp?ID=3906).
115. Stephen Kretzman, "Shell's settlement doesn't hide unsettling reality in Nigeria", *The Huffington Post*, 10 jun 2009 (huffingtonpost.com/stephen-kretzmann/shells-settlement-doesnt_b_213352.html).
116. "The case against Shell", Center for Constitutional Rights e EarthRights International (wiwavshell.org/the-case-against-shell/).
117. Jad Mouawad, "Shell to pay $15.5 million to settle Nigerian case", *The New York Times*, 8 jun 2009 (nytimes.com/2009/06/09/business/global/09shell.html?_r=1&ref=global).
118. Shai Oster, "Shell to start talks with Nigeria", *The Wall Street Journal*, 31 mai 2005, p.A7.
119. *Oil for Nothing: Multinational Corporations, Environmental Destruction, Death and Impunity in the Niger Delta*, relatório de viagem de uma delegação não governamental dos Estados Unidos, 6 a 20 set 1999, p.18 (essentialaction.org/shell/Final_Report.pdf).
120. "Bowoto v. Chevron case overview", EarthRights International (earthrights.org/site_blurbs/bowoto_v_chevrontexaco_case_overview.html).
121. David Morris e Irshad Ahmed, *The Carbohydrate Economy: Making Chemicals and Industry Materials from Plant Matter*, Washington D.C., Institute for Local Self-Reliance, 1992. Esse e muitos outros títulos sobre alternativas ao petróleo estão listados no site do Institute for Local Self-Reliance: ilsr.org/pubs/pubscarbo.html.
122. Site da Sustainable Biomaterials Collaborative: sustainablebiomaterials.org.
123. Deborah Bräutigam, *Taxation and Governance in Africa*, American Enterprise Institute for Public Policy Research, abr 2008 (aei.org/outlook/27798).
124. *Declaração das Nações Unidas sobre os Direitos dos Povos Indígenas*, adotada pela Assembleia Geral de 13 set 2007 (un.org/esa/socdev/unpfii/en/declaration.html).
125. "Sustainable development and Indigenous peoples", Grupo Internacional de Trabalho sobre Assuntos Indígenas (iwgia.org/sw219.asp).
126. "Extractive industries", boletim, Grupo Banco Mundial (ifc.org/ifcext/media.nsf/AttachmentsByTitle/AM08_Extractive_Industries/$FILE/AM08_Extractive_Industries_IssueBrief.pdf).
127. "Environmental and social policies", Bank Information Center (bicusa.org/EN/Issue.Background.4.aspx).
128. Iniciativa de Transparência das Indústrias Extrativistas (eiti.org/ru/node/614).
129. "World Bank Bonds Boycott", Center for Economic Justice (econjustice.net/wbbb/).
130. Jared Diamond, "What's your consumption factor?", *The New York Times*, 2 jan 2008 (nytimes.com/2008/01/02/opinion/02diamond.html).

131. "The state of consumption today", Worldwatch Institute (worldwatch.org/node/810).
132. "Earth Overshoot Day", Global Footprint Network (footprintnetwork.org/en/index.php/GFN/page/earth_overshoot_day/). Para informações detalhadas sobre o uso de recursos por cada país, consultar *Living Planet Report 2008*, de coautoria do World Wildlife Fund e Global Footprint Network (footprintnetwork.org/en/index.php/GFN/page/national_assessments/).
133. Site do One Planet Living: oneplanetliving.org/index.html.
134. Idem.
135. P. Hawken e A.L. Hunter, *Natural Capitalism*, op.cit., p.8.
136. "1994 Declaration of the Factor 10 Club", Factor 10 Institute (techfak.uni-bielefeld.de/~walter/f10/declaration94.html).

2. Produção (p.72-122)

1. Muitas referências, incluindo: Our Stolen Future (Ourstolenfuture.org); *State of the World 2006*, Worldwatch Institute; Nancy Evans (org.), *State of the Evidence 2006*, sumário executivo, Breast Cancer Fund, p.4 (breastcancerfund.org/atf/cf/%7BDE68F7B2-5F6A-4B57-9794-AFE5D27A3CFF%7D/State%20of%20the%20Evidence%202006.pdf); Gay Daly, "Bad chemistry", *OnEarth*, inverno 2006 (nrdc.org/onearth/06win/chem1.asp).
2. "Dos mais de 80 mil produtos químicos comercializados, apenas uma pequena parcela foi estudada como causadora de ao menos um dano potencial à saúde, como câncer, toxicidade reprodutiva e de desenvolvimento, ou impactos no sistema imunológico. Dos cerca de 15 mil produtos testados, poucos foram suficientemente estudados para estimar corretamente os possíveis riscos da exposição a eles. Mesmo quando o teste é realizado, cada produto químico é testado individualmente, e não nas combinações a que somos expostos no mundo real. Na verdade, ninguém é exposto a uma só substância, mas a uma sopa química, cujos ingredientes podem interagir e causar danos imprevisíveis à saúde." Retirado de: "Chemical Body Burden", Coming Clean (chemicalbodyburden.org/whatisbb.htm).
3. Theo Colburn, John Peter Myers e Dianne Dumanoski, *Our Stolen Future: Are We Threatening Our Fertility, Intelligence, and Survival?*, Nova York, Plume Books, 1997. Consultar o site de Our Stolen Future para as sinopses dos capítulos (ourstolenfuture.org/Basics/chapters.htm) e notícias recentes sobre exposição a substâncias químicas (ourstolenfuture.org/New/recentimportant.htm).
4. Fred Pearce, *Confessions of an Eco-Sinner: Tracking Down the Sources of My Stuff*, Boston, Beacon Press, 2008, p.89.
5. A.K. Chapagain, A.Y. Hoekstra, H.H.G. Savenije e R. Gautam, "The water footprint of cotton consumption", *Ecological Economics*, vol.60, n.1, 1º nov 2006, p.201-2 (waterfootprint.org/Reports/Report18.pdf).

6. Ibid., p.187.
7. Ibid., p.195.
8. Ibid., p.186.
9. Ibid., p.187.
10. F. Pearce, *Confessions of an Eco-Sinner*, op.cit., p.111-2.
11. "Problems with conventional cotton production", Pesticide Action Network North America (panna.org/Node/570).
12. Idem.
13. F. Pearce, *Confessions of an Eco-Sinner*, op.cit., p.114.
14. Charles Benbrook, *Pest Management at the Crossroads*, Yonkers, N.Y., Consumer's Union, 1996, p.2.
15. "Problems with conventional cotton production", op.cit.
16. Billie J. Collier, Martin Bide e Phyllis Tortora, *Understanding Textiles*, Upper Saddle River, N.J., Prentice Hall, 2008, p.11.
17. Ibid., p.20-7.
18. Michael Lackman, "Care what you wear: Facts on cotton and clothing production", Associação de Consumidores de Produtos Orgânicos dos Estados Unidos, 29 jun 2007 (organicconsumers.org/articles/article_6347.cfm).
19. Michael Lackman, "Permanent press: Facts behind the fabrics", OrganicClothing. blogs.com, 3 jan 2009 (organicclothing.blogs.com/my_weblog/2009/01/permanent-press-facts-behind-the-fabrics.html).
20. "Formaldehyde", Agência de Proteção Ambiental (epa.gov/iaq/formalde.html#Health Effects).
21. M. Lackman, "Care what you wear", op.cit.
22. A.K. Chapagain, A.Y. Hoekstra, H.H.G. Savenije e R. Gautam, "The water footprint of cotton consumption", op.cit., p.202.
23. F. Pearce, *Confessions of an Eco-Sinner*, op.cit., p.104.
24. "Haitian garment factory conditions", *Campaign for Labor Rights Newsletter*, 8 jul 1997 (hartford-hwp.com/archives/43a/136.html).
25. Correspondência pessoal com Yannick Etienne, ago 2009.
26. F. Pearce, *Confessions of an Eco-Sinner*, op.cit., p.91.
27. "The Footprint Chronicles: Tracking the environmental and social impact of Patagonia clothing and apparel", Patagonia (patagonia.com/web/us/footprint/index.jsp).
28. Susan Kinsella, "The history of paper", *Resource Recycling*, jun 1990 (conservatree.org/learn/Papermaking/History.shtml).
29. "Environmentally sound paper overview: Environmental issues. Part III – Making paper: Content", Conservatree (conservatree.org/learn/Essential%20Issues/EIPaperContent.shtml).
30. "Book sector", Green Press Initiative (greenpressinitiative.org/about/bookSector.htm).
31. "Impacts on climate", Green Press Initiative (greenpressinitiative.org/impacts/climateimpacts.htm).

32. "Paper making and recycling", Agência de Proteção Ambiental (epa.gov/waste/conserve/materials/paper/basics/papermaking.htm).
33. *Comparison of Kraft, Sulfite, and BCTMP Manufacturing Technologies for Paper*, informe técnico, Environmental Defense Fund, 19 dez 1995 (edf.org/documents/1632_WP12.pdf).
34. Jeffrey Hollender, "Putting the breast cancer/chlorine connection on paper", *The Non-Toxic Times*, jul 2004 (consumerhealthreviews.com/articles/WomansHealth/BreastCancerChlorine.htm).
35. *Draft Dioxin Reassessment: Draft Exposure and Human Health Reassessment of 2,3,7,8 – Tetrachlorodibenzo-p-Dioxin (TCDD) and Related Compounds*, Agência de Proteção Ambiental, 2003 (cfpub.epa.gov/ncea/cfm/part1and2.cfm?ActType=default); "Dioxin", Agência de Proteção Ambiental, Centro Nacional para Avaliação Ambiental (cfpub.epa.gov/ncea/CFM/nceaQfind.cfm?keyword=Dioxin); "Polychlorinated dibenzo-*para*-dioxins and polychlorinated dibenzofurans", *IARC Monographs on the Evaluation of Carcinogenic Risks to Humans*, vol.69, 12 ago 1997; J. Raloff, "Dioxin confirmed as a human carcinogen", *Science News*, 15 mai 1999, p.3-9 (monographs.iarc.fr/ENG/Monographs/vol69/volume69.pdf).
36. *The American People's Dioxin Report*, Center for Health Environmental and Justice (mindfully.org/Pesticide/Dioxin-Report-CEHJ.htm).
37. "Chlorine free processing", Conservatree (conservatree.org/paper/PaperTypes/CFDisc.shtml).
38. "Getting mercury out of paper production", Conselho de Defesa de Recursos Naturais (nrdc.org/cities/living/mercury.asp).
39. Michelle Carstensen e David Morris, *Biochemicals for the Printing Industry*, Institute for Local Self-Reliance: disponível para compra em: ilsr.org; ou on-line em: pneac.org/sheets/all/Biochemicals_for_the_Printing_Industry.pdf.
40. Ibid., p.5.
41. Ibid., p.4.
42. Elizabeth Grossman, *High Tech Trash*, Washington, D.C., Island Press, 2006, p.5.
43. Michael Dell, palestra ministrada no Gartner Symposium/ITxpo, out 2002, citado em *Clean Up Your Computer*, relatório da Catholic Agency for Overseas Development (cafod.org.uk/var/storage/original/application/phpYyhizc.pdf).
44. E. Grossman, *High Tech Trash*, op.cit., p.5.
45. Entrevista com Ted Smith, jun 2009.
46. Andrew S. Grove, *Only the Paranoid Survive*, Nova York, Doucleday Business, 1996. [Ed. bras.: *Só os paranoicos sobrevivem*, São Paulo, Gaia, 2010.]
47. *Trade and Development Report*, 2002, Conferência sobre Comércio e Desenvolvimento das Nações Unidas, p.vii (unctad.org/en/docs/tdr2002overview_en.pdf).
48. Grossman, *High Tech Trash*, op.cit., p.4.
49. Ibid., p.37
50. Ibid., p.36.
51. Ibid., p.37-8.

52. Entrevista com Ted Smith, jun 2009.
53. Alexandra McPherson, Beverley Thorpe e Ann Blake, *Brominated Flame Retardants in Dust on Computers: The Case for Safer Chemicals and Better Computer Design*, Clean Production Action, jun 2004, p.5 (cleanproduction.org/library/BFR%20Dust%20on%20Computers.pdf).
54. Ibid., p.24.
55. Ibid., p.30-2.
56. Michael van Dijk e Irene Schipper, *Dell: CSR Company Profile*, Centro de Pesquisa em Empresas Multinacionais (Somo), mai 2007, p.19 (somo.nl/publications-en/Publication_1956).
57. Entrevista com Dara O' Rourke, jun 2009.
58. "Environmental responsability", Dell (content.dell.com/us/en/corp/dell-earth.aspx).
59. "Soesterberg Principles Electronic Sustainability Commitment", Clean Production Action (cleanproduction.org/Electronics.Green.php).
60. "Life cycle studies: Aluminum cans", *World Watch*, vol.19, n.3, mai-jun 2006 (worldwatch.org/node/4062).
61. Alan Thein Durning e John C. Ryan, *Stuff: The Secret Lives of Everyday Things*, Washington, D.C., World Future Society, 1998, p.62-3.
62. F. Pearce, *Confessions of an Eco-Sinner*, op.cit., p.146.
63. Ibid., p.148.
64. A.T. Durning e J.C. Ryan, op.cit., p.63.
65. Ibid., p.63-4.
66. Comunicação pessoal com Juan Rosario, jul 2009.
67. "Life cycle studies: Aluminum cans", op.cit.
68. Jennifer Gitliz, *The Role of the Consumer in Reducing Primary Aluminum Demand*, relatório do Container Recycling Institute para a Mesa-Redonda Internacional para Estratégias da Indústria do Alumínio, São Luis, Brasil, 16-18 out 2003, p.2.
69. F. Pearce, *Confessions of an Eco-Sinner*, op.cit., p.149.
70. J. Gitliz, *The Role of the Consumer in Reducing Primary Aluminum Demand*, op.cit., p.4.
71. Idem.
72. "The aluminum can's dirty little secret: On-going environmental harm outspaces the metal's 'green' benefits", comunicado de imprensa do Container Recycling Institute e International Rivers Network, 17 mai 2006 (container-recycling.org/media/newsrelease/aluminum/2006-5-AlumDirty.htm).
73. "Calculating the aluminum can recycling rate", Container Recycling Institute (container-recycling.org/facts/aluminum/data/UBCcalculate.htm).
74. J. Gitliz, *The Role of the Consumer in Reducing Primary Aluminum Demand*, op.cit., p.18.
75. Ibid., p.13.
76. Ibid., p.14.
77. Elizabeth Royte, *Garbageland: On the Secret Trail of Trash*, Nova York, Little, Brown & Company, 2005, p.155.
78. "Life cycle studies: Aluminum cans", op.cit.

79. Idem.
80. Michael Belliveau e Stephen Lester, *PVC – Bad News Comes in Threes: The Poison Plastic, Health Hazards and the Looming Waste Crisis*, The Environmental Health Strategy Center e Center for Health, Environment and Justice, 2004, p.16-8 (http://chej.org/wp-content/uploads/Documents/PVC/bad_news_comes_in_threes.pdf).
81. Ibid., p.18.
82. Ibid., p.19-20.
83. Stephen Lester, Michael Schade e Caitlin Weigand, "Volatile vinyl: The new shower curtain's chemical smell", Center for Health, Environment and Justice, 12 jun 2008 (cela.ca/publications/volatile-vinyl-new-shower-curtains-chemical-smell-0).
84. M. Belliveau e S. Lester, *PVC – Bad News Comes in Threes*, op.cit., p.1 e 35.
85. Ibid., p.2.
86. Ibid., p.13.
87. Ibid., p.21.
88. Beverley Thorpe, "Closing the product loop: How Europe is grappling with waste", Clean Production Action, 11 fev 2003 (ecologycenter.org/recycling/beyond50percent/closingtheloop.ppt).
89. "PVC governmental policies around the world", Center for Health, Environment and Justice (besafenet.com/pvc/government.htm).
90. Idem.
91. Payal Sampat e Gary Gardner, *Mind Over Matter: Recasting the Role of Materials in Our Lives*, Worldwatch Institute, dez 1998 (worldwatch.org/node/846).
92. Correspondência pessoal com Ted Schettler, jul 2009.
93. David Duncan, *Experimental Man*, Hoboken, N.J., John Wiley & Sons, 2009, p.159.
94. Michael Hawthorne, "Pregnant women get new mercury warning", *Chicago Tribune*, 7 fev 2004 (ewg.org/node/22671).
95. D. Duncan, *Experimental Man*, op.cit., p.129.
96. "Mercury in the environment", Pesquisa Geológica dos Estados Unidos (usgs.gov/themes/factsheet/146-00/).
97. D. Duncan, *Experimental Man*, op.cit., p.159.
98. "Historic treaty to tackle toxic metal mercury gets green light", comunicado de imprensa do Programa das Nações Unidas para o Meio Ambiente, 20 fev 2009 (unep.org/Documents.Multilingual/Default.asp?DocumentID=562&ArticleID=6090&l=en/).
99. Idem.
100. Prefácio de Barry Commoner para Ken Geiser, *Materials Matter*, Boston, MIT Press, 2001, p.x.
101. "Chemical body burden", Coming Clean (chemicalbodyburden.org).
102. "The Foundation for Global Action on persistent organic pollutants: A United States perspective", Agência de Proteção Ambiental, mar 2002 (scribd.com/doc/1799026/Environmental-Protection-Agency-POPsa).

103. David Santillo, Iryna Labunska, Helen Davidson, et al., *Consuming Chemicals: Hazardous Chemicals in House Dust as an Indicator of Chemical Exposure in the Home*, Laboratórios de Pesquisa do Greenpeace (greenpeace.org/international/press/reports/consuming-chemicals-hazardou).

104. "Body burden: The pollution in newborns", Environmental Working Group, 14 jul 2005 (ewg.org/reports/bodyburden2/execsumm.php).

105. Correspondência pessoal com Peter Orris, jul 2009.

106. "Ocupational cancer", Instituto Nacional de Segurança e Saúde Ocupacional (cdc.gov/niosh/topics/cancer/).

107. Idem.

108. "Environmental justice", Agência de Proteção Ambiental (epa.gov/oecaerth/basics/ejbackground.html).

109. Benjamin F. Chavis Jr. e Charles Lee, *Toxic Wastes and Race in the Unites States: A National Report on the Racial and Socio-Economic Characteristics of Communities with Hazardous Waste Sites*, Igreja Unida de Cristo, 1987, p.xiv (ucc.org/about-us/archives/pdfs/toxwrace87.pdf).

110. Temma Kaplan, *Crazy for Democracy: Women in Grassroots Movements*, Nova York, Routledge, 1997, p.69.

111. "Enviromental justice", Agência de Proteção Ambiental (epa.gov/compliance/environmentaljustice/index.html).

112. Steve Lerner, "Fenceline and disease cluster communities: Living in the shadow of heavily-polluting facilities", Collaborative on Health and the Environment, 1º out 2006.

113. Mick Brown, "Bhopal gas disaster's legacy lives on 25 years later", Telegraph.co.uk, 6 ago 2009 (telegraph.co.uk/news/worldnews/asia/india/5978266/Bhopal-gas-disasters-legacy-lives-on-25-years-later.html); Helene Vosters, "Bhopal survivors confront dow", CorpWatch, 15 mai 2003 (corpwatch.org/article.php?id=6748).

114. "What happened in Bhopal?", The Bhopal Medical Appeal (bhopal.org/index.php?id=22).

115. O mercúrio foi encontrado em níveis entre 20 mil e 6 milhões de vezes mais do que a taxa esperada, e o mercúrio elementar continua nas dependências da fábrica. Doze compostos orgânicos voláteis, a maioria excedendo em muito os limites estabelecidos pela Agência de Proteção Ambiental, infiltraram-se e continuam contaminando o abastecimento de água de cerca de 20 mil pessoas da região. I. Labunska, A. Stephenson, K. Brigden et al., "Toxic contaminants at the former Union Carbide factory site, Bhopal, India: 15 years after the Bhopal accident", Laboratórios de Pesquisa do Greenpeace, abr 1999.

116. Srishti, *Surviving Bhopal 2002: Toxic Present, Toxic Future*, Missão de Investigação dos Fatos em Bhopal, jan 2002 (bhopal.net/oldsite/documentlibrary/survivingbhopal2002.doc).

117. "What happened in Bhopal?", op.cit.

118. Rashida Bee e Champa Devi Shukla, Prêmio Goldman 2004, discurso de agradecimento (goldmanprize.org/node/83).
119. "Padyatra/Dharna/Hungerstrike 2008 demands", Campanha Internacional por Justiça em Bhopal, jan 2002 (legacy.bhopal.net/march/padyatra2008_demands.html).
120. Ann Larabee, *Decade of Disaster*, Chicago, University of Illinois Press, 2000, p.136.
121. Kim Fortun, *Advocacy after Bhopal: Environmentalism, Disaster, New Global Orders*, Chicago, University of Chicago Press, 2001, p.58.
122. Idem.
123. "What is the Toxics Release Inventory (TRI) Program", Agência de Proteção Ambiental (epa.gov/TRI/triprogram/whatis.htm).
124. "2007 TRI Public Data Release", Agência de Proteção Ambiental (epa.gov/TRI/tridata/tri07/index.htm).
125. "Pollution report card for Zip Code 94709, Alameda County", Scorecard.org (scorecard.org/community/index.tcl?zip_code=94709&set_community_zipcode_cookie_p=t&x=0&y=0).
126. "What you need to know about mercury in fish and shellfish: 2004 EPA and FDA advice for: women who might become pregnant, women who are pregnant, nursing mothers, young children", comunicado de imprensa da Administração de Alimentos e Medicamentos, mar 2004 (fda.gov/Food/FoodSafety/Product-SpecificInformation/Seafood/FoodbornePathogensContaminants/Methylmercury/ucm115662.htm).
127. Ricardo Alonso-Zaldivar, "FDA moves to advise pregnant women to consume more mercury-laced seafood", Associated Press, 15 dez 2008 (ewg.org/node/27440).
128. Lyndsey Layton, "FDA draft report urges consumption on fish, despite mercury contamination", *The Washington Post*, 12 dez 2008 (washingtonpost.com/wp-dyn/content/article/2008/12/11/AR2008121103394.html).
129. Idem.
130. Ken Geiser, "Comprehensive chemicals policies for the future", Lowell Center for Sustainable Production, University of Massachusetts Lowell, nov 2008 (hhh.umn.edu/centers/stpp/pdf/Geiser_Chemicals_Policy_Paper.pdf).
131. M. King Hubbert, "Nuclear energy and the fossil fuels", *Drilling and Production Practice*, Instituto Americano de Petróleo, 1956 (energybulletin.net/node/13630).
132. William McDonough, citado em *Sidwell Friends Alumni Magazine*, primavera 2005, p.9 (sidwell.edu/data/files/news/AlumniMagazine/spring_2005.pdf).
133. "Mobile industry unites to drive universal charging solutions for mobile phones", comunicado de imprensa do Groupe Special Mobile (GSMA), 17 fev 2009. GSMA é a associação da indústria mundial de telefonia móvel.
134. Idem.
135. Site do Biomimicry Institute: biomimicryinstiutute.org.
136. Janine Benyus, "Janine Benyus shares nature's designs", palestra do TED, filmada em fev 2005 (ted.com/talks/janine_benyus_shares_nature_s_designs.html).

3. Distribuição (p.123-57)

1. Sarah Anderson, John Cavanagh e Thea Lee, *Field Guide to the Global Economy*, Nova York, New Press, 2005, p.6.
2. Entrevista com Dara O'Rourke, abr 2009.
3. Idem.
4. Idem.
5. Robert Goldman e Stephen Papson, *Nike Culture: the Sign of the Swoosh*, Londres, Sage Publications Ltd., 1999, p.168.
6. Entrevista com Dara O'Rourke, abr 2009.
7. Idem.
8. Idem.
9. William Greider, "A new giant sucking sound", *The Nation*, 31 dez 2001 (thenation. com/doc/20011231/greider).
10. David C. Korten, *When Corporations Rule the World*, São Francisco, Berrett-Koehler Publishers, 2ª ed., 2001, p.216. [Ed. Bras.: *Quando as corporações regem o mundo: Consequências da globalização da economia*, Futura, 1996.]
11. Entrevista com Dara O'Rourke, abr 2009.
12. Gary Fields, *Territories of Profit: Communications, Capitalist Development and the Innovative Enterprises of G.F. Swift and Dell Computer*, Palo Alto, Califórnia, Stanford University Press, 2004, p.208.
13. Entrevista com Dara O'Rourke, abr 2009.
14. Comunicação pessoal com Patrick Bond, professor da Universidade de KwaZulu-Natal, ago 2009.
15. Entrevista com Dara O'Rourke, abr 2009.
16. Idem.
17. Correspondência com Dara O'Rourke, set 2009.
18. Entrevista com Dara O'Rourke, abr 2009.
19. Idem.
20. Correspondência pessoal com Michael Maniates, mar 2009.
21. *America's Freight Challenge*, relatório da Associação de Funcionários de Transportes e Rodovias dos Estados Unidos (AASHTO) para a Comissão Nacional de Estudo em Política e Rendimento do Transporte de Superfície, mai 2007, p.25.
22. Idem.
23. Wayne Ellwood, *The No-Nonsense Guide to Globalization*, Londres, Verso, 2005, p.18.
24. "Ship sulfur emissions found to strongly impact worldwide ocean and coastal pollution", *Science Daily*, 20 ago 1999, baseado em pesquisas das universidades Carnegie Mellon e Duke.
25. Instituto de Tecnologia de Rochester, "Pollution from marine vessels linked to heart and lung diseases", *FirstScience News*, 7 nov 2007 (firstscience.com/home/news/breaking-news-all-topics/pollution-from-marine-vessels-linked-to-heart-and-lung-disease_39078.html).

26. "Commercial ships spew half as much particulate pollution as world's cars", Earth Observatory da Nasa, 26 fev 2009 (earthobservatory.nasa.gov/Newsroom/view.php?id=37290).
27. "Large cargo ships emit double amount of soot previously estimated", *Science Daily*, 11 jul 2008 (sciencedaily.com/releases/2008/07/080709103848.htm).
28. John W. Miller, "The mega containers invade", *The Wall Street Journal*, 26 jan 2009 (online.wsj.com/article/SB123292489602813689.html).
29. *America's Freight Challenge*, op.cit., p.13.
30. *Freight and Intermodal Connectivity in China*, relatório patrocinado pelo Departamento de Transportes dos Estados Unidos, Administração de Rodovias Federais, mai 2008, p.23 (international.fhwa.dot.gov/pubs/pl08020/pl08020.pdf).
31. Ibid., p.31.
32. *America's Freight Challenge*, op.cit., p.18-9.
33. Ibid., p.19.
34. Idem.
35. "Quantification of the health impacts and economic valuation of air pollution from ports and goods movement in California", Junta de Recursos do Ar da Califórnia, 20 abr 2006 (arb.ca.gov/planning/gmerp/gmerp.htm).
36. David Bensman e Yael Bromberg, "Deregulation has wrecked port trucking system", *The Record*/NorthJersey.com, 29 mar 2009.
37. David R. Butcher, "The State of U.S. rail, air e sea shipping", ThomasNet News, 3 fev 2009 (news.thomasnet.com/IMT/archives/2009/02/shipping-carrier-container-trends-challenges-in-us-state-of-industry.html).
38. Helen Lindblom e Christian Stenqvist, "SKF freight transports and CO_2 emissions: A study in environmental management accounting", dissertação de mestrado, Departamento de Energia e Meio Ambiente, Chalmers University of Technology, 2007 (chalmers.se/ee/SV/forskning/forskargrupper/miljosystemanalys/publikationer/pdf-filer/2007_2/downloadFile/attachedFile_3_fo/2007-18.pdf).
39. "SmartWay", Agência de Proteção Ambiental (epa.gov/smartway/basic-information/index.htm).
40. Justin Thomas, "UPS unveils 'world's most efficient delivery vehicle'", *TreeHugger*, 10 ago 2006 (treehugger.com/files/2006/08/ups_unveils_wor_1.php).
41. Michael Graham Richard, "FedEx converts 92 delivery trucks to diesel hybrids with lithium-ion batteries", TreeHugger, 21 jul 2009 (treehugger.com/files/2009/07/fedex-converts-92-delivery-trucks-to-diesel-electric-hybrids.php).
42. Andrew Posner, "DHL unveils guilt-free shipping", TreeHugger, 9 mar 2008 (treehugger.com/files/2008/03/dhl-guiltfree-shipping.php).
43. Sarah Raper Larenaudie, "Inside the H&M fashion machine", *Time*, 9 fev 2004 (time.com/time/magazine/article/0,9171,993352,00.html).
44. Ola Kinnander, "H&M profit falls 12% as currencies aggravate weak sales", *The Wall Street Journal*, 26 mar 2009 (online.wsj.com/article/SB123807961431048401.html).
45. S.R. Larenaudie, "Inside the H&M fashion machine", op.cit.

46. Susanne Göransson, Angelica Jönsson e Michaela Persson, "Extreme business models in the clothing industry: A case study of H&M and Zara", Departamento de Estudos Empresariais, Universidade Kristianstad, dez 2007, p.50-2.
47. S. Göransson, A. Jönsson e M. Persson, "Extreme business models", op.cit., p.55.
48. Entrevista com Dara O'Rourke, abr 2009.
49. S.R. Larenaudie, "Inside de H&M fashion machine", op.cit.
50. Keisha Lamothe, "Online retail spending surges in 2006", CNNMoney.com, 4 jan 2007, (money.cnn.com/2007/01/04/news/economy/online_sales/?postversion=2007010410).
51. Stacy Mitchell, *Big-Box Swindle: The True Cost of Mega-Retailers and the Fight for America's Independent Businesses*, Boston, Beacon Press, 2007, p.12.
52. Discurso de Jeff Bezos na MIT, 25 nov 2002 (mitworld.mit.edu/video/1/).
53. Idem.
54. Renee Wilmeth da Google Books and Literary Archives, citada por Dave Taylor, Ask Dave Taylor (askdavetaylor.com/what_percentage_of_books_printed_end_up_destroyed.html).
55. H. Scott Matthews e Chris T. Hendricks, "Economic and environmental implications of online retailing in the United States", Escola de Graduação em Administração Industrial, Universidade Carnegie Mellon, ago 2001.
56. Jason Epstein, ex-diretor editorial da Random House e autor de *Book Business: Past, Present and Future*, citado pela revista *Wired*, mai 2002 (wired.com/wired/archive/10.05/longbets.html?pg=4).
57. Collin Dunn, "Online shopping vs. driving to the mall: The greener way to buy", *TreeHugger*, 13 fev 2009 (treehugger.com/files/2009/02/online-shopping-vs-driving-mall-greener.php).
58. Site da Freecycle: freecycle.org.
59. S. Mitchell, *Big-Box Swindle*, op.cit., p.13.
60. Idem.
61. "Wal-Mart awarding $2B to U.S. hourly employees, report says", Reuters, 21 mar 2009 (usatoday.com/money/industries/retail/2009-03-19-walmart-workers_N.htm).
62. S. Mitchell, *Big-Box Swindle*, op.cit., p.7.
63. Ibid., p.12.
64. Ibid., p.15.
65. Idem.
66. Ibid., p.13.
67. Ibid., p.14.
68. Sonia Reyes, "Study: Wal-Mart private brands are catching on", *Brandweek*, 21 ago 2006 (brandweek.com/bw/esearch/article_display.jsp?vnu_content_id=1003019846).
69. S. Mitchell, *Big-Box Swindle*, op.cit., p.7.
70. "Where to buy appliances: Big stores aren't necessarily the best", *Consumer Reports*, 1º set 2005.
71. S. Mitchell, *Big-Box Swindle*, op.cit., p.xvii.

Notas

72. "The real facts about Wal-Mart", WakeUpWalMart.com (wakeupwalmart.com/facts/).
73. *Wal-Mart: The High Cost of Low Price*, Robert Greenwald, diretor, 2005.
74. "The real facts about Wal-Mart", citando dados da análise da UFCW sobre o plano de saúde do Wal-Mart, WakeUpWalMart.com, mar 2008 (wakeupwalmart.com/facts/).
75. "Disclosures of employers whose workers and their dependents are using state health insurance programs", Good Jobs First, atualizado em 26 out 2009 (goodjobsfirst.org/corporate-subsidy-watch/hidden-taxpayer-costs).
76. "How Wal-Mart has used public money in your state", Wal-Mart Subsidy Watch (walmartsubsidywatch.org).
77. Al Norman, "Barstow, CA., lawsuit freezes Wal-Mart distribution center until May", Wal-Mart Watch, 12 jan 2009 (walmartwatch.com/battlemart/archives/Barstow_ca_lawsuit_freezes_wal_mart_distribution_center_ntil_may/).
78. Mike Troy, "High-tech DC streamlines supply chains", *DSN Retailing Today*, 9 mai 2005 (findarticles.com/p/articles/mi_mOFNP/is_9_44/13734506/ai_n).
79. A. Norman, "Barstow, CA., lawsuit freezes Wal-Mart distribution center until May", op.cit.
80. D. Bensman e Y. Bromberg, "Deregulation has wrecked port trucking system", op.cit.
81. Idem.
82. Stephanie Rosenbloom e Michael Barbaro, "Green-light specials, now at Wal-Mart", *The New York Times*, 24 jan 2009 (nytimes.com/2009/01/25/business/25walmart.html?pagewanted=1&_r=1). Ver também os boletins informativos que o Wal-Mart atualiza regularmente no site da empresa (walmartstores.com/FactsNews/FactSheets/#Sustainability).
83. S. Mitchell, *Big-Box Swindle*, op.cit., p.3-4.
84. Ibid., p.5-6.
85. Idem.
86. Idem.
87. *Wal-Mart: The High Cost of Low Price*, op.cit.
88. S. Mitchell, *Big-Box Swindle*, op.cit., p.40.
89. *Wal-Mart: The High Cost of Low Price*, op.cit.
90. Ross Perot e Pat Choate, *Save Your Job, Save Your Country*, Nova York, Hyperion Books, 1993, p.41.
91. Thomas Friedman, "Mexico feels job-loss pain", *Arizona Daily Star*, 3 abr 2004 (azstarnet.com/sn/related/16486).
92. S. Mitchel, *Big-Bix Swindle*, op.cit., p.xv.
93. Uri Berliner, "Haves and have-nots: Income inequality in America", National Public Radio, 5 fev 2007 (npr.org/templates/story/story.php?storyId=7180618).
94. John M. Broder, "California voters reject Wal-Mart initiative", *The New York Times*, 7 abr 2004 (nytimes.com/2004/04/07/national/07CND-WALM.html).
95. W. Ellwood, *The No-Nonsense Guide to Globalization*, op.cit., p.24-7.

96. Ibid., p.27-34.
97. "World Bank energy complex created hell on earth for Indian citizens", *Probe International*, 1º mar 1998 (probeinternational.org/export-credit/world-bank-energy-complez-creates-hell-earth-indian-citizens).
98. "About us", Banco Mundial (web.worldbank.org/WBSITE/EXTERNAL/EXTABOUTUS/0„contentMDK:20040565~menuPK:1696892~pagePK:51123644~piPK:3298 29~theSitePK:29708,00.html).
99. Amitayu Sen Gupta, "Debt relief for LDCs: The new Trojan horse of neo-liberalism", International Development Economics Associates (networkideas.org/news/aug2006/Debt_Relief.pdf).
100. "How big is the debt of poor countries?", Jubilee Debt Campaign (jubileedebtcampaign.org.uk/2 How big is debt of poor countries%3F+2647.twl).
101. Idem.
102. "World Bank/IMF questions and answers", Global Exchange (globalexchange.org/campaigns/wbimf/faq.html). Ver também 50 Years is Enough, uma campanha da U.S. Network for Global Economic Justice (50years.org/issues/).
103. "Top reasons to oppose the WTO", Global Exchange (globalexchange.org/campaigns/wto/OpposeWTO.html). Ver também W. Ellwood, *The No-Nonsense Guide to Globalization*, op.cit., p.34.
104. W. Ellwood, *The No-Nonsense Guide to Globalization*, op.cit., p.36-7.
105. Amory Starr, *Global Revolt: A Guide to the Movements Against Globalization*, Londres, Zed Books, 2005, p.30.
106. Para imagens da Batalha de Seattle de 2009, ver: youtube.com/watch?v=_JXPIBsxdk$; youtube.com/watch?v=YdACqgxRLsQ; vídeo.google.com/videosearch?q=News+WTO+Seattle+1999&hl=en&client=firefox-a&emb=0&aq=f#.
107. "A million farmers protest against the WTO in India", Associação de Agricultores do Estado de Karnataka, 21 mar 2001 (organicconsumers.org/corp/wtoindia.cfm).
108. "Suicide and protests mar summit", BBC News, 11 set 2003 (news.bbc.co.uk/2/hi/business/3098916.stm).
109. "South Korea activist kills himself, others injured in Cancun protest", Agência France-Presse, 11 set 2003 (commondreams.org/headlines03/0911-06.htm).
110. "Trade Act fact sheet 2009", Public Citizen (citizen.org/trade/tradeact/).
111. Correspondência pessoal com Kevin Gallagher, ago 2009.
112. "This is Usaid", Usaid (usaid.gov/about_usaid/).
113. Marc Lacey, "Across globe, empty bellies bring rising anger", *The New York Times*, 18 abr 2008 (nytimes.com/2008/04/18/world/americas/18food.html?pagewanted=1&_r=1).
114. Oscar Olivera e Tom Lewi, *Cochabamba!: Water War in Bolivia*, Boston, South End Press, 2004.
115. "100 mile diet: An interview with James and Alisa" (100milediet.org/faqs). Veja mais no livro: Alisa Smith e J.B. MacKinnon, *Plenty: Eating Locally on the 100 Mile Diet*, Nova York, Three Rivers Press, 2007.
116. Bill McKibben, *Deep Economy*, Nova York, Times Books, 2007, p.128.

117. David Kupfer, "Table for six billion, Please: Judy Wicks on her plan to change the world, one restaurant at a time", *The Sun Magazine*, ed. 392, ago 2008 (thesunmagazine.org/issues/392/table_for_six_billion).
118. Rob Hopkins e Peter Lipman, *Who We Are and What We Do*, Transition Network, 1º fev 2009 (transitionculture.org/wp-content/uploads/who_we_are_high.pdf).
119. Sarah Anderson, John Cavanagh e Thea Lee, *Field Guide to the Global Economy*, The New Press, 2005, p.52.

4. Consumo (p.158-90)

1. Robert D. McFadden e Angela Macropoulos, "Wal-Mart employee trampled to death", *The New York Times*, 28 nov 2008 (nytimes.com/2008/11/29/business/29walmart.html).
2. Christian Sylt, "Christopher Rodrigues: Visa is far more than just a card, says its Cambridge blue boss", *The Independent*, 6 nov 2005 (independent.co.uk/news/people/profiles/Christopher-rodrigues-visa-is-far-more-than-just-a-card-says-its-cambridge-blue-boss-514061.html).
3. Worldwatch Institute, *State of the World 2004: Special Focus – Consumer Society*, Nova York, W.W. Norton & Company, 2004, p.5.
4. Benjamin Barber, *Consumed: How Markets Corrupt Children, Infantilize Adults, and Swallow Citizens Whole*, Nova York, W.W. Norton & Company, 2008, p.8. [Ed. bras.: *Consumido: Como o mercado corrompe crianças, infantiliza adultos e engole cidadãos*, Rio de Janeiro, Record, 2009.]
5. Paul Lomartire, "The monster that is the Mall of America", *Chicago Tribune*, 11 mai 2003 (articles.chicagotribune.com/2003-05-11/news/chi-071219twincities-monstermall_1_largest-mall-underwater-adventures-aquarium-america).
6. Worldwatch Institute, *State of the World 2004*, op.cit., p.4.
7. Mellody Hobson, "Mellody's math: Credit card cleanup", ABC News, 28 fev 2009 (abcnews.go.com/GMA/FinancialSecurity/story?id=126244&page=1).
8. Margot Adler, "Behind the ever-expanding American dream house", National Public Radio, 4 jul 2006 (npr.org/templates/story/story.php?storyId=5525283).
9. Juliet B. Schor, "Cleaning the closet", in Duane Elgin, *The Voluntary Simplicity Discussion Course*, Portland, Northwest Earth Institute, 2008, p.35.
10. Michelle Hofmann, "The s-t-r-e-t-c-h garage", *Los Angeles Times*, 1º out 2006 (articles.latimes.com/2006/oct/01/realestate/re-garages1).
11. *SSA Industry Report and SSA Update for 2009*, Self Storage Association (selfstorage.org/SSA/Home/AM/ContentManagerNet/ContentDisplay.aspx?Section=Home&ContentID=4163).
12. Trecho completo do discurso de Bush em Atlanta, 8 nov 2001: "As pessoas seguem com suas vidas cotidianas, trabalhando, comprando e brincando, orando em igrejas, sinagogas e mesquitas, indo ao cinema e a jogos de beisebol. A vida segue nos

Estados Unidos e, como sabia um estudante da quarta série que me escreveu, este é o repúdio máximo ao terrorismo." (archives.cnn.com/2001/US/11/08/rec.bush.transcript/).

13. Robert Louis Stevenson, "Henry David Thoreau: His character and opinions", *Cornhill Magazine*, jun 1880.
14. Edward Wagenknecht, *John Greenleaf Whittier: A Portrait in Paradox*, Nova York, Oxford University Press, 1967, p.112.
15. Wynn Yarborough, "Reading of Thoreau's 'Resistance to Civil Government'", Virginia Commonwealth University, 1995 (vcu.edu/engweb/transcendentalism/authors/thoreau/critonrcg.html).
16. Eisenhower apud Joni Seager, *Earth Follies: Coming to Feminist Terms with the Global Environmental Crisis*, Nova York, Routledge, 1993, p.221.
17. "Brighter", Discovery Card (youtube.com/watch?v=LKFZjg4eGMk).
18. Bill McKibben, *Deep Economy*, Nova York, Henry Holt & Company, 2007, p.35-6.
19. Worldwatch Institute, *State of the World 2004*, op.cit., p.166. (Os 13 mil dólares representam a renda ou "paridade de consumo" anual por pessoa em dólares de 1995.)
20. Richard Layard, *Happiness: Lessons from a New Science*, Londres, Penguin, 2005, p.29-35.
21. R. Layard, *Happiness*, op.cit., p.34-5.
22. Robert Putnam, *Bowling Alone*, Nova York, Simon & Schuster, 2000.
23. Shankar Vedantam, "Social isolation growing in U.S., study says", *The Washington Post*, 23 jun 2006 (washingtonpost.com/wp-dyn/content/article/2006/06/22/AR2006062201763.html).
24. "Obesity and overweight statistics", Centro para Controle e Prevenção de Doenças dos Estados Unidos (cdc.gov/obesity/data/index.html).
25. Do relatório *Morbidity and Mortality Weekly Report*, Centro para Controle e Prevenção de Doenças dos Estados Unidos, *Science Daily*, 8 set 2007 (sciencedaily.com/releases/2007/09/070907221530.htm).
26. De Graaf, Wann e Naylor, *Affluenza*, p.77.
27. Worldwatch Institute, *State of the World 2004*, op.cit., p.112.
28. Tim Kasser, *The High Price of Materialism*, Boston, MIT Press, 2003, p.22.
29. Ibid., p.59.
30. Worldwatch Institute, *State of the World 2004*, op.cit., p.18.
31. *The Happy Planet Index 2.0: Why good lives don't have to cost the earth*, The New Economics Foundation, 2009, p.61.
32. Malin Rising, "Global arms spending rises despite economic woes", *The Independent*, 9 jun 2009 (independent.co.uk/news/world/politics/global-arms-spending-rises-despite-economic-woes-1700283.html).
33. *The Happy Planet Index 2.0*, op.cit., p.5.
34. "Earth Overshoot Day 2009", Global Footprint Network (footprintnetwork.org/en/index.php/GFN/page/earth_overshoot_day/).
35. Worldwatch Institute, *State of the World 2004*, op.cit., p.6-7.

36. "Earth Overshoot Day 2009", op.cit.
37. David W. Orr, "The ecology of giving and consuming", in Roger Rosenblatt (org.), *Consuming Desires: Consumption, Culture and the Pursuit of Happiness*, Washington D.C., Island Press, 1999, p.141.
38. Worldwatch Institute, *State of the World 2004*, op.cit., p.12.
39. Idem.
40. Juliet B. Schor, *The Overworked American: The Unexpected Decline of Leisure*, Nova York, Basic Books, 1993, p.77.
41. Elaine Ganley, "French spend more time sleeping and eating than other nations", *The Huffington Post*, 4 mai 2009 (huffingtonpost.com/2009/05/04/French-spend-more-time-ea_n_195548.html).
42. D. Elgin, *The Voluntary Simplicity Discussion Course*, op.cit., p.15.
43. Thomas Princen, Michael Maniates e Ken Conca, *Confronting Consumption*, Boston, MIT Press, 2002, p.216.
44. Michael Burawoy, *Manufacturing Consent: Changes in the Labor Process Under Monopoly Capitalism*, Chicago, University of Chicago Press, 1979, p.32-40.
45. Victor Lebow, *Journal of Retailing*, apud Vance Packard, *The Waste Makers*, Nova York, David McKay, 1960, p.24.
46. "Industrial strength design: How Brooks Stevens shaped your world", Milwaukee Art Museum (mam.org/collection/archives/brooks/index.asp).
47. Bernard London, *Ending the Depression Through Planned Obsolescence*, originalmente publicado em 1932. O texto do panfleto está publicado em: adbusters.org/blogs/blackspot_blog/consumer_society_made_break.html.
48. V. Packard, *The Waste Makers*, op.cit., p.46.
49. Baseado no número amplamente mencionado de 40 mil comerciais de TV por ano; ver "Television advertising leads to unhealthy habits in children; Says APA Task Force", comunicado de imprensa da Associação de Psicologia dos Estados Unidos, 23 fev 2004 (apa.org/news/press/releases/2004/02/children-ads.aspx). Alguns analistas falam em 50 mil; ver o trecho de *Marketing Without Advertising*, da Nolo Press (nolo.com/product.cfm/objectID/5E5BFB9E-A33A-43DB-9D162A6460AA646A/sampleChapter/5/111/277/#summary).
50. B. Barber, *Consumed*, op.cit., p.29.
51. D. Elgin, *The Voluntary Simplicity Discussion Course*, op.cit., p.30.
52. Worldwatch Institute, *State of the World 2004*, op.cit., p.14.
53. B. Barber, *Consumed*, op.cit., p.13.
54. "Big Three spent $7.2 billion on ads in 2007", Dollars & Sense Blog (dollarandsense.org/blog/2008/12/big-three-spent-72-billion-on-ads-in.html).
55. "Apple's advertising budget; revealed!", BNET Technology Blog (industry.bnet.com/technology/1000574/apples-advertising-budgt-revealed/).
56. "Sharp will change your life?", Media Mentalism (mediamentalism.com/2008/07/15/sharp-will-change-your-life/).
57. "Advertisers go after bedroom eyes", *Sustainable Industries Journal*, fev 2007.

58. Aaron Falk, "Mom sells face space for tattoo advertisement", *Deseret News*, 30 jun 2005 (deseretnews.com/article/1,5143,600145187,00.html).
59. James Gustave Speth, *The Bridge at the Edge of the World: Capitalism, the Environment, and Crossing from Crisis to Sustainability*, New Haven, Yale University Press, 2008, p.159.
60. Juliet B. Schor, *The Overspent American: Why We Want What We Don't Need*, Nova York, Harper Perennial, 1999, p.49-50.
61. Vedantam, "Social isolation growing in U.S.", apud Robert Putnam, *Bowling Alone* (washingtonpost.com/wp-dyn/content/article/2006/06/22/AR2006062201763.html).
62. "Average home has more TVs than people", *USA Today*, 21 set 2006 (usatoday.com/life/television/news/2006-09-21-homes-tv_x.htm).
63. J.B. Schor, *The Overspent American*, op.cit., p.74-9.
64. Alana Semuels, "Television viewing at all-time high", *Los Angeles Times*, 24 fev 2009 (articles.latimes.com/2009/feb/24/business/fi-tvwatching24).
65. J.B. Schor, *The Ovespent American*, op.cit., p.81.
66. Sandra Gonzales, "Berkeley to vote on politically-correct coffee", *San Jose Mercury News*, 24 out 2002 (commondreams.org/headlines02/1024-05.htm).
67. B. Barber, *Consumed*, op.cit., p.82-8.
68. Ibid., p.139.
69. "National voter turnout in federal elections", Infoplease (infoplease.com/ipa/A0781453.html).
70. R. Putnam, *Bowling Alone*, op.cit.
71. R. Layard, *Happiness*, op.cit., p.8 e 63.
72. Jane E. Dematte, "Near-fatal heat stroke during the 1995 heat wave in Chicago", *Annals of Internal Medicine*, vol.129, n.3, 1º ago 1998, p.173-81.
73. Comunicação pessoal com Judith Helfand, 2009.
74. B. McKibben, *Deep Economy*, p.117.
75. R. Layard, *Happiness*, op.cit., p.74.
76. Worldwatch Institute, *State of the World 2004*, op.cit., p.5.
77. Ibid., p.6.
78. "Overview", *Human Development Report 1998*, Programa de Desenvolvimento das Nações Unidas (hdr.undp.org/en/media/hdr_1998_en_overview.pdf).
79. Idem.
80. "More than half the world lives on less than $2 a day", Population Reference Bureau (prb.org/Journalists/PressReleases/2005/MoreThanHalftheWorldLivesonLess-Than2aDayAugust2005.aspx), citando dados do *Relatório sobre Desenvolvimento Mundial 2000/2001*, do Banco Mundial.
81. Robert Frank, "Market failures", *Boston Review*, verão de 1999 (bostonreview.net/BR24.3/frank.html); e *Luxury Fever*, Nova York, Free Press, 1999.
82. World Resources Institute, apud Josette Sheera, diretora executiva do World Food Programme (earthtrends.wri.org/updates/node/349).
83. William Greider, "One world of consumers", *Consuming Desires*, p.27.

84. Site da Carbon Footprint of Nations, Universidade de Ciência e Tecnologia da Noruega: carbonfootprintofnations.com.
85. D. Elgin, *The Voluntary Simplicity Discussion Course*, op.cit., p.16.
86. Alan Durning, *How Much Is Enough? The Consumer Society and the Future of the Earth*, Washington, D.C., Worldwatch Institute, 1992, p.150.

5. Descarte (p.191-237)

1. Jerry Seinfeld ao vivo em turnê, 2008. (Meu amigo Andre Carothers estava na plateia e me relatou a piada.)
2. "Um carro perde cerca de um quarto de seu valor no momento em que deixa o estacionamento da concessionária" (edmunds.com/car-reviews/top-10/a-cheapskates-top-10-money-saving-ideas-for-car-owners.html?articleid=122630&). "Dez por cento" é apenas a percentagem atribuída pelo senso comum.
3. Correspondência pessoal com Paul Connett, jun 2008.
4. "The impacts of the economic downturn on solid waste services", Solid Waste Association of North America (swanacal-leg.org/downloads/SWANA%20LTF%20white%20paper%20on%20letterhead.pdf).
5. "Non-hazardous waste", Agência de Proteção Ambiental (epa.gov/epawaste/nonhaz/).
6. Joel Makower, "Calculating the gross national trash", 17 mar 2009 (readjoel.com/joel_makower/2009/03/calculating-the-gross-national-trash.html).
7. Joel Makower, "Industrial strength solution", *Mother Jones*, mai-jun 2009.
8. Idem.
9. "A Natural Step Network case study: Interface, Atlanta, Georgia", The Natural Step (naturalstep.org/fr/usa/interface-atlanta-georgia-usa).
10. Ray Anderson, *Confessions of a Radical Industrialist*, Nova York, St. Martin's Press, 2009, p.64-5.
11. Ray Anderson, "The business logic of sustainability", TED, debate filmado em fev 2009, publicado em mai 2009 (ted.com/talks/ray_anderson_on_the_business_logic_of_sustainability.html).
12. Idem.
13. Idem.
14. Charles Fishman, "Sustainable growth: Interface, Inc.", Fast Company, 18 dez 2007 (fastcompany.com/magazine/14/sustaing.html).
15. Kate Fletcher, *Sustainable Fashion and Textiles*, Londres, Earthscan, 2008, p.158.
16. Correspondência pessoal com Ray Anderson, ago 2009.
17. Comunicação pessoal com Dan Knapp, ago 2009.
18. *Municipal Solid Waste in the United States 2007 Facts and Figures*, Agência de Proteção Ambiental, nov 2008, p.3 (epa.gov/waste/nonhaz/municipal/pubs/msw07-rpt.pdf).
19. Idem.

20. Pesquisa de Renee Shade baseada em dados do Departamento de Estatísticas do Canadá (40.statcan.gc.ca), da Divisão de Estatísticas das Nações Unidas (unstats.un.org/unsd/environment/wastetreatment.htm), do Index Mundi (indexmundi.com/) e dos números do U.S. Passport Service Guide sobre a população da China (us-passport-service-guide.com/china-population.html).
21. *Characterization of Municipal Solid Waste*, Agência de Proteção Ambiental (epa.gov/osw/nonhaz/municipal/msw99.htm).
22. Helen Spiegelman e Bill Sheehan, *Unintended Consequences: Municipal Solid Waste Management and the Throwaway Society*, Product Policy Institute, 2005, p.8.
23. "Industry statistics for 2008", *PSA Update*, informativo da Professional Service Association, abr 2009 (psaworld.com/ASN_Update_04-09.pdf).
24. Site do Shoe Service Institute of America: ssia.info/about.asp.
25. Gena Terlizzi, "Shoe repair shops boom during tough economic times", KTKA, 16 fev 2009, (ktka.com/news/2009/feb/16/shoe_repair_shops_boom_during_tough_economic_times/).
26. John Roach, "Plastic-bag bans gaining momentum around the world", *National Geographic News*, 4 abr 2008 (nationalgeographic.com/news/2008/04/080404-plastic-bags.html).
27. "Irish bag tax hailed as success", BBC News, 20 ago 2002 (news.bbc.co.uk/1/hi/world/europe/2205419.stm).
28. Daniel Imhoff, *Paper or Plastic*, São Francisco, Sierra Club Books, 2005, p.139.
29. "The decline of refillable beverage bottles in the U.S.", Container Recycling Institute (container-recycling.org/facts/glass/decline.htm).
30. *Beverage Containers: U.S. Industry Forecasts for 2012 and 2017*, resumo, Freedonia Group, nov 2008 (reportbuyer.com/industry_manufacturing/chemicals_industry/beverage_containers.html).
31. "Bottle bill resource guide", Container Recycling Institute (bottlebill.org/about/whatis.htm).
32. "Bottle bill opponents", Container Recycling Institute (bottlebill.org/about/opponents.htm).
33. "Bottle bill toolkit", Container Recycling Institute (toolkit.bottlebill.org/opposition/opponents.htm).
34. Better K. Fishbein, *Germany, Garbage and the Green Dot: Challenging a Throwaway Society*, Filadélfia, Diane Publishing, 1996, p.46.
35. Ibid., p.36
36. *Extended Producer Responsibility*, Clean Production Action, 2003, p.28 (cleanproduction.org/library/EPRtoolkitFINAL.pdf).
37. Deanne Toto, "Green with envy: Germany's Green Dot program continues generating good collection numbers", *Recycling Today*, out 2004 (thefreelibrary.com/Green+with+envy%3a+Germany's+Green+Dot+program+continues+generating...-a0123753975).

38. Garth T. Hickle, "The producer is responsible for packaging in the European Union", *Package Design Magazine*, 2006 (packagedesignmag.com/issues/2006.11/special.producer.shtml).
39. Site da Associação de Reciclagem de Materiais de Construção: cdrecycling.org.
40. "Mission statement", Rebuilders Source (rebuilderssource.coop//index.php?option=com_content&task=view&id=14&Itemid=32).
41. Correspondência pessoal com Glenn McRae, mai 2009.
42. "Waste management", Healthcare Without Harm (72.32.87.20/us_canada/issues/waste/); e Paul Connett, "Medical waste incineration: A mismatch between problem and solution", *The Ecologist Asia*, vol.5, n.2, mar-abr 1997 (bvsde.paho.org/bvsacd/cd48/mismatch.pdf).
43. "Electronics", Clean Production Action (cleanproduction.org/Producer.International.Europe.Electronics.php).
44. "Problem: Electronics become obsolete quickly", Electronics TakeBack Coalition (computertakeback.com/problem/made_to_break.htm).
45. "Poison PCs and toxic TVs", Silicon Valley Toxics Coalition, p.9. Baseado em dados de *Electronics Industry Environmental Roadmap*, da Microelectronics and Computer Technology Corporation, 1996.
46. "Problem: Electronics become obsolete quickly", op.cit.
47. "Facts and figures on e-waste recycling", Electronics TakeBack Coalition (computertakeback.com/Tools/Facts_and_Figures.pdf).
48. Idem.
49. Brandon Sample, "Prisoners exposed to toxic dust at Unicor recycling factories", *Prison Legal News*, 15 jul 2009 (prisonlegalnews.org/20750_displayArticle.aspx).
50. Michelle Chen, "E-waste: America's electronics feed the global digital dump", The Women's International Perspective, 26 abr 2009 (thewip.net/contributors/2009/04/ewaste_americas_electronics_fe.html).
51. Correspondência pessoal com Jim Puckett, fev 2009.
52. "Environmentalists and consumer groups applaud Dell's policy on e-waste export", Electronics TakeBack Coalition, 12 mai 2009 (electronicstakeback.com/?s=Environmentalists+and+Consumer+Groups+Applaud+Dell%E2%80%99s+Policy+on+E-Waste+Export).
53. "States are passing e-waste legislation", Electronics TakeBack Coalition, (electronicstakeback.com/legislation/state_legislation.htm).
54. "The e-Steward solution", e-Stewards (e-stewards.org/esteward_solution.html).
55. "The state of garbage in America 2008", BioCycle, vol.49, n.12, dez 2008, p.22 (jgpress.com/archives/_free/001782.html).
56. Site da Assessoria em Administração de Operações em Aterros: loma.civil.duth.gr/
57. Idem.
58. Catherine Brahic, "Atlas of hidden water may avert future conflict", *New Scientist*, 24 out 2008 (newscientist.com/article/dn15030-atlas-of-hidden-water-may-avert-future-conflict.html).

59. No *Federal Register*, 5 fev 1981, a Agência de Proteção Ambiental expressou pela primeira vez a opinião de que todos os aterros eventualmente vazam: "Há consideráveis evidências teóricas e empíricas de que os componentes perigosos que são colocados em instalações de descarte em terra muito provavelmente migrarão da instalação para o meio ambiente externo. Isso pode ocorrer vários anos ou muitas décadas após a deposição do lixo na instalação, mas dados e predições científicas indicam que, na maioria dos casos, até com a aplicação da melhor tecnologia disponível em depósito de aterros, eventualmente o vazamento ocorrerá." Mais de um ano depois, em 26 jul 1982, a EPA novamente deu sua opinião no *Federal Register* (vol.46, n.24, p.32284), enfatizando que todos os aterros inevitavelmente vazam: "Um forro é uma barreira tecnológica que impede ou restringe em ampla medida a migração de líquidos para o solo. Contudo, nenhum forro pode impedir que todos os líquidos vazem para o solo o tempo todo. Eventualmente, a forração se degradará, rasgará ou quebrará, permitindo assim que os líquidos migrem para fora da unidade."
60. "Waste identification", Agência de Proteção Ambiental (epa.gov/osw/hazard/wastetypes/wasteid/index.htm).
61. Daniel Steinway, "Trashing Superfund: The role of municipal solid waste in Cercla cases", *The American Lawyer's Corporate Counsel Magazine*, nov 1999 (library.findlaw.com/1999/Nov/1/130490.html).
62. "Additive to reduce cows' methane emissions on innovation shortlist", The Low Carbon Economy (lowcarboneconomy.com/profile/the_low_carbon_economy_ltd/_low_carbon_blog/additive_to_reduce_cows_methane_emissions_on_innovation_shortlist/5073).
63. "Landfills Are Dangerous", Environmental Research Foundation (rachel.org/?q=en/node/4467).
64. Peter Montague, "The modern solution to pollution is dillution", *Rachel's Democracy and Health News*, n.996, 29 jan 2009 (precaution.org/lib/09/waste_dispersal.090129.htm).
65. *Inventory of Sources and Environmental Releases of Dioxin-Like Compounds in the United States for the Years 1987, 1995, and 2000*, relatório final, Agência de Proteção Ambiental, EPA/600/P-03/002f, nov 2006; e *Waste Incineration: A Dying Technology*, Global Alliance for Incinerator Alternatives/Global Anti-Incinerator Alliance, 2003 (no-burn.org/article.php?id=276). Informações e fontes adicionais podem ser encontradas em "Dioxin homepage", EJnet.org (ejnet.org/dioxin/).
66. Michelle Allsopp, Pat Costner, e Paul Johnston, *Incineration and Human Health: State of Knowledge of the Impacts of Waste Incinerators on Human Health*, Laboratórios de Pesquisa do Greenpeace, Universidade de Exeter, 2001; Jeremy Thompson e Honor Anthony, *The Health Effects of Waste Incinerators: 4th Report*, British Society for Ecological Medicine, 2006 (ecomed.org.uk/publications/report/the-health-effects-of-waste-incinerators); M. Franchini, M. Rial, E. Buiatti e F. Bianchi, "Health effects of exposure to waste incinerator emissions: A review of epidemiological studies",

Annali dell'Instituto Superiore di Sanità, vol.40, n.1, 2004, p.10-5; N. Floret, E. Lucot, P.M. Badot et al., "A municipal solid waste incinerator as the single dominant point source of PCDD/Fs in an area of increased non-Hodgkin's lymphoma incidence", *Chemosphere* vol.68, n.8, 2007, p.1419-26; T. Tango, T. Fujita, T. Tanihata et al., "Risk of adverse reproductive outcomes associated with proximity to municipal solid waste incinerators with high dioxin emission levels in Japan", *Journal of Epidemiology*, vol.14, n.3, 2004, p.83-93.
67. Paul Connett, em seu informativo "Waste management as if the future mattered", 1990.
68. Correspondência pessoal com Paul Connett, jun 2008.
69. Correspondência pessoal com Mike Ewall, mai 2009.
70. "Incinerators in disguise", Global Alliance for Incinerator Alternatives/Global Anti-Incinerator Alliance (no-burn.org/article.php?list=type&type=132).
71. Agência de Proteção Ambiental, base de dados eGRID 2000, citada em "Zero waste for zero warming: GAIA's statement of concern on waste and climate change", Global Alliance for Incinerator Alternatives/Global Anti-Incinerator Alliance, dez 2008 (no-burn.org/article.phpWid=567).
72. Sherry Greenfield, "Trip to PA convinces Jenkins that Frederick should build incinerator", Gazette.net, 20 mai 2009 (gazette.net/stories/05202009/frednew174253_32537.shtml).
73. Brenda Platt, *Resources up in Flames*, Global Alliance for Incinerator Alternatives/Global Anti-Incinerator Alliance, abr 2004, p.12 (no-burn.org/downloads/Resources up in Flames.pdf).
74. *Wasting and Recycling in the United States*, Grass Roots Recycling Network, 2000 (grrn.org/order/w2kinfo.html).
75. Pacote de informações de uma visita ao Davis Street Transfer Center em maio de 2009, comparado aos dados fornecidos em Greenfield, "Trip to PA convinces Jenkins that Frederick should build incinerator".
76. Platt, *Resources up in Flames*, op.cit., p.14.
77. T. Rand, J. Haukohl e U. Marxen, *Municipal Solid Waste Incineration: Requirements for a Successful Project*, relatório técnico n.462 do Banco Mundial, jun 2000, p.25.
78. Correspondência pessoal com Paul Connett, jun 2008.
79. "What is Tura", Instituto de Redução do Uso de Substâncias Tóxicas (turi.org/turadata/what_is_tura).
80. Jay Pateakos, "'Green' light: City company recognized for helping environment", *The Herald News*, 8 jun 2009 (heraldnews.com/homepage/x313680023/Green-light).
81. Ken Geiser e Joel Tickner, "When haste makes toxic waste", *The Boston Globe*, 14 jul 2009 (boston.com/bostonglobe/editorial_opinion/oped/articles/2009/07/14/when_haste_makes_toxic_waste/).
82. "A basic guide to exporting-international legal considerations", Unz and Co. (unzco.com/basicguide/c9.html).

83. Halina Ward, "Corporate accountability in search of a treaty?", Royal Institute of International Affairs, mai 2002 (chathamhouse.org.uk/files/3033_corporate_accountability_insights.pdf).
84. "Thor Chemicals and mercury exposure in Cato-Ridge, South Africa" (umich.edu/~snre492/Jones/thorchem.htm), usando dados da série de artigos de Bill Lambrecht para o *St. Louis Post-Dispatch* entre 1989 e 1994.
85. Idem.
86. Idem.
87. "A Thor chronology", *groundWork*, vol.9, n.3, set 2007 (groundwork.org.za/Newsletters/September2007.pdf).
88. "South Africa: Chemical cleanup begins", *Pambazuka News*, 168, 5 ago 2004 (pambazuka.org/en/category/environment/23609).
89. Tony Carnie, "Poison concerns for Inanda Dam", *The Mercury* (África do Sul), 15 out 2008.
90. *Advising and Monitoring the Clean Up and Disposal of Mercury Waste in Kwazulu-Natal, South Africa: The Case of Thor Chemicals*, mai 2005 (Zeromercury.org/projects/Proposal_EEB_Thor_Chemicals_Final_revised_new_webvs.pdf).
91. James Ridgeway e Gaelle Drevet, "How thousands of tons of Philadelphia's toxic waste ended up on a Haitian beach and what the city of New York is doing about it", *The Village Voice*, 13 jan 1998 (ban.org/ban_news/dumping_on_Haiti.html).
92. Correspondência pessoal com Howard Stewart, do Departamento de Justiça dos Estados Unidos, Divisão de Crimes Ambientais, jun 1989.
93. Site da Convenção de Basileia sobre o Controle de Movimentos Transfronteiriços de Resíduos Perigosos e seu Depósito: basel.int/
94. "Milestones in the Convention's history", Convenção da Basileia (basel.int/convention/basics.html).
95. Heather Rogers, *Gone Tomorrow: The Hidden Life of Garbage*, Nova York, New Press, 2005, p.170.
96. *Municipal Solid Waste in the United States 2007 Facts and Figures*, Agência de Proteção Ambiental, p.1.
97. Ibid., p.16.
98. Rogers, *Gone Tomorrow*, op.cit., p.174.
99. Correspondência pessoal com Paul Connett, jun 2008.
100. Correspondência pessoal com Monica Wilson, cocoordenadora internacional para a Global Alliance for Incinerator Alternatives/Global Anti-Incinerator Alliance, ago 2009.
101. Brenda Platt, David Ciplet, Kate M. Bailey e Eric Lombardi, *Stop Trashing the Climate*, Institute for Local Self-Reliance, the Global Alliance for Incinerator Alternatives/Global Anti-Incinerator Alliance e Eco-Cycle, jun 2008, p.2 (stoptrashingtheclimate.org/fullreport_stoptrashingtheclimate.pdf).
102. "Milestones on the Zero Waste Journey", Zero Waste New Zealand Trust (zerowaste.co.nz/default.724.sm).

103. John Coté, "S.F. OKs toughest recycling law in U.S.", *San Francisco Chronicle*, 10 jun 2009 (sfgate.com/cgi-bin/article.cgi?f=/c/a/2009/06/10/MN09183NV8.DTL).
104. Site da Zero Waste Kovalam: zerowastekovalam.org.
105. De um discurso de Jayakumar Chelaton durante encontro internacional de ativistas do lixo em Penang, Malásia, 2003.

Epílogo: Escrevendo uma nova história (p.239-51)

1. Robert Punam, *Bowling Alone*, Nova York, Simon & Schuster, 2000, p.20.
2. Ibid., p.21.
3. Michael Maniates, "Going green? Easy doesn't do it", *The Washington Post*, 22 nov 2007 (washingtonpost.com/wp-dyn/content/article/2007/11/21/AR2007112101856.html).
4. John Talberth, Clifford Cobb e Noah Slattery, *The Genuine Progress Indicator 2006*, Redefining Progess, p.9.
5. Correspondência pessoal com John Talberth, jul 2009.
6. Associated Press, "Global arms spending up, study shows", *The New York Times*, 9 jun 2009 (query.nytimes.com/gst/fullpage.html?res=9B05E2DD1530F93AA35755C0A96F9C8B63).
7. Números do National Priorities Project Cost of War. Site: costofwar.com.
8. *The Happy Planet Index 2.0: Why good lives don't have to cost the earth*, The New Economics Foundation, 2009, p.28.
9. Sarah van Gelder, "The next reformation", entrevista com Paul Hawken, *In Context: A Quarterly of Humane Sustainable Culture*, n.41, verão 1995 (context.org/ICLIB/IC41/Hawken1.htm).
10. Correspondência pessoal com Dave Batker, jul 2009.
11. Juliet Schor, "Downshifting to a carbon friendly economy", *Less is More: Embracing Simplicity for a Healthy Planet, a Caring Economy and Lasting Happiness*, Canadá, New Society Publishers, 2009, p.231.
12. "Americans eager to take back their time", destaque da pesquisa *Take Back Your Time*, Center for a New American Dream, ago 2003.
13. David Wann, "Why isn't this empire sustainable?", *Less is More: Embracing Simplicity for a Healthy Planet, a Caring Economy and Lasting Happiness*, Canadá, New Society Publishers, 2009, p.217.
14. "More of what matters poll", Center for a New American Dream, set 2004.
15. Especialmente influenciado pelo trabalho de Paul Hawken, do Global Scenario Group, reunido pelo Instituto Ambiental de Estocolmo, de Tim Jackson, da Comissão de Desenvolvimento Sustentável, e do economista ecológico Hermann Daly.
16. D. Wann, "Why isn't this empire sustainable?", op.cit., p.217.
17. Penny Herscher, "Will the rising personal savings rate boom the US recovery?", *The Huffington Post*, 13 jan 2009 (huffingtonpost.com/penny-herscher/will-the-rising-personal_b_157526.html).

18. "National voter turnout in federal elections 1960-2008", Infoplease.com, da Comissão Federal Eleitoral, baseado em dados de relatórios do Serviço de Pesquisa do Congresso dos Estados Unidos, Election Data Services Inc. e gabinetes eleitorais estaduais (infoplease.com/ipa/A0781453.html).
19. Paul Hawken, "Commencement: Healing or stealing?", aula inaugural em 2009 na Universidade de Portland (up.edu/commencement/default.aspx?cid=9456).

AGRADECIMENTOS

Ao longo dos últimos vinte anos, em várias partes do mundo, inúmeras pessoas especializadas em temas diversos me ajudaram a compreender os elementos que fazem parte da história das Coisas.

Davis Baltz, Charlotte Brody, Barry Castleman, Gary Cohen, Tracy Easthope, Ken Geiser, Lois Gibbs, Judith Helfand, Michael Lerner, Stacy Malkan, Pete Myers, Peter Orris, Arlene Rodriguez, Kathy Sessions e Sandra Steingraber me educaram sobre os impactos das substâncias químicas tóxicas na saúde ambiental. Marni Rosen e Sharyle Patton me auxiliaram a realizar meu próprio teste de carga corporal; e Ted Schettler, a analisar os resultados.

Bradley Angel, Paul Connett, Pat Costner, Charlie Cray, Jorge Emmanuel, Mike Ewall, Rick Hind, Josh Karliner, Gary Liss, Glenn McRae, Pierre-Emmanuel Neurohr, Brenda Platt, Elizabeth Royte, Neil Seldman e Alan Watson passaram duas maravilhosas décadas conversando comigo sobre lixo. Tiro o chapéu para Martin Bourque, Eric Lombardi, Dan Knapp, Jack Macy e Dave Williamson, líderes visionários através dos quais entrei em contato com a implementação de programas de reutilização, compostagem e reciclagem. Beverly Thorpe e Bill Sheehan me ensinaram o que é Responsabilidade Estendida do Produtor (REP). Graças a eles, já não perambulo pela casa atrás de minha filha, limpando tudo: ela agora arruma suas coisas sozinha, já que – conforme a REP ensina – sua bagunça é sua responsabilidade. Bharati Chaturvedi, Juan Rosario, Omar Freilla, Heeten Kalan, Laila Iskandar, Jayakumar Chelaton, Shibu Nair, Merci Ferrer, Damu Smith e David Pellow me mostraram que as soluções encontradas para os inúmeros problemas ambientais devem incluir um compromisso de preservar as pessoas da mesma forma que se preservam recursos.

Muitos partilharam suas experiências pessoais em torno da luta contra a extração de petróleo e carvão em todo o mundo: Oronto Douglas, Mary-

Ann Hitt, Robert Shimeck, Owens Wiwa, Ka Hsaw Wa, Steve Kretzman e Mike Roselle. Payal Sampat, Pratap Chatterjee e Danny Kennedy me instruíram sobre mineração. Lafcadio Cortesi, Daniel Katz, Josh Martin, Todd Paglia, Mike Brune, Randy Hayes e Tyson Miller dividiram seu vasto conhecimento sobre reflorestamento e produção de papel. Patricia Jurewicz fez o mesmo com o tema produção de algodão, e Mike Shade, com todos os aspectos do PVC. Sou grata também a meu guru em cadeias de fornecimento Dara O'Rourke, e a Gary Ruskin e Vance Packard, que me introduziram nos meandros da indústria da publicidade. Ted Smith, Sheila Davis e Robby Rodriguez me forneceram mais informações sobre eletrônicos do que o mais poderoso iPod poderia comportar.

Colin Beavan, John DeGraaf, Tim Kasser, Alan Durning, Michael Maniates, Tom Princen, Vicki Robbins, Juliet Schor e a indomável Betsy Taylor me permitiram compreender que, para muitos de nós, viver com menos é realmente mais satisfatório.

Minha gratidão às centenas de pessoas que me acolheram em suas comunidades, abriram as portas de suas casas para mim e me revelaram suas histórias durante os anos em que eu monitorava fábricas e descartes de lixo. Há nomes demais para listar aqui, mas entre eles estão os de Bobby Peek, da África do Sul; Ralph Ryder, no Reino Unido; Tomori Balasz, na Hungria; Von Hernandez, das Filipinas; Madhumitta Dutta, Bittu Sahgal, Praful Bidwai, na Índia, assim como Nityanand Jayaraman – o jornalista indiano que me acompanhou em tantas investigações a fábricas que certa vez me descreveu como o seu maior risco ocupacional. Muitas das pessoas com quem trabalhei em todo o mundo são membros da Global Alliance for Incinerator Alternatives (Gaia), uma rede internacional que abrange 81 países e busca alternativas seguras e justas à incineração. À Gaia, um agradecimento especial.

Muito obrigada ainda aos economistas que me fizeram perceber que o estudo da economia é fascinante e essencial: Dave Batker, Josh Farley, David Korten, Pritam Singh, John Talberth e, em particular, Jeffrey Morris, que, pacientemente, explorou os quase infinitos custos externalizados associados à produção de um bem de consumo nos dias atuais.

Agradecimentos

Sou profundamente grata às pessoas que me passaram conhecimentos sobre soluções e alternativas para a destruição ambiental: Bryony Schwan e Janine Benyus, por seus ensinamentos sobre biomimética; Beverly Bell, por documentar que outros mundos são possíveis; e John Warner, por articular e promover a "química verde".

Também quero agradecer àqueles que me ensinaram a observar o todo, que me ajudaram a ligar os pontos. Primeiro, a Patrick Bond, da Universidade de KwaZulu-Natal, em Durban, África do Sul, que leu os originais deste livro e o enriqueceu com inestimáveis críticas. E ainda: Maude Barlow, John Cavanagh, Gopal Dayaneni, Ellen Dorsey, Anwar Fazal, Tom Goldtooth, Paul Hawken, Van Jones, Rita Lustgarten, Jerry Mander, Donella Meadows, Peter Montague, Ralph Nader, Bobby Peek, Meena Raman, Mark Randazzo, Katie Redford, John Richard, Satinath Sarangi e Robert Weissman.

Serei eternamente grata porque meu primeiro emprego foi dentro de um organismo cuja resposta padrão era "vamos fazer", e não "mas talvez isso não funcione". Jim Vallette, Heather Spalding, Kenny Bruno, Connie Murtagh, Jim Puckett, Marcelo Furtado, Von Hernandez, Veronica Odriozola, Kevin Stairs, Dave Rapaport, Peter Bahouth e outros membros da equipe de Comércio Tóxico do Greenpeace me fizeram ver como um pequeno grupo que não se intimidava diante de obstáculos era capaz de enfrentar o tão pernicioso e disseminado tráfico internacional de lixo.

Agradeço a Idelisse Malave, uma das primeiras a ver o potencial do Projeto História das Coisas, e a seus colegas Cathy Lerza e Chris Herrera, do Tides Center, por sua orientação e apoio preciosos.

A realização do vídeo *A história das Coisas*, de vinte minutos, que já foi visto por mais de 8 milhões de pessoas, não teria sido possível sem o genial time de criação da Free Range Studios, formado pela produtora Erica Priggen, o diretor Louis Fox e o extraordinário animador Ruben DeLuna, além de Jonah Sachs, Emily Weinstein, Liz Kuehl e Ross Nover. Amy Hartzler e Chris Brunell também ajudaram na confecção das imagens para a capa original deste livro.

Sou grata ao Funders Workgroup for Sustainable Production and Consumption, que me incentivou com coragem, apoio e amizade através de:

Jennie Curtis, Stuart Clarke, Scott Denman, Jon Jensen, Daniel Katz, Cathy Lerza, Jenny Russerll, Ina Smith, Don Weeden, Darryl Young, Pam Allen, Nikhil Aziz, Tom Crosby e Valentine Doyle.

A equipe do Projeto História das Coisas, em especial Allison Cook e Michael O'Heaney, manteve nosso trabalho em andamento enquanto eu me concentrava em escrever este livro. Suas habilidades e dedicação são insuperáveis. Também agradeço aos integrantes do Conselho Consultivo de História das Coisas (Stuart Baker, Jennie Curtis, Omar Freilla, Ken Geiser, Michael Maniates, Erica Priggen, Beverly Thorpe e Darryl Young) e do Conselho Comunitário (Lorna Apper, Nikhil Aziz, Andy Banks, Colin Beavan, Bill Bigelow, Gary Cohen, Lafcadio Cortesi, Josh Farley, Reverendo Harper Fletcher, Ilyse Hogue, Danny Kennedy, Mateo Nube, Dara O'Rourke, Richard Oram, David Pellow, Maritza Schafer, Bryony Schwan, Robert Shimeck, Ted Smith, Betsy Taylor, Pamela Tuttle, Aditi Vaidya e Monica Wilson). Scott Denman, Jeff Conant, Nathan Embretson, Babken DerGrigorian, Chris Naff e Jodi Solomon contribuíram igualmente para a realização do projeto.

Minha gratidão aos que investiram financeiramente no Projeto História das Coisas, tornando-o possível: Projeto 11th Hour, Artnz Family Foundation, Jenifer Altman Foundation, Fund for the Environment and Urban Life, Garfield Foundation, Grassroots International, The Overbrook Foundation, Johnson Family Foundation, Wallace Global Fund, Lia Fund, Park Foundation, Sing Field Foundation, Solidago Foundation, além das doações individuais de Peter Buckley e Jack Paxton e muitos outros.

Obrigada aos milhares de espectadores de *A história das Coisas*, que me escreveram cartas e e-mails relatando-me as ideias e as percepções inspiradas pelo filme.

Um agradecimento especial a Raffi Cavoukian, por me fazer rir e por sempre me lembrar de honrar as crianças. Uma sociedade que realmente honra suas crianças, como Raffi defende, jamais permitiria a eclosão de uma guerra para garantir petróleo, nem aceitaria a presença de neurotoxinas em artigos domésticos.

A experiência é a melhor professora, e eu aprendi os incalculáveis benefícios da vida em comunidade experimentando-a diariamente. Agradeço às pessoas com quem dividi quintais, bicicletas, ferramentas de jardinagem, refeições, aventuras e amor: Bill Barclay, Andre Carothers, Faik Cimen, Lafcadio Cortesi, Adam Dawson, Cathy Fogel, Maureen Graney, Bryon e Cindy Hann, John Harvey, Andrea Hurd, Firuzeh Mahmoudi, Deborah Moore, Joanne Welsch, Sloane e Nick Morgan.

Enquanto eu trabalhava em finais de semana, pesquisando dados sobre como os americanos trabalham demais e negligenciam suas famílias, um time de amigos distraía minha filha. Obrigada a Jane Fry, Losa Hunter, Christie Keith, Josue Revolorio, Danny Kennedy, Miya Yoshitani, Jeremiah Holland, Michelle Hammond, Michael Cohen, Leigh, Raiford, Erick Matsen, Zephania Cortesi, Joe Leonard, Rebbeca Fisher e, acima de tudo, minha mãe, Bobbie Leonard, que, ao longo dos anos, sempre cuidou de minha filha enquanto eu viajava, às vezes até me acompanhando com ela num passeio verdadeiramente intergeracional e único: avó, mãe e filha em uma fábrica de PVC.

Minha agente literária, Linda Loewenthal, guiou-me habilidosamente através do mundo das publicações. Meu editor, Wylie O'Sullivan, da Free Press, foi uma alegre fonte de impressões à medida que o livro ganhava corpo. Dominick Anfuso e Sydney Tanigawa me indicaram diretrizes e amparo. Karen Romano e Suzanne Donahue garantiram que a produção do livro fosse tão ecológica quanto possível. A pesquisadora Marcia Caroll descobriu fatos e números muito além do alcance do Google, e Renee Shade rastreou dados específicos para este livro. Patrick Bond, Alan Watson e Ken Geiser fizeram comentários valiosos sobre alguns capítulos.

Sem uma determinada pessoa, no entanto, este livro realmente não poderia ter sido escrito: Ariane Conrad. Ariane colaborou comigo, assumindo um papel que ela descreve como o de parteira de livros, ao longo dos muitos meses de preparação até o nascimento exitoso desta obra. As contribuições intelectuais e logísticas de Ariane foram significativas, e fiquei encantada porque o resultado não foi apenas o livro *A história das Coisas*, mas uma nova amiga querida. Ariane, muito obrigada.

COMO FIZEMOS ESTE LIVRO

Nossa intenção, ao criar este livro, foi usar a menor quantidade possível de materiais tóxicos em sua produção, para minimizar a pegada de carbono e evitar o desperdício. Para isso, o original foi projetado e editado eletronicamente, usando o mínimo de papel durante o trabalho.

O livro foi impresso em papel certificado pelo FSC (Forest Stewardship Council – Conselho de Manejo Florestal), cujos padrões garantem que a matéria-prima florestal utilizada foi obtida a partir de um manejo que se preocupa com benefícios sociais e conservação ambiental. A tinta de impressão contém 60% de recursos renováveis, dentre eles, óleos derivados de soja, mamona, tung, oiticica e linhaça, além de resinas naturais e seus derivados.

ÍNDICE REMISSIVO

11 de Setembro, ataques terroristas, 161

Abacha, Sani, 60
Abu Dabi, 91-2
Acabando com a Depressão através da obsolescência planejada (London), 175
ácido clorídrico (cloreto de hidrogênio), 96
ácido sulfúrico, 76
aço inoxidável, 72
ações individuais, 240-2, 252-5
Acordo Geral de Tarifas e Comércio (Gatt), 145
Administração de Alimentos e Medicamentos (FDA), 101, 117
Afeganistão, 243
África do Sul, 51, 54, 224-6
Agência dos Estados Unidos para o Desenvolvimento Internacional (Usaid), 152-4
Agência de Proteção Ambiental (EPA), 64, 81, 111, 117, 132, 194, 199-200, 218, 222, 228, 230
Agência Internacional de Energia (IEA), 57-8
Agência Internacional de Pesquisa sobre o Câncer (Iarc), 81
agricultura de base local, 242
água, 37-47, 73-4
    engarrafada, 43
    escassez da água, 43, 74
    poluição da, 45-6, 76
    salgada, 42
    servida, 212
    virtual, 44, 73
Alemanha, 59, 203, 234
algodão, 41, 44, 73-9
algodão orgânico, 78
Allan, John, 44
al-Qaeda, 53
alumínio, 49, 85
alvejantes, 75, 81
    água sanitária, 41
    cloro, 29-30, 76, 81, 216, 253
Amazon, 133, 135-9

Amazonas, rio, 92
American Cyanamid, 224
Anderson, Ray, 47, 195-8
Anderson, Warren, 115
Anheuser-Busch, 202
Anistia Internacional, 61
antimônio, 85
Appalachia, 64, 65
Apple, 83, 85, 125, 126
aquecimento global, 64
Aral, mar, 74
arsênio, 40, 41, 64, 85, 98, 207
árvores, 30-7, 48
assistência médica, 140
aterros sanitários, 96, 211-3, 215-6, 236
Ato de Reforma, Responsabilidade, Desenvolvimento e Emprego no Comércio (Trade), 150
autoclave, 205

baleias, 111
Banco Mundial, 8, 20, 67, 145-7, 152, 154-5, 187, 220
Bangladesh, 39-40, 76, 192, 222-4
Barber, Benjamin, 182, 183
Basel Action Network (BAN), 209, 229
baterias, 207, 208
Batker, Dave, 245
batons, 101-2
bauxita, 49, 90
Beavan, Colin, 161, 240
Bechtel, 154-5
Bee, Rashida, 114
Benin, 73
Benyus, Janine, 122
benzene, 58, 75
berílio, 207
beta-hexaclorociclohexano, 104
Bezos, Jeff, 136
Bhopal, Índia, desastre em, 113-4
Big Coal (Goodell), 64
Big-Box Swindle (Mitchell), 139, 142
Biomimética, 121-2

bioplásticos, 231-2
BioRegional, 68
Birol, Fatih, 58
Bisfenol A (BPA), 104
Bisignani, Giovanni, 132
Boicote aos Títulos do Banco Mundial (WBBB), 67
Bolívia, 154
Borden Chemical, 224
Bornéu, 31
boro, 85
Bowling Alone (Putnam), 164, 239-40
Brasil, 34, 92, 93
Bräutigam, Deborah, 66
Bridge at the End of the World, The (Speth), 179
brinquedos, 99, 127-8
bromados, 76
Bruno, Kenny, 228
Burkina Faso, 73
Burundi, 55
Bush, George W., 161
Business Alliance for Local Living Economies (Balle), 156

"cadeia fechada", processo cíclico, 156, 232
cadeias de fornecimento, 124-30, 133-4
cádmio, 51, 58, 85, 98, 207, 222
café, 41, 44-5, 181-3
Câmara Internacional de Comércio, 229
caminhões, 29, 49, 124, 130-3, 137, 141, 211, 217, 232
Campanha Internacional por Justiça em Bhopal, 115
câncer, 73, 76, 81, 86, 95, 99, 101, 108, 206
carregadores de celulares, 121
carros, programa de uso comum, 71
Carson, Rachel, 118
cartões de crédito, 163, 164, 173
carvão, 47-9, 63-5, 119
catálogos, 36
Center for a New American Dream, 245
Center for Health, Environment and Justice (Chej), 96
Center for Sustainable Economy, 243
Centro de Pesquisa em Empresas Multinacionais (Somo), 88
cerâmica, 122
Chelaton, Jayakumar, 236
Chevron, 58, 62
Chile, 92

China, 32, 73, 76, 131, 157, 177, 189, 243
chorume, 211-3
Chrysler Corporation, 177
chumbo, 41, 50, 52, 63, 71, 85, 87, 95, 98-9, 101-2, 104, 109, 114, 119, 121, 198, 206, 207, 222
Chungong Ayafor, Martin, 54
cianeto, 41, 51, 52
ciclo hidrológico, 30
Cidades em Transição, 156-7
Clark, Dana, 228
Clean Production Action, 86
Clinton, Bill, 111
clordano, 104
cloro, 75-6, 81, 216
cobalto, 85
cobre, 48, 85, 209
Coca-Cola Company, 202
Colborn, Theo, 73
Collapse (Diamond), 68
coltan (tântalo), 55-7, 245
Comitê para Direitos Econômicos, Sociais e Culturais, 43
compostagem, 213-5, 234, 253
compostos orgânicos voláteis (COVs), 82, 212
compras, 161-3
"Comprehensive chemicals policies for the future" (Geiser), 118
computadores, 83-9, 207, 210
Computer TakeBack Campaign, 86
comunidades indígenas, 31, 66-7
comunidades vizinhas, 110-6
Conferência Internacional sobre Água e Meio Ambiente, 45
Confronting Consumption (Maniates), 172
Connett, Ellen, 217
Connett, Paul, 192, 217, 221, 233
Conselho de Manejo Florestal (FSC), 36, 69
Conselho Internacional de Mineração e Metais, 229
Conselho Nacional de Assessoria em Justiça Ambiental, 111
conserto de sapatos, 200-1
consertos, 200-1
Consumido (Barber), 182, 183
consumismo, definição, 158-9
consumo, 158-90
Container Recycling Institute, 93, 202
Convenção da Basileia sobre o Controle e Movimentos Transfronteiriços de Resíduos Perigosos e seu Depósito, 229

conversão para TV digital, 206
Coreia do Sul, 150
Correa, Rafael, 58, 59
correio indesejado, 36
Corrida do Ouro de 1849, 52-3, 55
corte raso, 33-4, 37-8
cortinas de banheiro, 95-7, 141, 192, 252
cosméticos, 101-2
Costa Rica, 166, 244
Costner, Pat, 38
criolita (fluoreto de alumínio e sódio), 91
Crise financeira (2008), 32, 188, 193, 200
cromo hexavalente, 58
cromo, 72, 85, 98, 102
Cúpula Nacional de Lideranças Ambientalistas de Povos de Cor, 1991, 111
curare, 30

Davis, Mike, 54
DDT, 98, 104
deca-BDE, 105
Declaração dos Direitos dos Povos Indígenas, 66
DeClercq, John, 182
defeitos congênitos, 86, 99, 101, 114
Dell Computers, 84-5, 87-8, 209-10
Dell, Michael, 84, 127
demanda biológica de oxigênio (DBO), 37
depreciação, 191
depressão, 164
Depressão de 1929, 145, 200
derrubada (árvores), 33-5
descarte, 191-237
    internacional de lixo, 222-9
Descarte Zero, programa, 234-7, 247
desconstrução, empresas de, 204
desfolhantes, 75
deslizamentos de terra, 32, 34
desmatamento, 30-7, 80
DHL, 133
Dia da Dívida Ecológica, 167
Diamante de sangue (filme), 53, 56
diamantes, 48, 53-5, 63
Diamond, Jared, 68
dicloreto de etileno, 95
dióxido de carbono, 30, 64, 78, 91, 188-9, 212
dióxido de cloro, 81
dióxido de enxofre, 91
dióxido de nitrogênio, 91
dioxina, 81, 96, 98, 216

diretriz para descarte de equipamentos eletroeletrônicos, 234
Disney, 77-8
distribuição, 123-57
Dora, a Aventureira, 179
Dow Chemical, 114
downcycling, 232-3
downshifting, 171-2
Duales System Deutschland (DSD), 203
Dumanoski, Dianne, 73
Durning, Alan, 190

Earth Economics, 243
Earthlife Africa, 225
EarthRights International, 62
Earthworks, 49, 57
Economics of Ecosystems and Biodiversity, The, 32
Economist, The, 43
Eisner, Michael, 77
eletrônicos, 55-7, 83-9, 138
Eletronics TakeBack Coalition, 206
Elgin, Duane, 172, 190
emanação (gases), 95-6
embalagens, 201-3
enchentes, 30, 32, 34, 39
energia, 10, 22, 32, 57-8, 72, 75, 79-80, 89-90, 94, 120-1, 129, 132, 165, 185, 192, 196, 202, 204, 230
    eletricidade, 42, 91, 94
    eólica, 62, 156
    solar, 62, 64, 156
Environmental Health News, 252
Environmental Justice Networking Forum, 225
Environmental Paper Network (EPN), 35
Environmental Working Group (EWG), 106, 117
Equador, 58-9
erosão, 34
Espanha, 59, 97
espécies em extinção, 10, 31, 59
Essential Action, 60
estoques, eliminação de, 127
estrutura de valor econômico total, 45
Etienne, Yannick, 77, 78
extração, 29-71

Factor 10 Club, 69
fármacos de base vegetal, 30-1
fauna, 31, 58-9, 64, 146
FedEx, 133
feiras de produtores, 155-6

felicidade/infelicidade, 163-72
férias, 245-6
ferro, 48, 72, 85
fertilizantes, 74
Filadélfia, Pensilvânia, 226-9
florestas, 30-7
    tropicais, 30-2, 58-9
fogo-retardantes, 86-8, 98, 105, 181, 207, 253
fome, 187-8
Ford Motor Company, 177
Ford, Henry, 172-3
ForestEthics, 35
formaldeído, 75
fósforo, 85
Fox, Peter, 184
Frank, Robert, 188
Freecycle, 138
Frente Unida Revolucionária (FRU), Serra Leoa, 54
Friedman, Thomas, 143
ftalatos, 95, 97, 101, 141
Fundo Monetário Internacional (FMI), 145-7, 154-5
fungicidas, 74
Futuro Roubado, O (Colborn, Myers e Dumanoski), 73

Gallagher, Kevin, 151
Gandhi, Mahatma, 50
Gap, 125
gases do efeito estufa, 80, 91, 188-9, 194, 236
gastos com consumo pessoal, 159-61, 186-7
Geiser, Ken, 118
Generals Motors Company, 177
genética ambiental, 100
Global Alliance for Incinerator Alternatives (Gaia), 218, 220, 235-6
Global Footprint Network (GFN), 166-7
Global Forest Coalition, 35
Global Trade Watch, 150
Global Witness, 53-5
Gone Tomorrow (Rogers), 230, 233
Good Jobs First, 140
Goodell, Jeff, 64
GoodGuide, 88, 128-9, 155, 184, 252
Gramados, 40-1
Gravis, 49-50
Greenpeace, 8-10, 38, 60, 87-8, 111, 114, 131, 225, 227-8
Greider, William, 126

Grossman, Elizabeth, 86
Grove, Andy, 84
Grupo Internacional de Trabalho sobre Assuntos Indígenas, 67
Guernica Chemicals, 226
guerra, 243-4
Guerras da Água, 154
Guia dos eletrônicos verdes (Greenpeace), 87

H&M, 133-5, 136, 138
Haiti, 32, 77-8, 151-4, 187-8, 226-9
halógenos, 76
Hanger Network, 178
Hawken, Paul, 242, 244, 250
Helfand, Judith, 185
heptacloro epóxido, 104
herbicidas, 74
Hewlett-Packard (HP), 85, 210
hexaclorobenzeno, 104
High Tech Trash (Grossman), 86
História das Coisas, A (filme), 161
Hoekstra, Arjen, 44
Home Depot, 36
horas de trabalho, 84, 245

IBM Corporation, 85
Igreja Unida de Cristo (UCC), 110-2
impressoras, 207-9, 211
incineração, 216-21, 226, 335-6
Índia, 32, 33, 48, 50, 73, 109, 113-5, 149-50, 167, 178, 189, 206, 236
Indicador de Progresso Genuíno (IPG), 243
Índice de Bem-Estar Econômico Sustentável (Ibes), 243
Índice de Desenvolvimento Humano, 243
Índice de Pobreza Humana, 165
Índice Planetário de Felicidade, 165-6, 243, 244
indústria automobilística, 172-3, 177
infertilidade, 73
Inglewood, Califórnia, 144
Iniciativa de Transparência das Indústrias Extrativas (Eiti), 67
inseticidas, 74
Instituições financeiras internacionais, 144-51, 154
Institute for Local Self-Reliance, 62
Institute, Virginia, 115
Instituto de Redução do Uso de Substâncias Tóxicas (Turi), 221-2

Instituto Nacional para Segurança e Saúde Ocupacional (Niosh), 108
Instituto Wuppertal pelo Clima, Meio Ambiente e Energia, 69
Interface, 195-6
ipeca, 30
Iraque, 243
irrigação, 73
Islândia, 92

Jensen, Rhonda, 200-1
joalheria, 51-3
Jones, Van, 33
Joseph Paolino & Sons, 227
Jubilee Debt, movimento, 147

Kasser, Tim, 165
Katzen, Mollie, 171
Khian Sea (navio cargueiro), 227
King, Oona, 55
Knapp, Dan, 199
Knight, Phil, 125
Korten, David, 126
Kovalam, Índia, 236

Lambrecht, Bill, 224
latas de alumínio, 89-94
"lavagem verde", 195
Layard, Richard, 186
Lebow, Victor, 173
Lei de Planejamento Emergêncial e Direito de Saber da Comunidade de 1986, 116
Lei de Reciclagem de Vasilhames e Proteção ao Clima de 2009, 202
Lei de Redução do Uso de Substâncias Tóxicas (Tura), 221
Lei Geral de Mineração, 50
leis e agências governamentais, 117-8
leite materno, 106, 114
Lerner, Steve, 112
ligas metálicas, 72
Lightolier, 222
lignina, 80
lítio, 87
livros, 79-82, 136-8
lixiviação em pilha, 51
lixo de construção e demolição (C&D), 193, 204-5
lixo eletrônico (e-lixo), 84, 193, 206-10

logotipo de comércio justo (*fair trade*), 79
London, Bernard, 175
Lovera, Simone, 35
Luxury Fever (Frank), 188

MacKinnon, J.B., 155
Madagascar, 31
Makower, Joel, 194
Malásia, 34
Mandela, Nelson, 225
Maniates, Michael, 241
maquiagem, 101
Marshall, James, 52
Massachusetts, redução do uso de tóxicos em, 221-2
matéria orgânica, na água, 37-8
materiais sintéticos, 72-3, 95, 98, 103, 106
Mazzochi, Tony, 108
McDonough, Bill, 120
McKibben, Bill, 156
McRae, Glenn, 205
mensagens de texto, 83
mercúrio, 52, 58, 63, 71, 81, 85, 87, 88, 95, 98, 100, 102, 105, 109, 114, 207, 224-6
metano, 64, 213
metil isocianato (MIC), 113, 114, 115
México, 97, 150
Mickey Mouse Goes to Haiti (National Labor Committee), 77-8
microchips, 85-6
Microsoft, 97, 207
mina de carvão Bingham Canyon, Utah, 48
mina de cobre Chuquicamata, Chile, 48
mineração, 47-53, 63-5, 85, 90, 100
  a céu aberto, 48
  abaixo da superfície, 48
minerais de guerra, 53-7
minerais, 47-57
minhocas, 79
mirex, 104
Mitchell, Stacy, 139, 142
Moçambique, 92
monocultura, 75
monômero de cloreto de vinila, 95
monóxido de carbono, 91
Montague, Peter, 215
Moosewood Cookbook (Katzen), 171
Morris, David, 62
Mosop (Movimento pela Sobrevivência do Povo Ogoni), 59-62

motor a vapor, invenção do, 119
movimento por alimentos locais, 155
movimento por justiça ambiental, 110
mudança climática, 30, 39, 64, 78, 118
Muir, John, 34
Myers, John Peterson, 73

Nações Unidas (ONU), 66, 159
Nafta (Tratado Norte-Americano de Livre Comércio), 143, 150
Não à Mala Direta, 36
National Labor Committee, 77
National Priorites Project (NPP), 243
nativos americanos, 52
navios cargueiros, 130-1
New Economics Foundation, 166
Newsom, Gavin, 236
Newsweek, 235
Nigéria, 58-62
Nike, 97, 125, 197
níquel, 85
nível dos mares, 39
North Cascades, parque, 33-4, 37, 38
Nove Ogonis, 61-2

O'Rourke, Dara, 88, 124-9, 134, 155
obesidade, 164
obsolescência:
    percebida, 173, 175-6
    planejada, 173-6
Office Depot, 36
Ogonilândia, Nigéria, 59-62
One Planet Living, programa, 68
Organização Internacional do Trabalho, 49
Organização Mundial de Saúde (OMS), 40, 85, 225-6
Organização Mundial do Comércio (OMC), 20, 145-6, 148-50, 155
Orris, Peter, 108
ouro, 49, 51-3, 63, 100
Overspent American, The (Schor), 180-1
Overworked American, The (Schor), 170
Oxfam America, 49
oxiclordano, 104

Pacific Institute, 44
Packard, Vance, 176
Paglia, Todd, 37
papel, 29-30, 35-6, 41, 79-82
papyros, 79

Parceria Global do Mercúrio, 100
partilhar e emprestar, 71, 239
Patagonia, 78-9
PBDEs (difenil éteres polibromados), 252-3
Peek, Bobby, 225
pegada ecológica, 76, 78-9, 136, 166, 170
pegada hídrica, 44-5, 73-4
peixes, mercúrio em, 99-100, 117
PepsiCo, 202
pergaminho, 80
Perot, Ross, 143
personalidade cidadã, 183-6
petróleo, 47, 57-63, 82, 231
    pico do, 57
PFCs (perfluorocarbonos), 91, 104
PFOA (ácido perfluoroctanoico), 98
plantações de reflorestamento industrial, 33
plásticos, 72, 201-2, 232-3
    PVC (cloreto de polivinila), 71, 78, 87-9, 94-7, 99, 141, 162, 191-2, 197, 209, 216, 247, 252
pobreza, 186-8
polpação, 80-2
    mecânica, 80
    química, 81
poluentes orgânicos persistentes, 98
Primavera silenciosa (Carson), 118
Princípios de Dublin, 45
Processo de Kimberley, 54-6
processo isento de cloro (ECF), 81
Procter & Gamble, 129
produção, 72-122
    enxuta, 124-7, 134
produtos:
    antibacterianos, 104
    crus, 134
    de cuidado pessoal, 101-2
    descartáveis, 175
Programa Ponto Verde, 203
programas de resgate, 57, 210
progresso, redefinindo, 242-3
Protocolo de Kyoto, 92
publicidade, 174, 176-81, 250
Puckett, Jim, 209, 213
Puget Sound, 38
Putnam, Robert, 164, 239-40

Quando as corporações regem o mundo (Korten), 126
Quante, Heidi, 228

A marca FSC® é a garantia de que a madeira utilizada na fabricação do papel deste livro provém de florestas que foram gerenciadas de maneira ambientalmente correta, socialmente justa e economicamente viável, além de outras fontes de origem controlada.

MISTO
Papel produzido a partir de fontes responsáveis
FSC® C019498

ESTA OBRA FOI COMPOSTA POR LETRA E IMAGEM EM DANTE PRO E IMPRESSA EM OFSETE PELA GEOGRÁFICA SOBRE PAPEL PÓLEN NATURAL DA SUZANO S.A. PARA A EDITORA SCHWARCZ EM MAIO DE 2023

1ª edição [2011] 7 reimpressões

Toyota, 97, 124-8
trabalho infantil, 49, 77
Trans-Atlantic Network for Clean Production, 89
transporte aéreo, 132
triclosano, 104
Ts'ai Lun, 80
Tucker, Cora, 111
Turquia, 78, 130, 171
tweets, 83

Uganda, 55
Underground Project, 60
União Europeia, 57, 97, 148, 214, 234
Union Carbide Corporation, 112-6
United Parcel Service (UPS), 132
urânio, 47, 64
Urban Ore, 199, 204
usinas lixo-energia, 218-9
Uzbequistão, 20, 73-4

vasilhames de bebidas, 90-4, 201-2
vasos sanitários compostáveis, 39, 47
vendas on-line, 135-7
vimblastina, 31
vinca-de-madagascar, 31, 65
vincristina, 31
vinil, 97

Walden (Thoreau), 162
Wallach, Lori, 149
Wal-Mart, 20, 97, 110, 123, 138-42, 144, 155, 197-8
Walton, Sam, 139
Washington, Estado, 30, 33, 38
Waste Makers, The (Packard), 176
Water Warriors, 46
Watson, Alan, 250-1
Waxman, Henry, 115
We All Live Downstream: A Guide to Waste Treatment that Stops Water Pollution (Costner), 38
Weissman, Rob, 148
Whole Foods, 197
WiserEarth, 242
Wiwa contra Shell, 61-2
Women's Voices for the Earth, 253
World Wildlife Fund, 68
Worldwatch Institute, 94, 163

Yasuni, floresta tropical, 58-9
Youth Conservation Corps (YCC), 33

Zâmbia, 147
zinco, 50, 85
Zipcar, 71

química "verde", 107, 122
quinino, 30
racismo ambiental, 110-2
Rainforest Action Network, 32
Rebuilders Source, 205
reciclagem, 21, 35, 69, 81-2, 87, 91-3, 96, 105, 120, 198-9, 202-5, 208-10, 219, 230-6, 241
reciprocidade, cultura de, 239-40
recursos naturais, maldição dos, 65-6
remédios, 30-1
Rendell, Edward, 228
República Democrática do Congo, 54-6, 65, 166, 245
resíduo:
hospitalar, 193, 205-6
industrial, 193-8
perigoso, 205, 211-2
sólido urbano (RSU), 193, 198-203
resinas de ureia, 76
responsabilidade estendida ao produtor, 203, 234
Return to Sender, projeto, 228
revenda enxuta, 127-8, 134
Revolução Industrial, 119, 169
rímel, 100
rios, 37-8, 51, 52-3
rochas, 47-50
Rogers, Heather, 230, 233
Rosario, Juan, 91
Ruanda, 55-6

salário de executivos, 143
São Francisco, Califórnia, 236
Sarangi, Satinath, 114
Saro-Wiwa, Ken, 59
saúde e segurança do trabalhador, 75, 76-8, 85, 86, 88, 95, 107-10, 124-5, 140-1, 150, 173
Schettler, Ted, 99, 103-5
Schor, Juliet, 170, 180-1, 245
Scorecard, 116
Scott, Lee, 140
Seattle, Washington, 148-9
secas, 30, 43
Segunda Guerra Mundial, 8, 145, 162, 170, 173
Seinfeld, Jerry 191
Seldman, Neil, 194
sequestro de carbono, 30
Serra Leoa, 53-4, 65
Shell, 20, 59-62
shopping centers, 142
Shukla, Champa Devi, 114
silício, 85
Silício, vale do, 83
Silicon Valley Toxics Coalition, 87
Simplicidade voluntária (Elgin), 172, 190
sistemas de esgotos, 41
sistemas hídricos, privatização de, 43
SmartWay Transport, programa, 132
Smith, Alisa, 155
Smith, Kari, 178
Smith, Ted, 84
Só os paranoicos sobrevivem (Grove), 84
soda cáustica, 76, 81-2, 90
sódio, hidróxido de, 75
Soesterberg, Princípios de, 89
soja, tintas à base de, 82
solo, 34, 39
solventes tóxicos, 86
Speth, Gustave, 179
Staples, 36
Stevens, Brooks, 174, 176
Stoller Chemical, 222
substâncias químicas ver substâncias químicas individuais
suicídio entre adolescentes, 164
sulfonamidas, 76
Superfund, 212
superprodução, 119-20
Suprimento municipal de descartados (SMD), 199
Sustainable Biomaterials Collaborative, 62
Sustentabilidade Eletrônica, 89
Sweatshops, 76-7, 151-2
Switkes, Glenn, 92

t-nonadoro, 104
Talberth, John, 243
Target, 110, 136
telefones celulares, 55, 57, 83, 121, 175, 206
televisão, 180, 240, 248, 254
teste de carga corporal, 103-5
Texaco, 58
Thor Chemicals, 224, 226
Thoreau, Henry David, 162
tintas, 75, 78
tolueno, 82
Toxic Wastes and Race at Twenty 1987-2007 (Igreja Unida de Cristo – UCC), 112
Toxics Release Inventory (TRI), 116